女子DIYの教科書

二子玉川《ニコタマ》tukuriba《つくりば》スタイル

〝自身作〞と、暮らそう。

木工が初めての人にもつくれるように、

私たちがDIYの手ほどきをいたします。

きっと、あなたにも叶います。

tukuriba

講談社

Atelier

アトリエ

“自身作”と、暮らそう。

書斎とはちょっと違う。主婦にはハウスキーピングに使い勝手のいいコーナーがあればいい。おしゃれなら、なお……。アトリエを男前なデザインにすると、気が引き締まる。

家族みんなの居心地がよいように、そして私が息を抜くための大切な場所。それが、自身作に囲まれたリビング。アンティーク風家具にグリーンがよく似合う、安らぎの空間。

Living

リビング

〝自身作〟と、暮らそう。

room

〝自身作〟と、暮らそう。

キッズルーム

活発なキッズには、木調を
生かしたワックス仕上げ×
元気カラーペイントで。

Kids'

手づくり天然木の家具……
木のぬくもりはママ&パパのハグみたい。
キッズ用として役を終えたら、
小家具としても使えるという無駄がない
ところも重宝です。

ロマンチックなお部屋は、
白基調×パステルカラーの
ペイントで。

Atelier アトリエ

Living リビング

●写真から引き出したページは、組み立て方のページです。
●作品のNo.が重複しているのは、同じ設計の作品だからです。
●木工作品は仕上げ方によりさまざまな表情に変わります。

★注意
※電動工具など音の大きな作業をするときには、近隣に注意を払いましょう。
※塗料などは、一部有害なものを含んでいることがありますので、換気のできる場所で作業しましょう。

〈本書の決まり〉
※木工作品にはすべて木取り図＆組み立て図をつけました。木取り図はカットサービス等にお役立てください。
※本書において、長さを表す単位は、原則として㎜（ミリメートル）を使用しています。写真内表記の数字は㎜を省略しています。
※各マークの説明
動画（道具ページ）……動画でやり方の確認ができるもの
URL　https://www.youtube.com/channel/UC0yWZ1q3an8L8PPNgF_9iqg
キット　キット（この目次内）…tukuribaにてキットで販売しているもの
※本書で紹介した作品は、すべてワークショップメニューです。
※すべて2016年11月時点の情報です。具体的な開催日時、購入方法や、開講プログラムなどは随時更新されていますので、詳しくはtukuribaにお問い合わせください。

キッズルーム Kid's room B

キッズルーム Kid's room G

01 角スツール

DIYのはじめの一歩におすすめ。脚を組み立て、座面をつけるだけ！
2ステップでできる簡単構造の基本のスツールです。

▼道具
差し金、えんぴつ、電動ドリルドライバー、ドライバービット#2、下穴用ドリルビット3㎜、クランプ、サンダー

▼材料
木材はSPF材（2×2と2×4）を使用。ほか、接着剤、55㎜の木ネジ36本

▼仕上げ
全体にアンティークワックスのチューダーオークを塗る（→P90）。

▶組み立て図

・は、この角度から見えるネジ位置です。

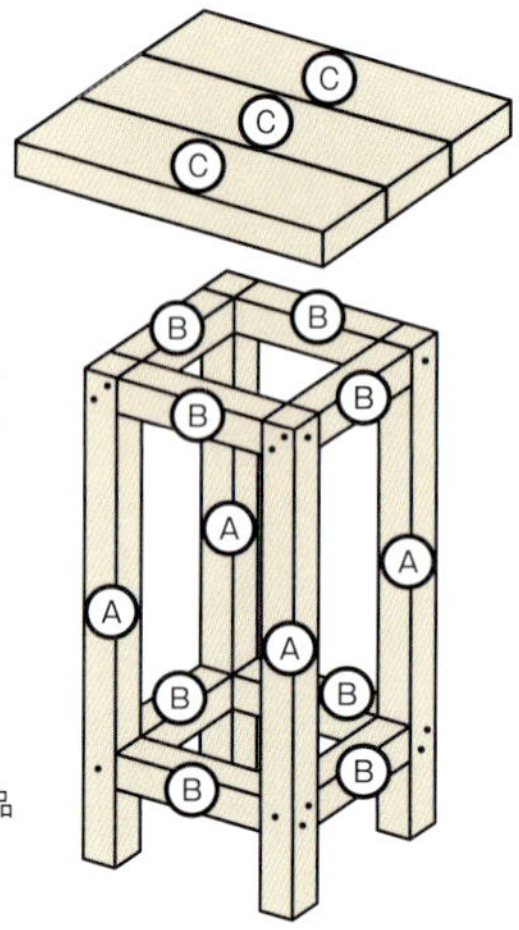

▼木取り図 単位：㎜ グレーの部分は、この作品には不用な端材です。

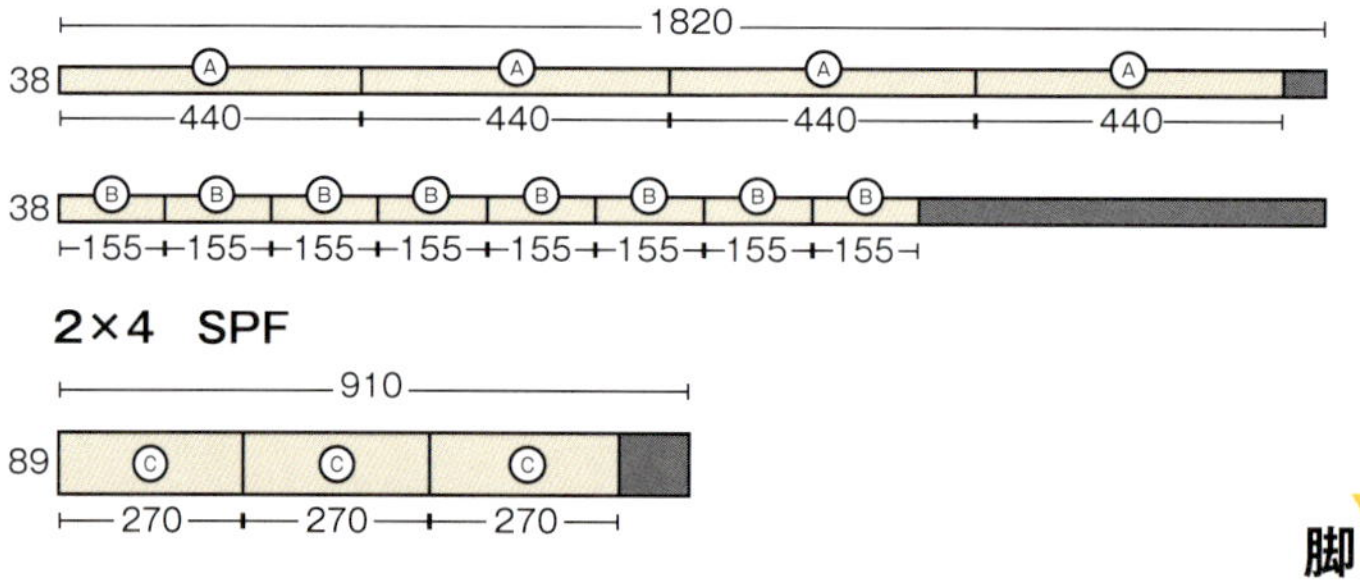

脚をつくる

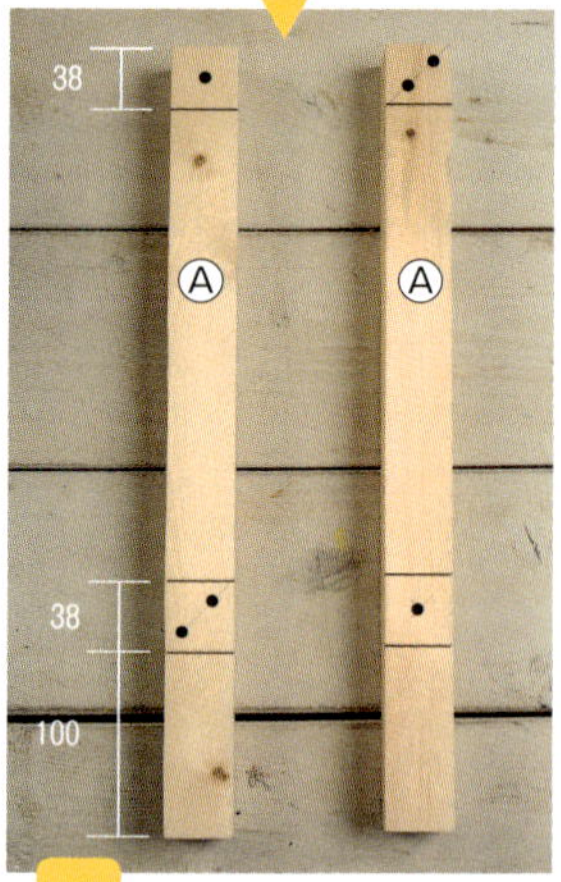

1 脚Ⓐに印をつける。1本の脚の隣り合う面それぞれにも印をつける。4本とも同様に。

2 **1**でつけた印のネジ位置に下穴の貫通穴をあける。

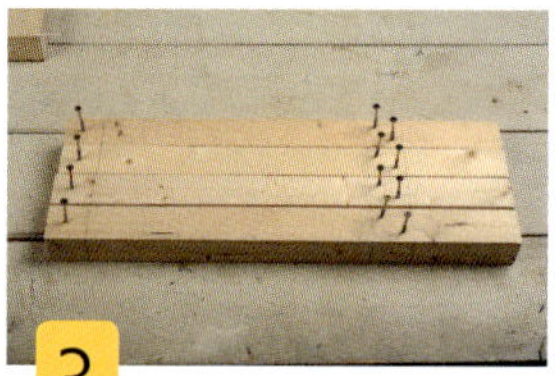

3 **2**の下穴に55㎜の木ネジを立てておく。

Point
「ネジを立てる」とは？
下穴をあけたところに貫通しない程度にネジを打ち込んでおくこと。

4 貫（ぬき）のⒷの木口に接着剤をつけ、脚Ⓐの印に合わせて、55㎜の木ネジで固定する。同じものをもう1組つくる。

5 **4**でつくった2組の脚を残りの貫Ⓑで接合する。木口に接着剤をつけ木材を合わせたら、木ネジを打ち込む。

座面をつける

6 座面Ⓒのおもて面を下側にして並べ、**5**で組み立てた脚を中心に伏せ、貫Ⓑにネジ位置の印をつける。印は、座面Ⓒの板1枚につき4カ所。

7 ネジ位置に下穴（貫通穴）をあけ、接着剤併用で木ネジを打ち込み、脚を固定する。全体にサンダーをかけ、ペイントする。

女子力UP

スツール座面のカバー仕上げ

カバー仕上げは、角スツールにもできますし、お手持ちのイスのリメイクにも使えるワザです。

▼道具
ペン、はさみ（カッターナイフ）、裁ちばさみ、タッカー（※建築用のホチキス）

▼材料
スツール、30㎜厚のウレタンフォーム、インテリアファブリック、手芸用ポンポンテープ、手芸用接着剤

One Point Advice!

座面に張る布地は、薄すぎるとウレタンフォームが透けて見えてしまうので、キャンバス地など厚めで張りのあるものがベター。飾りは手芸用のリボンテープなどのほか、仕上げたい雰囲気に合わせて飾り鋲（びょう）を打ってもOK。

1 ウレタンフォームにスツールをのせ、座面に沿って印をつける。

2 ウレタンフォームを印に沿ってはさみ（またはカッターナイフ）でカットする。

3 ファブリックの裏側を上にして広げ、ウレタンフォームをのせ、座面をすっぽり包めるくらいの大きさに裁つ。

4 最初に4ヵ所をタッカーで留め、間を埋めるように留めていく。布地を引っぱりながら、対角の位置を留めていくときれいに仕上がる。

5 1周を隙間なくタッカーで留めたら、ファブリックの余分な部分をカットする。

6 座面の周りにポンポンテープを手芸用接着剤で貼る。

02 アトリエテーブル

大きいので難しそうに思われがちですが、角スツールのサイズを変更しただけ！
2ステップでできる簡単構造の基本のテーブルです。
ペイントでアレンジして、「私のテーブル」をDIYしてみましょう。

▼道具
差し金、えんぴつ、電動ドリルドライバー、ドライバービット#2、下穴用ドリルビット3㎜、ダボビット8㎜、ダボ引きのこ、げんのう、クランプ、サンダー

▼材料
木材はSPF材（1×6）と30×40㎜赤松材を使用。ほか、直径8㎜の丸棒、接着剤、55㎜の木ネジ64本

▼仕上げ
全体をアンティークワックスのチューダーオークでペイントする（→P90）。

▼木取り図 単位：㎜ グレーの部分は、この作品には不用な端材です。

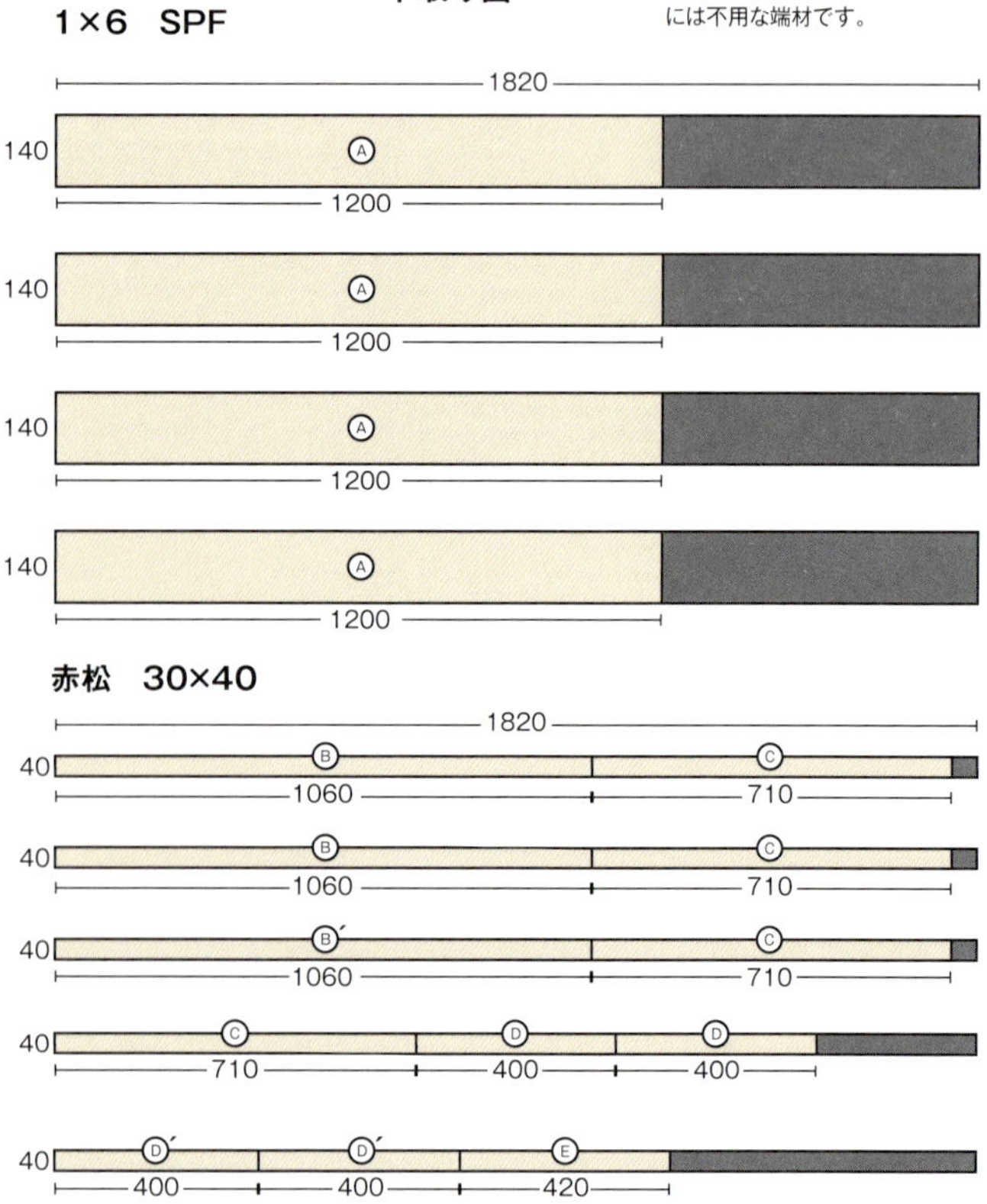

▼組み立て図 ・は、この角度から見えるネジ位置です。

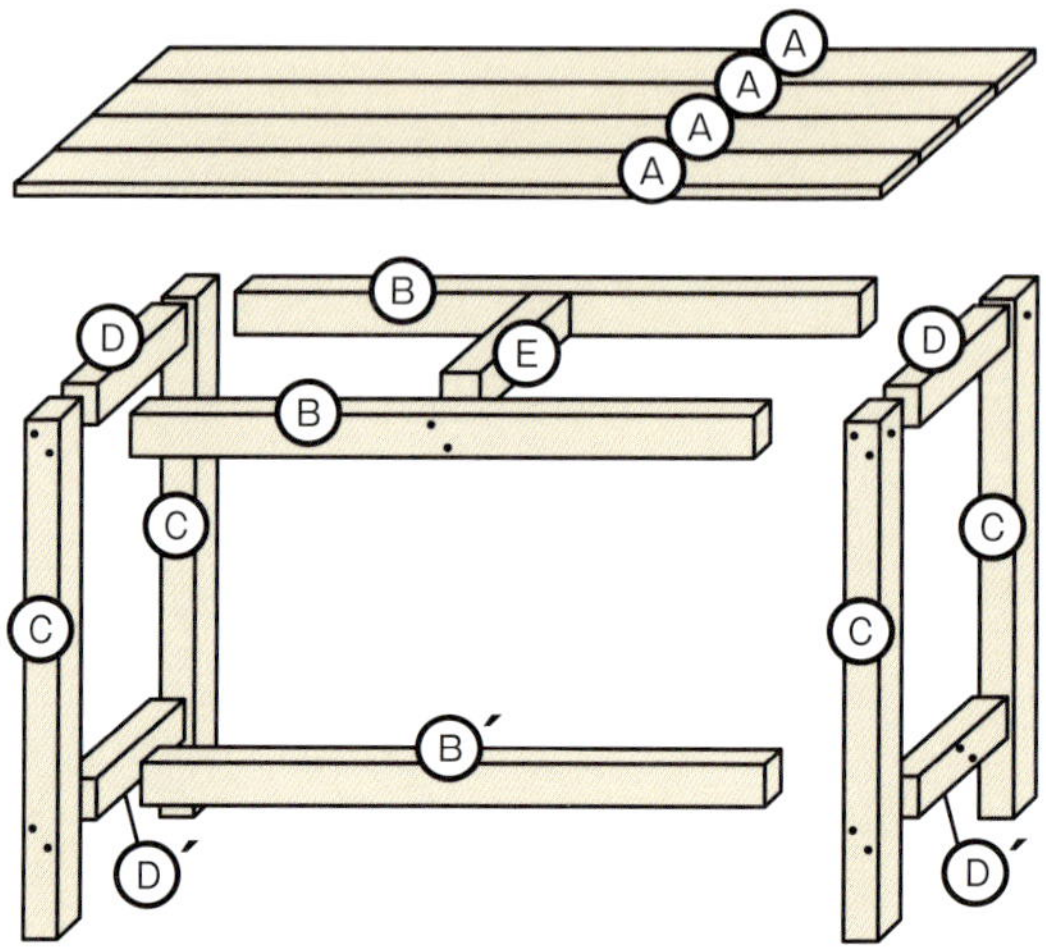

脚をつくる

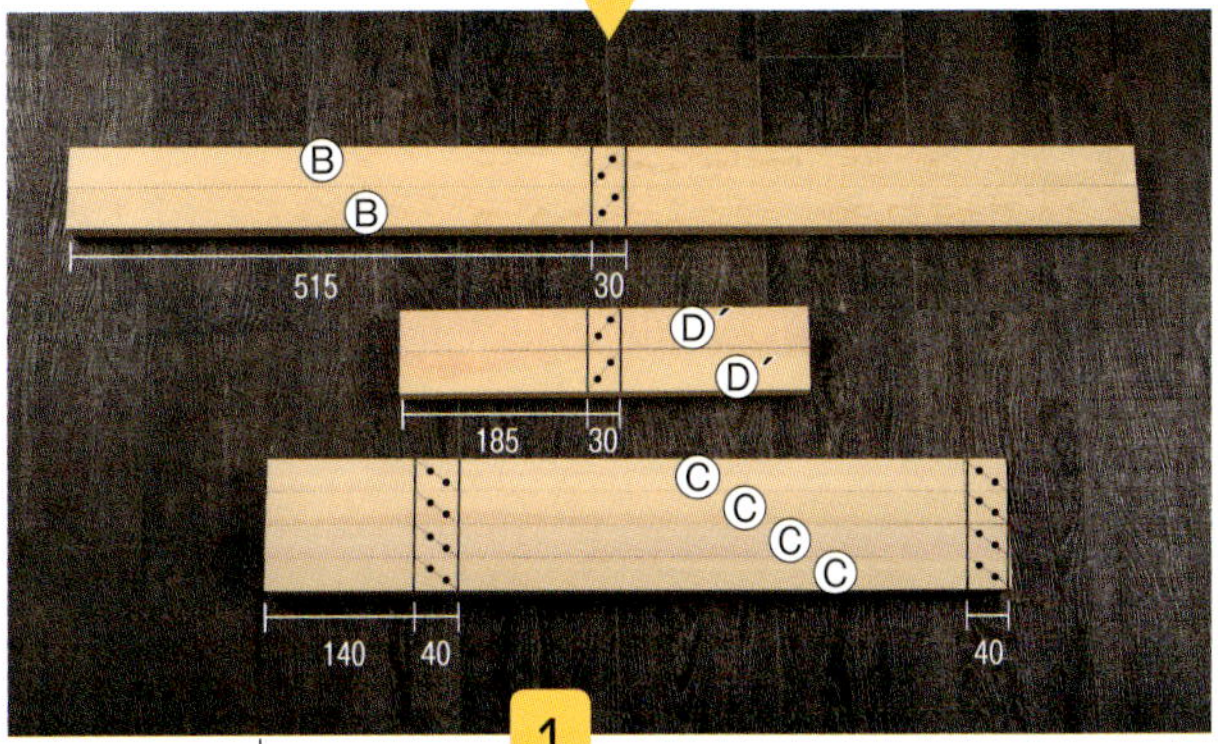

1 脚Ⓒ4本、貫Ⓓ′2本、貫Ⓑ2本に印をつける。下穴の印位置に貫通穴をあけ、おもて面にダボ穴をあける。ダボ穴位置に55㎜の木ネジを立てておく（ネジ立て→P10）。

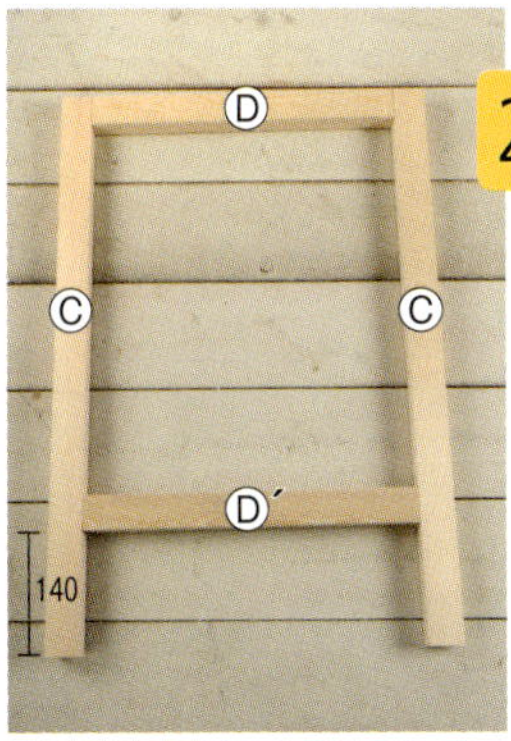

2 脚Ⓒ2本と貫Ⓓ1本、貫Ⓓ′1本を組み合わせて脚をつくる。ⒹとⒹ′の木口に接着剤をつけ、脚Ⓒの印位置に合わせ木ネジを打ち込む。同じものをもう1組つくる。

3 **2**でできた2組の脚のⒷをつける位置に印をつける。下穴の印位置に下穴として貫通穴をあけ、おもて面にダボ穴をあける。ダボ穴位置に55㎜の木ネジを立てておく。

Point

組み立てたとき、木ネジ同士がぶつからないよう、下穴の位置に注意。

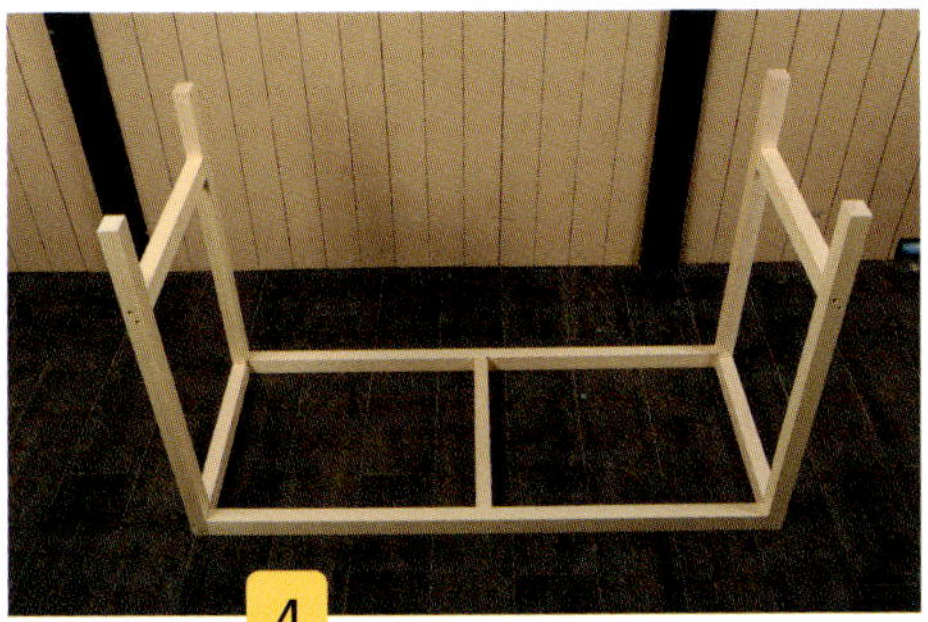

4 貫Ⓑの木口に接着剤をつけ、木ネジを打ち込んで2組の脚を接合する。同様に補強材Ⓔもつける。

天板をつける

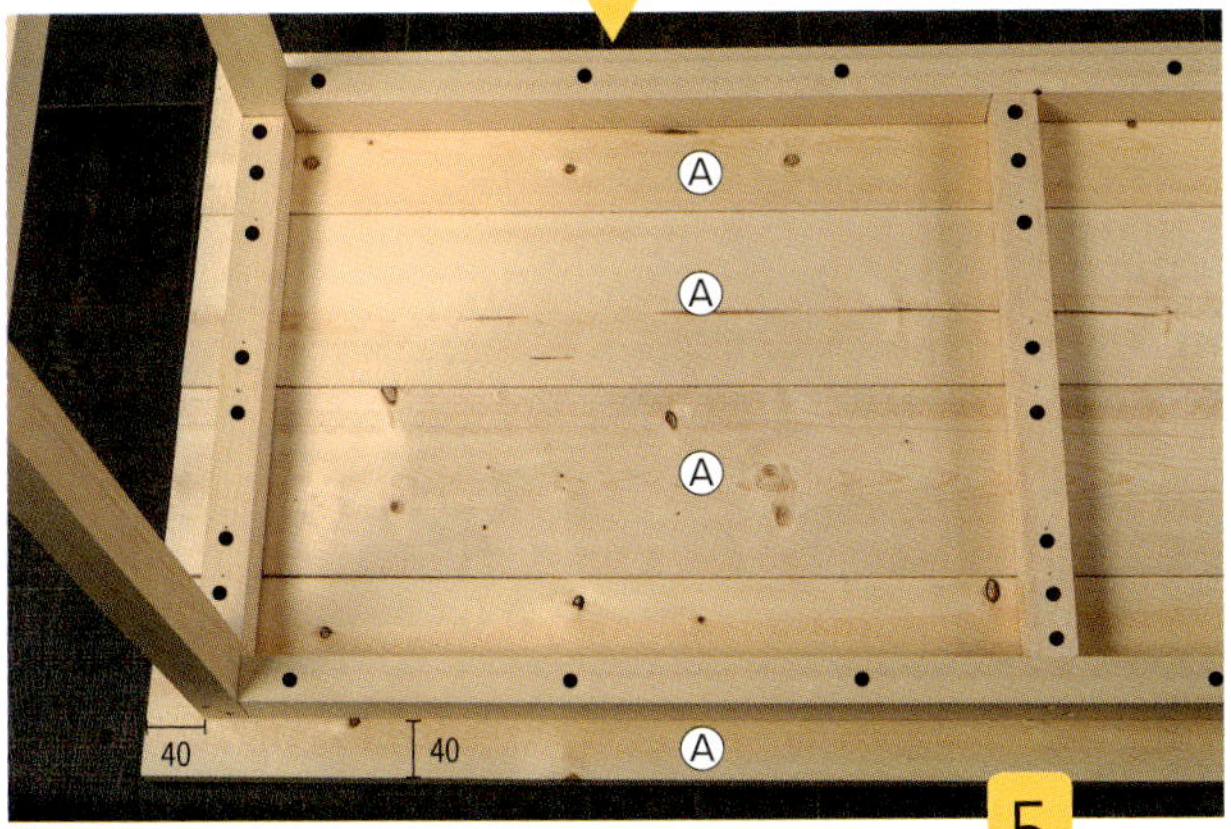

5 天板Ⓐのおもて面を下にして4枚並べ、**4**で組み立てた脚を中心（周囲40㎜あける）に置いて脚の木ネジ位置に印をつける（長辺は6ヵ所、短辺は8ヵ所）。

6 木ネジ位置に下穴をあける。接着剤を併用し、木ネジで脚側から固定する。

7 貫Ⓓ′の印位置に、補強材Ⓑ′を接着剤併用し木ネジで固定する。ダボ仕上げし（→P46）、全体にサンダーをかけ、ペイントする。

03 丸スツール

ワークショップでも特に人気の高い一品。
「相欠き継《つ》ぎ」のテクニックを身につけられます。
ペイントにより表情が変わり、どんなシーンにも合うので、
使い勝手がよくおすすめです。

▼道具
差し金、えんぴつ、電動ドリルドライバー、ドライバービット#2、下穴用ドリルビット3㎜、ダボビット8㎜、細目のこぎり、ジグソー、ノミ、げんのう、ダボ引きのこ、クランプ、サンダー

▼材料
木材はSPF材(2×2と2×12)を使用。ほか、直径8㎜の丸棒、接着剤、55㎜の木ネジ16本

▼仕上げ
全体をアンティークワックスのチューダーオークで下塗りし(→P90)、脚にミルクペイントのインクブラックで重ね塗り(→P86)してから、やすりで削る。

1 ホームセンターなどで木材の斜めカットができない場合は、ジグソーかのこぎりで斜めに切り落とす。※脚は平行四辺形に、貫は台形になるように。

▼木取り図 単位：㎜　グレーの部分は、この作品には不用な端材です。

2×2　SPF

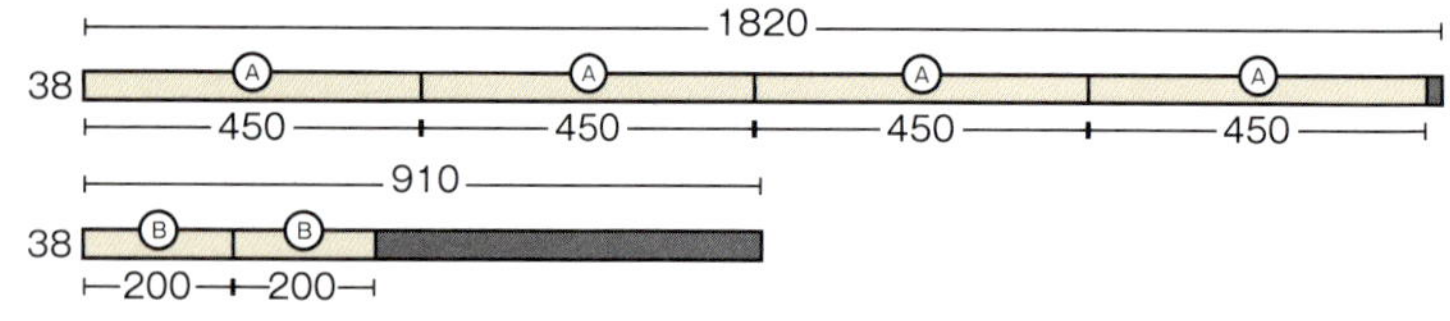

2×12　SPF

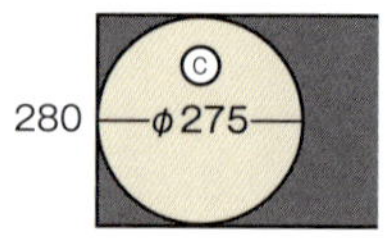

▼カット図 単位：㎜

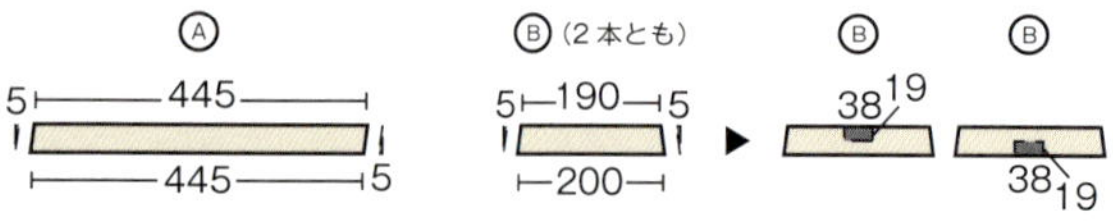

▼組み立て図　・は、この角度から見えるネジ位置です。

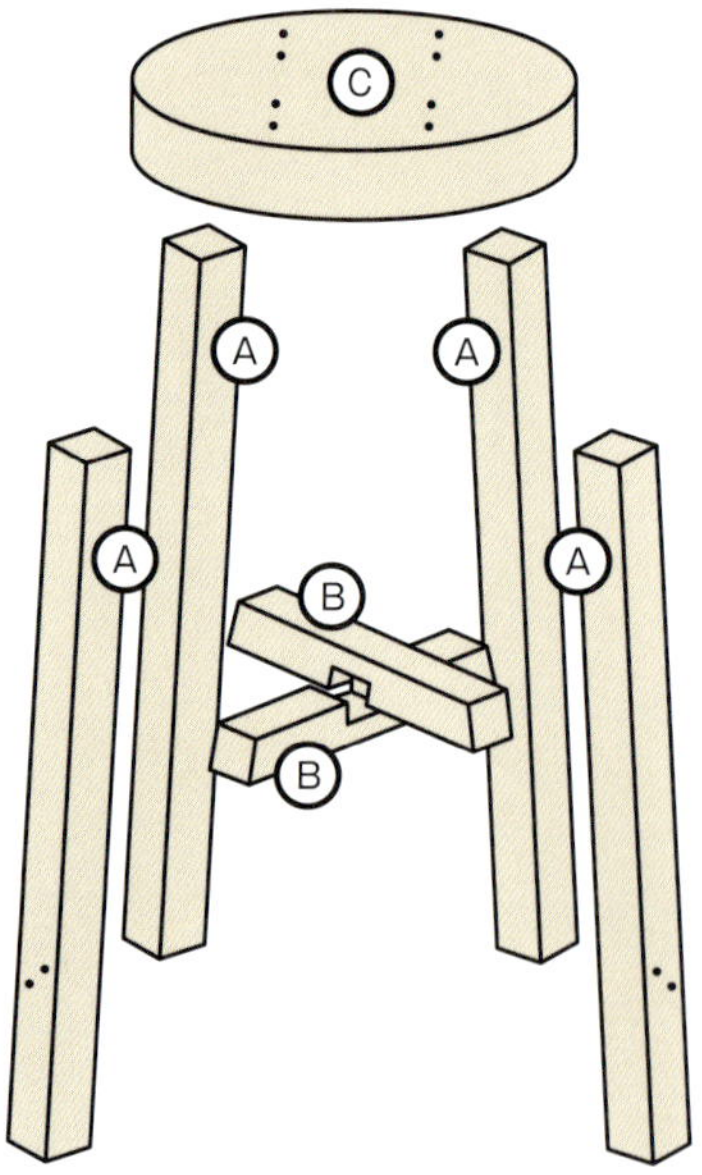

相欠き継ぎとは?

相欠き継ぎとは、木材の継手方法のひとつ。2つの木材の厚みをそれぞれ半分ずつ欠きとり、組み合わせます。

1 クランプでしっかり固定し、印に沿って細目のこぎりで3本切り目を入れる。印線の1㎜内側にのこぎりの刃を入れるイメージで切ると誤差が少なくなる。

2 溝の底となる部分にノミの刃をあて、げんのうで叩き落とす。

3 落とした部分が平らになるよう、ノミで少しずつ削る。ときどき2本の溝を合わせてみて、根気よく調整する。

4 2本の溝が段差なくぴったり重なれば完成。

脚を組み立てる

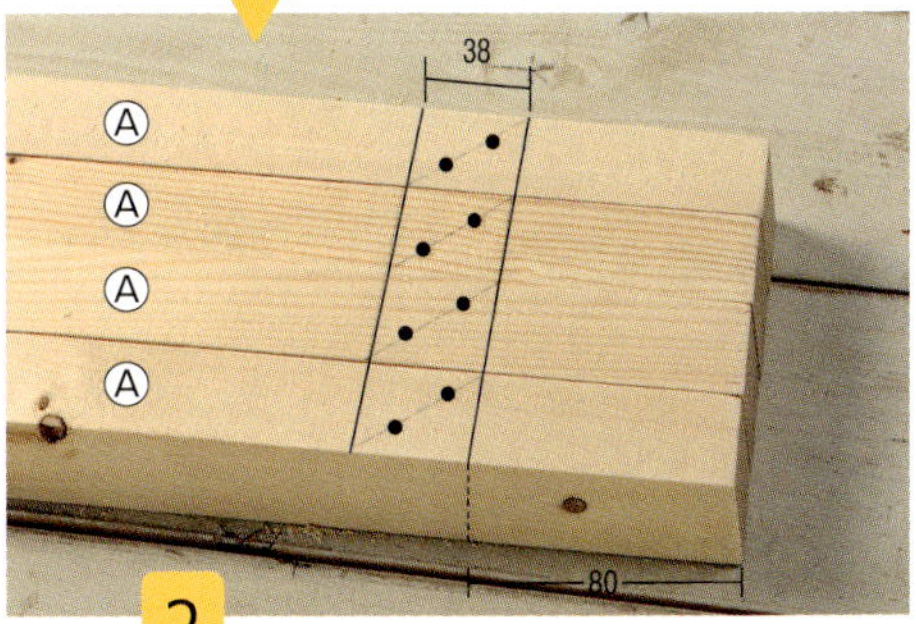

2 脚Ⓐ4本に印をつけ、下穴の印位置に貫通穴をあける。おもて面にはダボ穴をあけ、55㎜の木ネジを立てておく（ネジ立て→P10）。

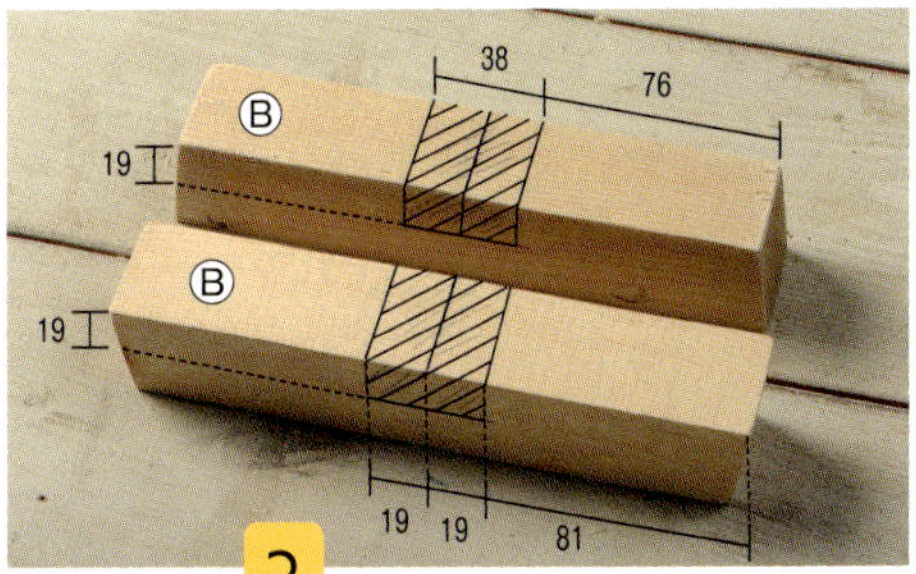

3 貫Ⓑ2本に相欠きの印をつける。
※相欠きの印をつける際は、天地を間違えないよう注意。

4 3でつけた印のとおりにⒷの相欠きの溝を落とす。貫の木口に接着剤をつけ、脚の印位置に55㎜の木ネジで固定する。

5 貫の相欠きの溝に接着剤をつけ組み合わせる。

座面をつける

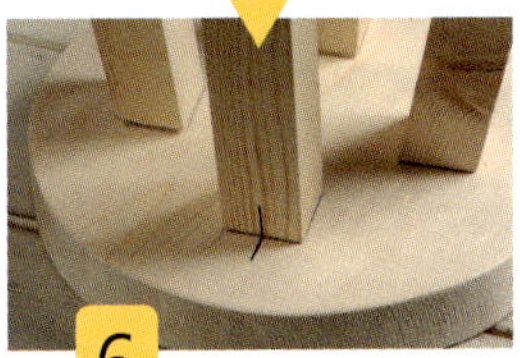

6 座面Ⓒのおもて面を下にし、5でできた脚を中心にのせ、脚の輪郭をえんぴつでなぞり印をつける。このとき脚と座面に1ヵ所合い印をつけておく。

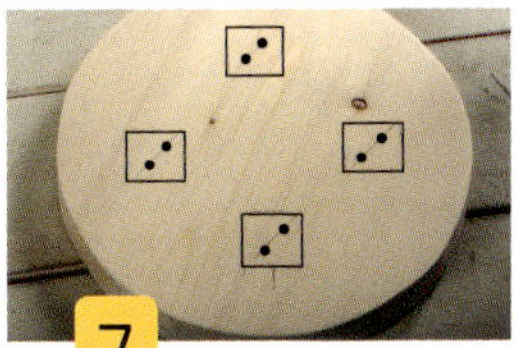

7 座面に下穴の印をつけ、貫通穴をあける。おもて面に返しダボ穴をあけ、55㎜の木ネジを立てておく。

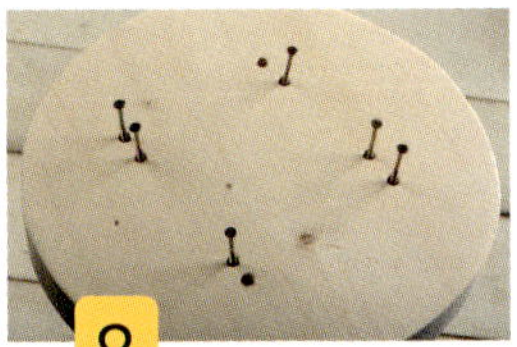

8 脚の木口に接着剤をつけ、合い印に合わせ、木ネジを打ち込む。木ネジは対角同士で留めていくとズレが少ない。

9 ダボ仕上げをし（→P46）、全体にサンダーをかけ、ペイントする。

04 コレクションボックス

飾り棚に使ってもよし、小道具入れとして見せる収納に使ってもよしのコレクションボックス。切り込みを入れた4枚の板を組み合わせて、升目《ますめ》をつくる方法を学べます。

▼道具
差し金、えんぴつ、電動ドリルドライバー、ドライバービット#2、下穴用ドリルビット3㎜、ジグソー、錐《きり》、げんのう、ノミ、クランプ、サンダー

▼材料
木材はSPF材(1×6)と10㎜厚のひのき材を使用。ほか、35㎜の木ネジ20本、22㎜の隠し釘6本、好みの名差し金具9個

▼仕上げ
全体にアンティークワックスのチューダーオークを塗り(→P90)、前板飾りにミルクペイントのインクブラックを塗る(→P86)。

▼木取り図 単位：㎜

グレーの部分は、この作品には不用な端材です。

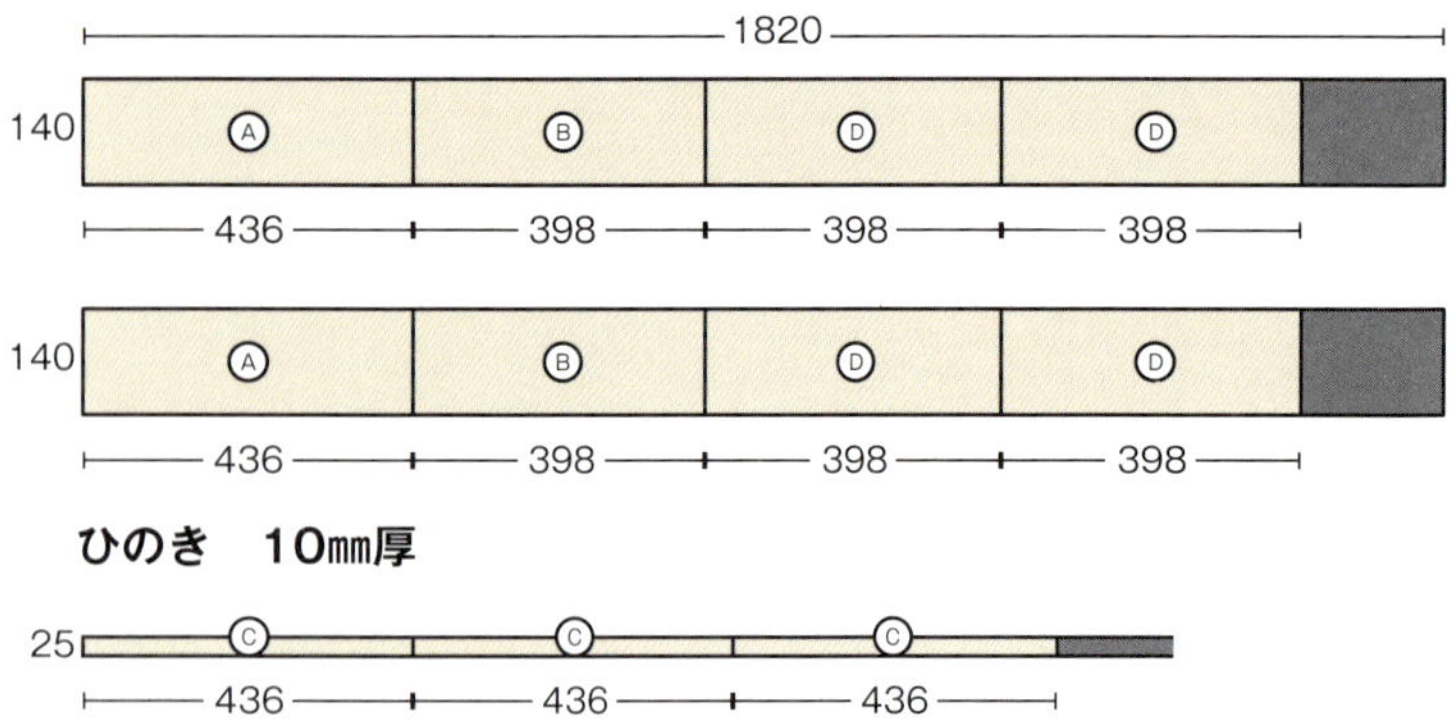

▼カット図 単位：㎜

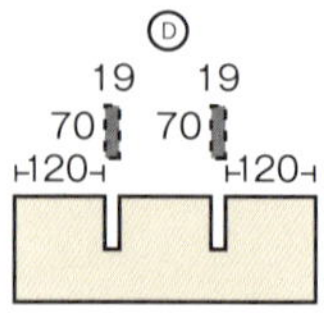

▼組み立て図 ・は、この角度から見えるネジ位置です。

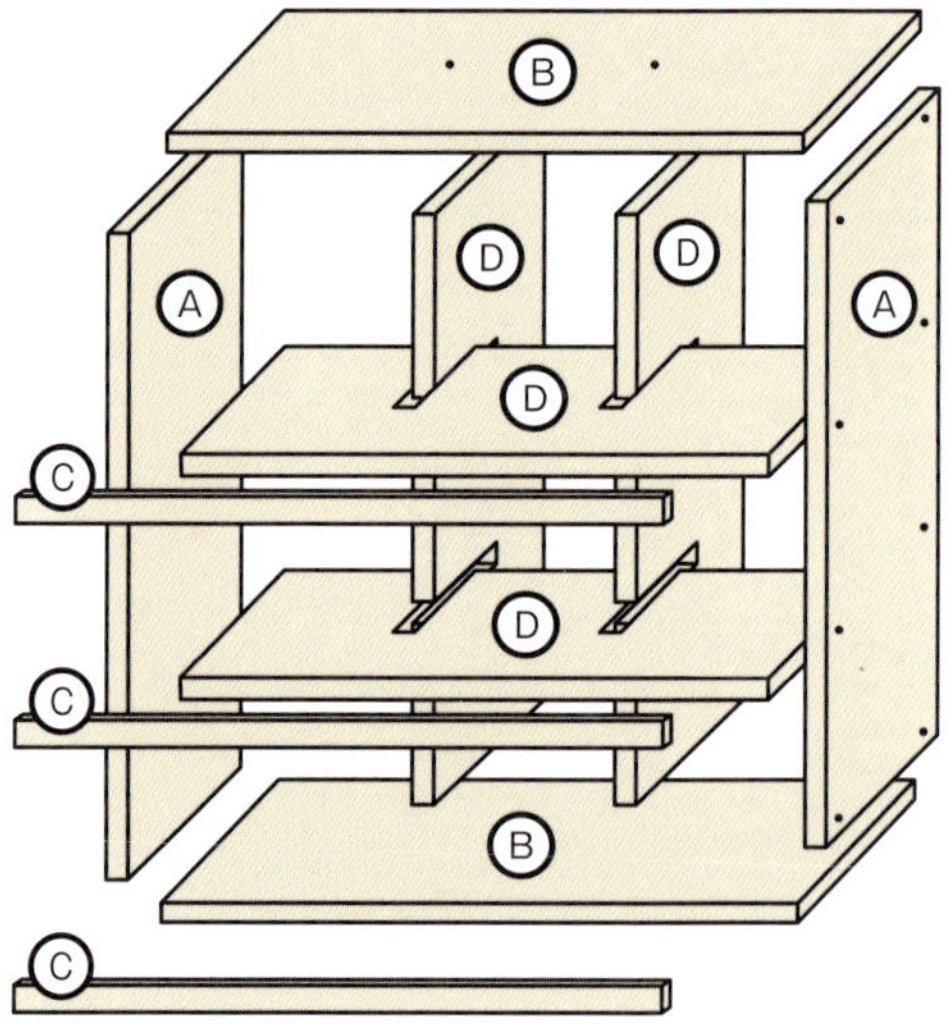

仕切りをつくる

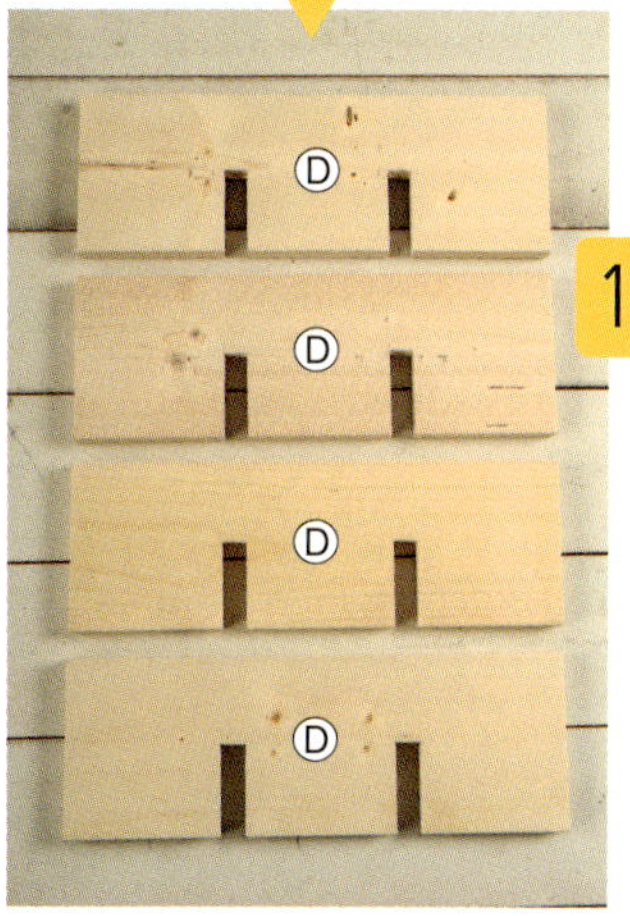

1 仕切り板Ⓓ4枚に相欠きの印をつけ（右ページのカット図参照）、印に沿って不要部分を切り落とす（相欠き→P15）。

2 4枚を格子状に組む。

外枠をつくる

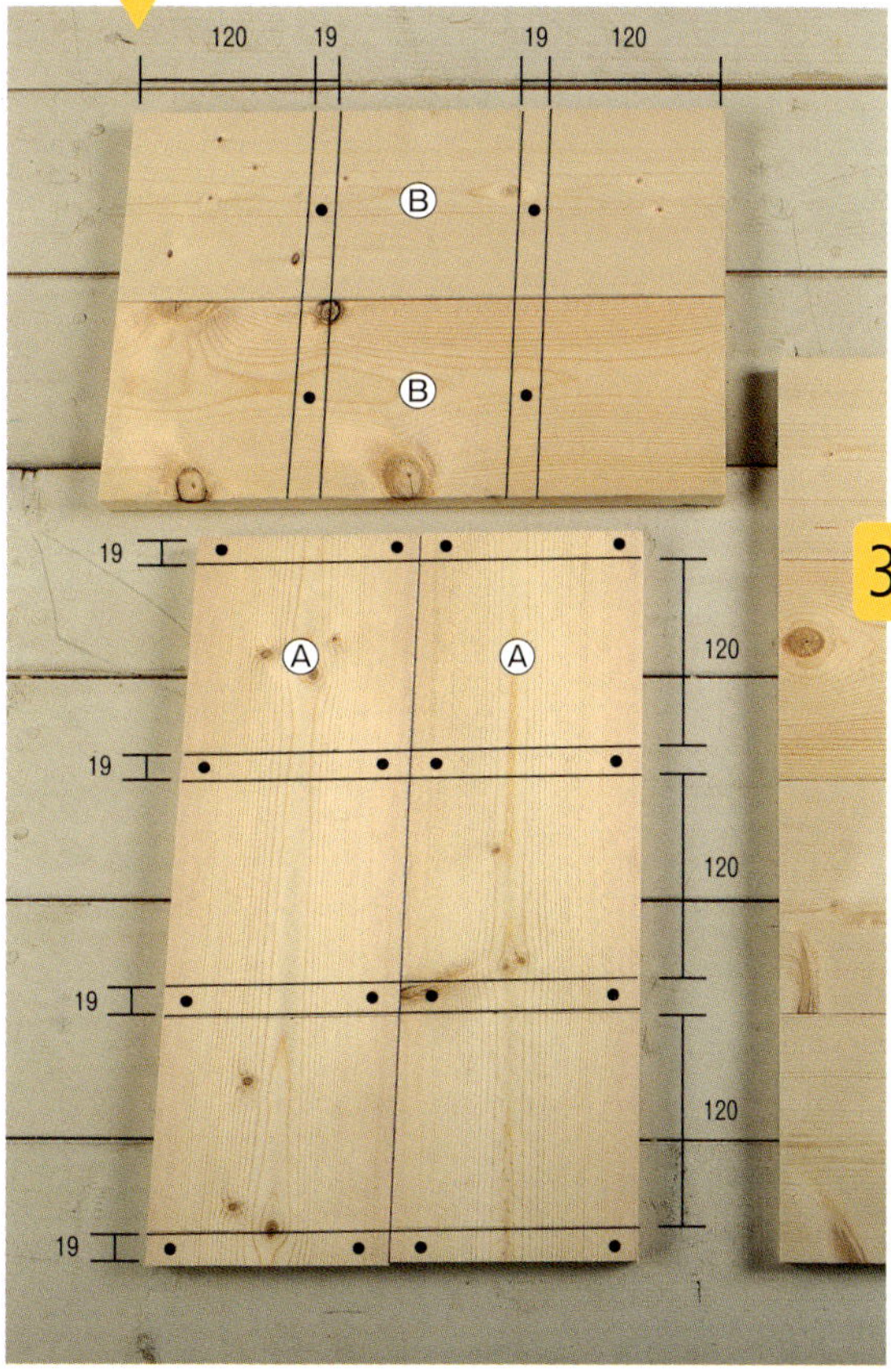

3 側板Ⓐ2枚、天板Ⓑと底板Ⓑ各1枚に印をつける。下穴の印位置に貫通穴をあけ、35㎜の木ネジを立てておく（ネジ立て→P10）。

4 仕切りを、**3**でつけた天板と底板の印位置に合わせて、接着剤を併用し、木ネジを打ち込む。同様にして側板2枚もつける。

5 飾りとなる前板Ⓒの裏面に接着剤をつけ、本体に接着する。

6 飾り板の両端に錐で下穴をあけ、22㎜の隠し釘を打ち込む。

7 隠し釘の頭をげんのうなどで叩き落とす。全体にサンダーをかけ、ペイントしたら、好みの金具をつける。

05 ツールボックス

よく使うものは、しまいこんではいけません。おしゃれなツールボックスを利用すれば、見せる収納で、ステキなインテリアに変身。キッチンやリビングでも活躍します。

▼道具
差し金、えんぴつ、電動ドリルドライバー、ドライバービット#2、下穴用ドリルビット3㎜、ドリルビット20㎜、ダボビット8㎜、ジグソー、げんのう、ダボ引きのこ、クランプ、サンダー

▼材料
木材はSPF材（1×6）と3㎜厚のベニヤ板を使用。ほか、直径8㎜の丸棒、接着剤、35㎜の木ネジ12本、19㎜のこびょう8本

▼仕上げ
側面にミルクペイントのサンフラワーオレンジを塗る（→P86）。

Caution

ボックスの内側もペイントしたいときは、組み立てる前に施しておきましょう。

▶木取り図
単位：㎜
グレーの部分は、この作品には不用な端材です。

1×6 SPF

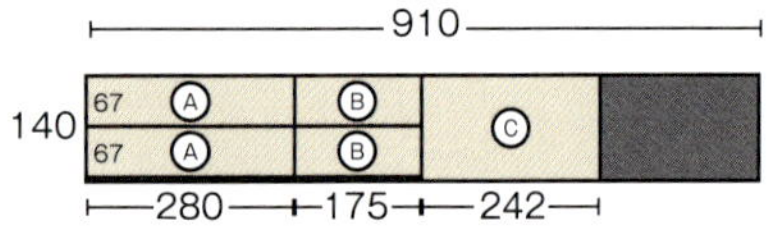

3㎜厚 ベニヤ板（合板）

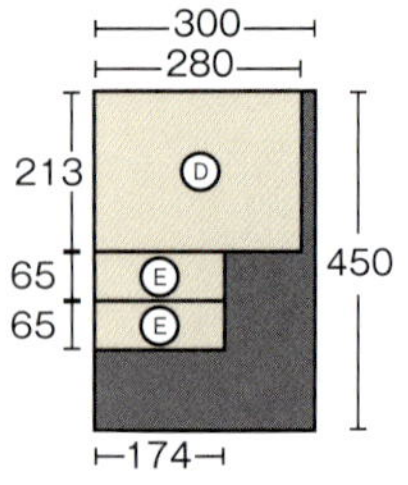

▶カット図
単位：㎜

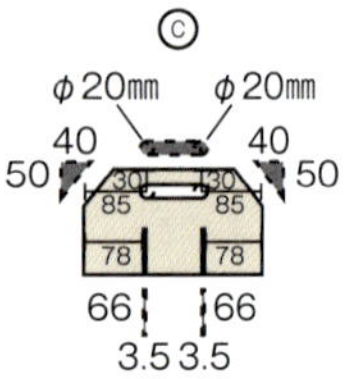

▼組み立て図
・は、この角度から見えるネジ位置です。

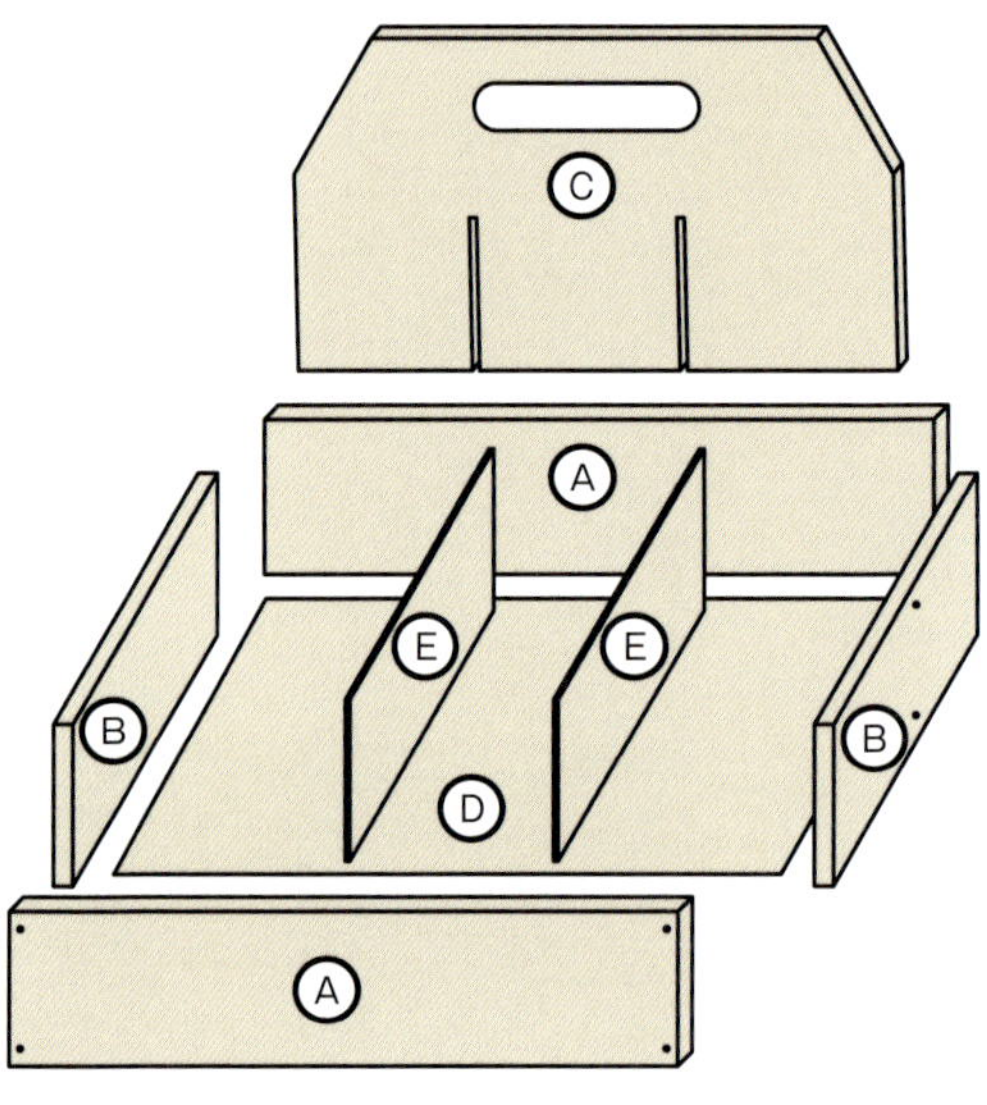

枠組みをつくる

4 側板Ⓑ2枚と前板Ⓐと後板Ⓐ各1枚に印をつける。下穴の印位置に貫通穴をあけ、おもて面にダボ穴をあける。ダボ穴位置に35㎜の木ネジを立てておく（ネジ立て→P10）。

5 側板の木口に接着剤をつけ、前板と接着し、木ネジを打ち込む。後板も同様に。

6 1～3で加工した持ち手に接着剤をつけ、枠に差し込み、木ネジを打ち込む。持ち手の切り込みに、仕切り板Ⓔ2枚を差し込む。

底板をつける

7 本体の木口に接着剤をつけて底板をのせる。四隅とその間（計8ヵ所）に錐で下穴をあけ、19㎜のこびょうを打ち込む。

持ち手板を加工する

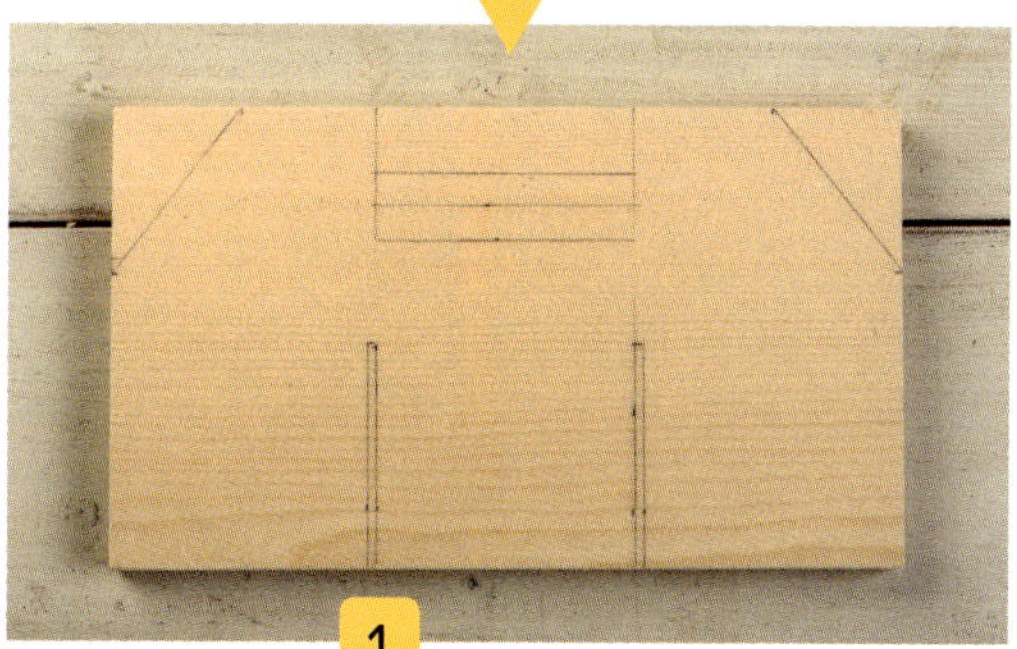

1 持ち手板に印をつける（右ページカット図参照）。

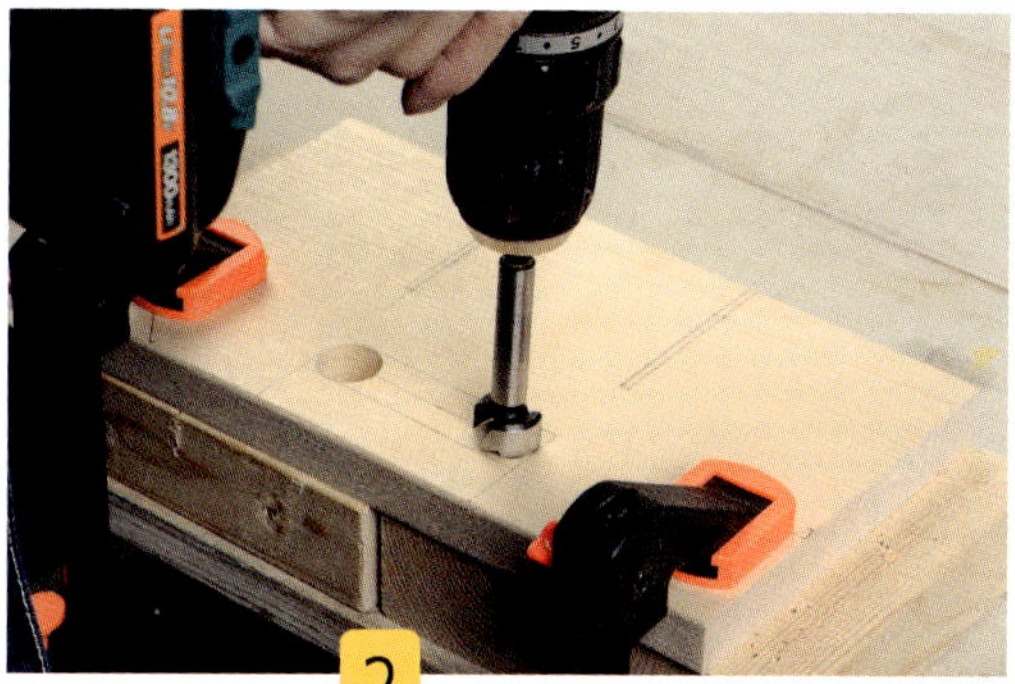

2 20㎜のドリルビットで持ち手穴部分となる左右2ヵ所に貫通穴をあける。穴にジグソーの刃を入れて2つの穴をつなぐようにジグソーで切り進み楕円の穴をあける。

3 左右の角を斜めに切り落とし、切り込み部分は印に沿ってジグソーでカットする。

Point

カラー仕上げをする場合は底板をつける前に、ダボ仕上げをして（→P46）、サンダーをかけてから、アンティークワックスのチューダーオークを塗り（→P90）乾かしておく。

06

小引き出し

A4サイズも入るので、ファイリングした書類整理にも便利。レシートや領収書などの小さな書類は、縦に仕切って整理することもできます。見せたくないモノ収納にお役立ち。

▼道具
差し金、えんぴつ、錐《きり》、ドライバー、げんのう、クランプ、サンダー

▼材料
木材は10㎜厚のひのき材と3㎜厚のベニヤ板を使用。
ほか、接着剤、19㎜のこびょう90本、一文字金具4組、好みの引き手2個、飾りL字金具4個

▼仕上げ
本体はアンティークワックスのチューダーオークを塗り（→P90）、引き出しの前板それぞれにミルクペイントのハニーマスタードとピスタチオグリーンを塗る（→P86）。

▼木取り図 単位：㎜
グレーの部分は、この作品には不用な端材です。

ひのき　10㎜厚

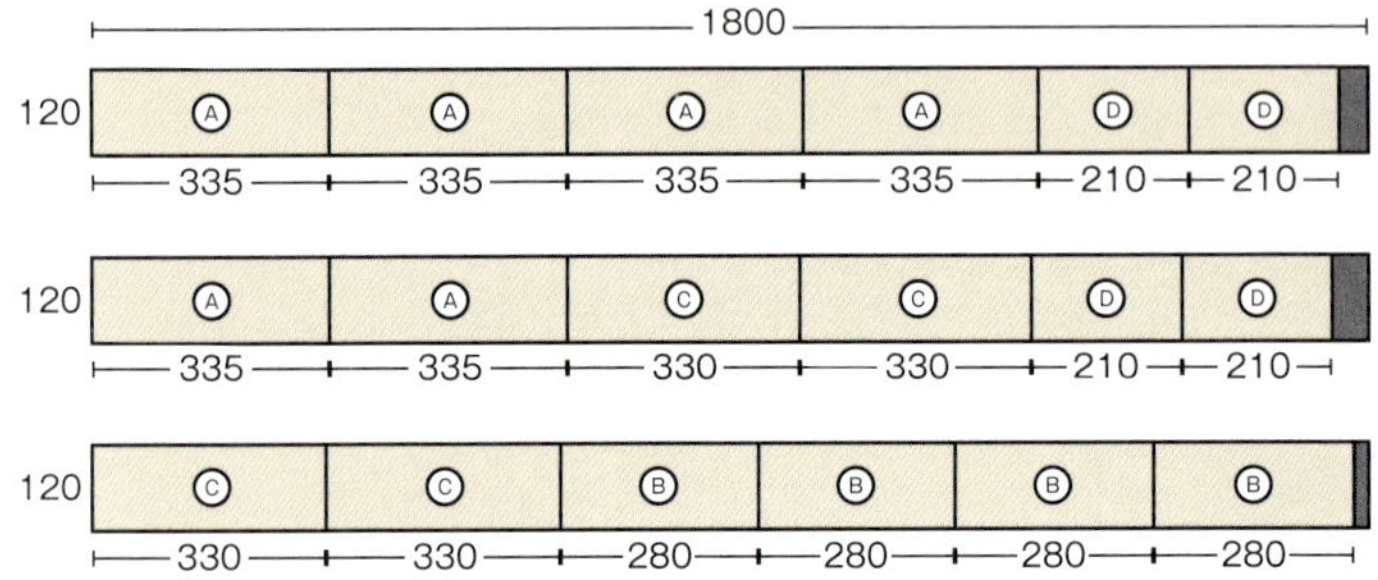

3㎜厚　ベニヤ板（合板）

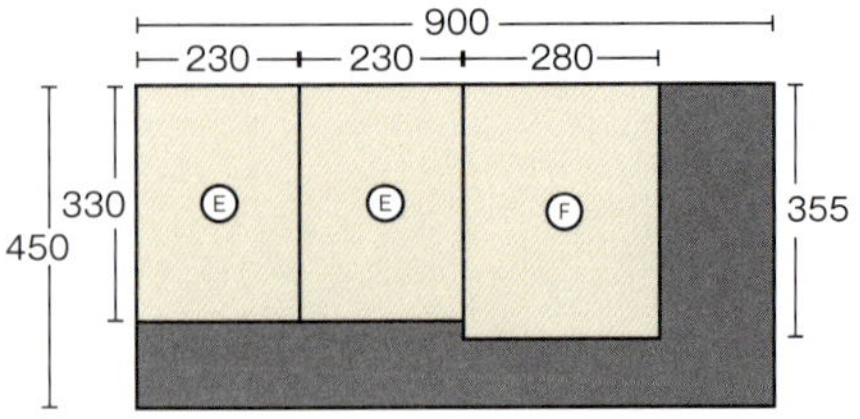

▼組み立て図
・は、この角度から見えるネジ位置です。

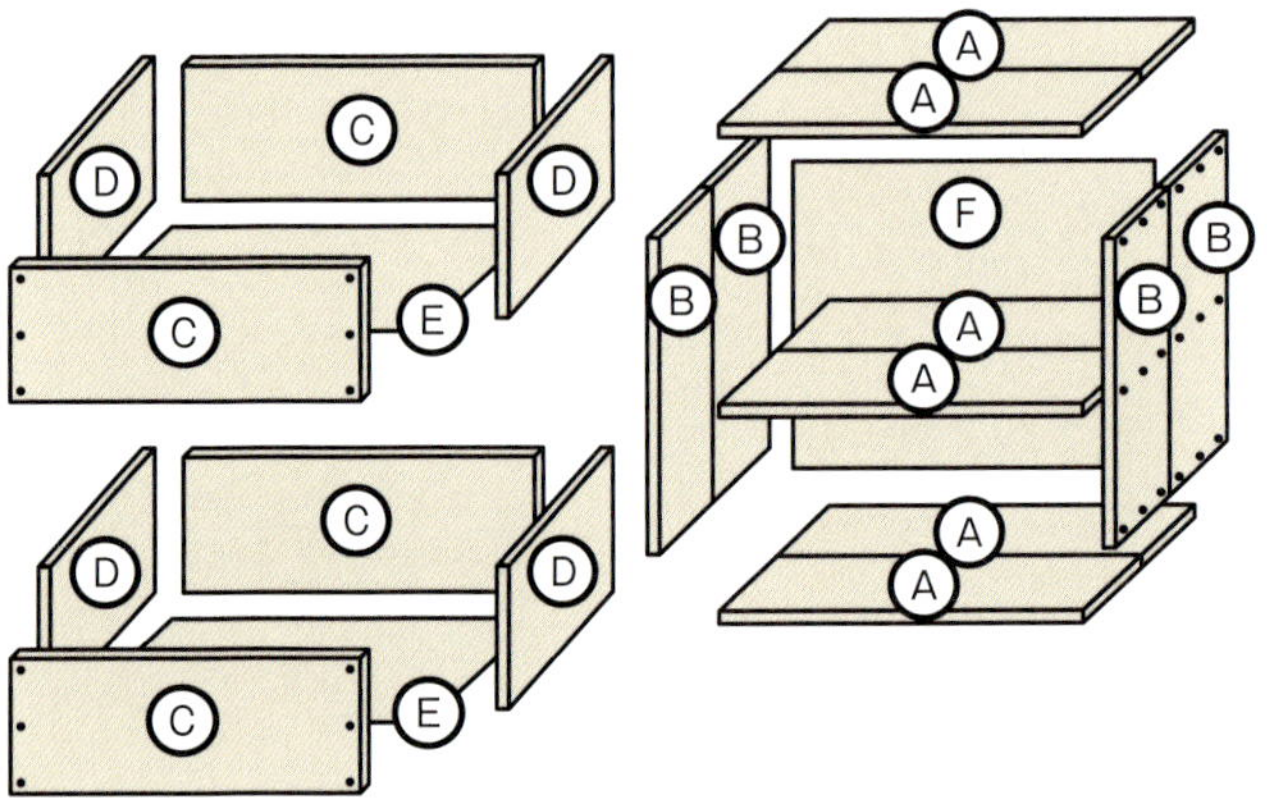

引き出しをつくる

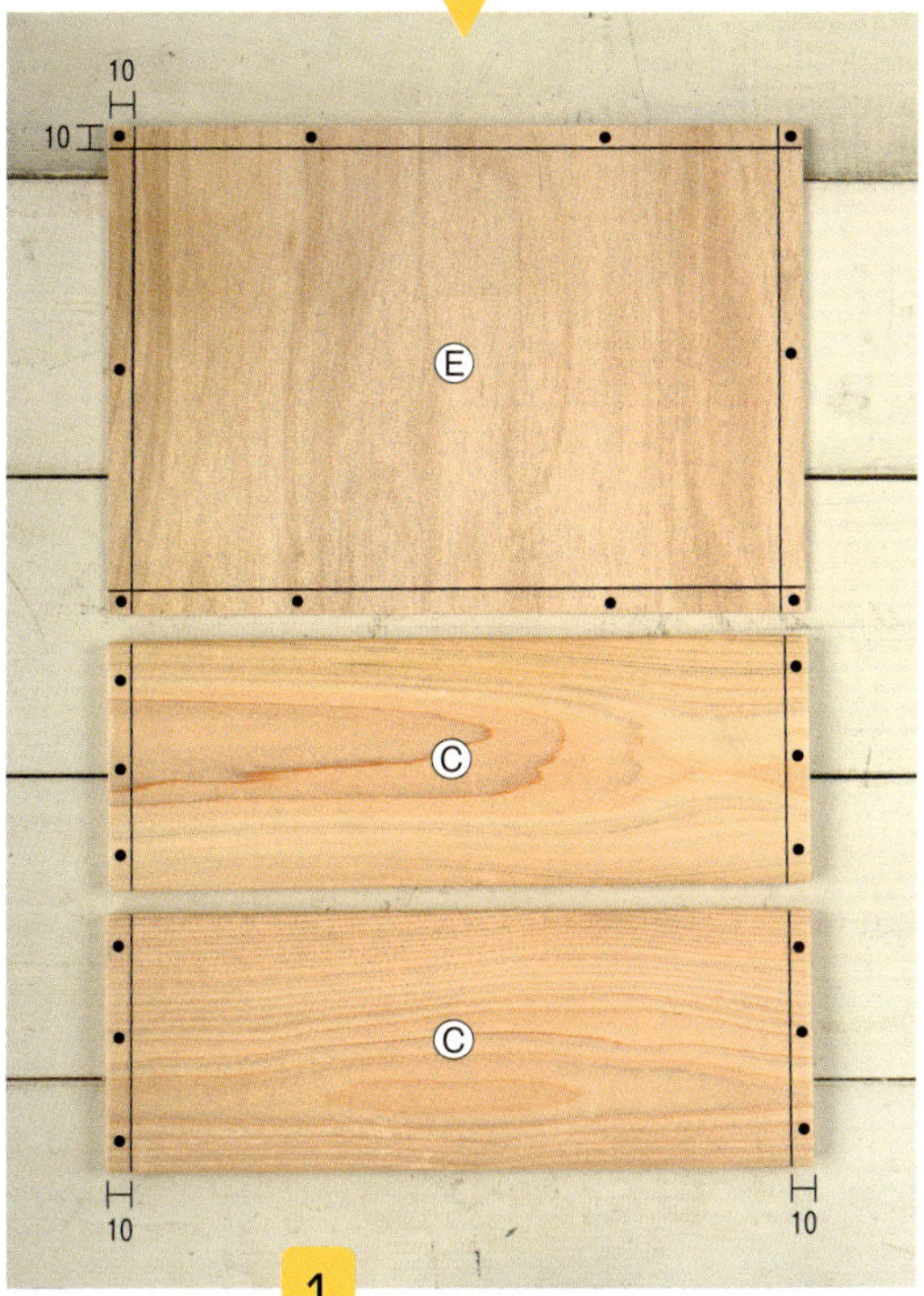

1 前板Ⓒと背板Ⓒ、底板Ⓔに印をつける。下穴の印位置に錐で下穴をあけておく。

2 側板Ⓓと、**1**で印をつけた前板と背板を、接着剤と19㎜のこびょうを併用し、箱形に組み立てる。

3 **2**に底板を接着し、下穴の位置に19㎜のこびょうを打ち込む。もう1組の引き出しも同様にしてつくる。

本体を組み立てる

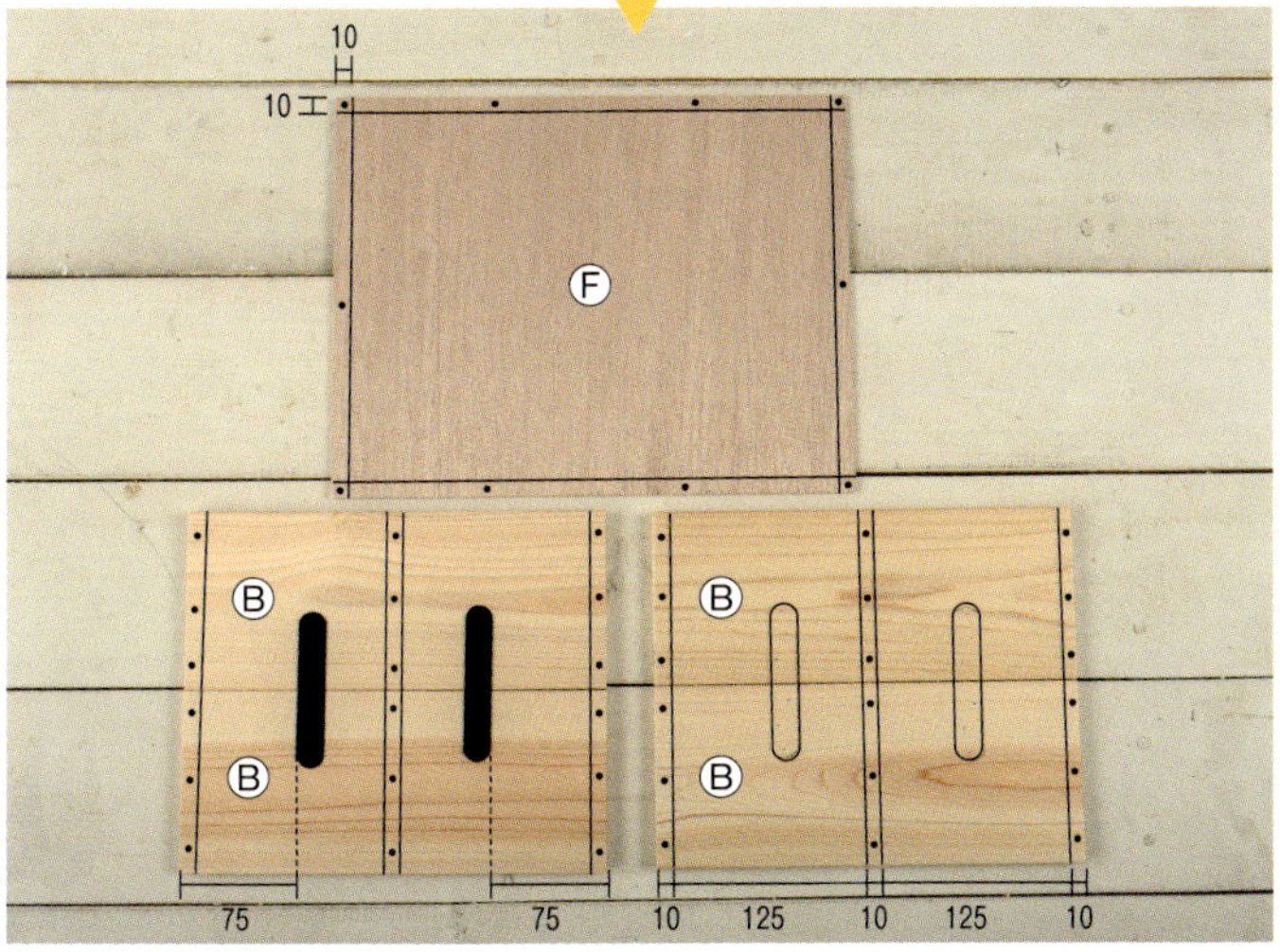

4 背板Ⓕと側板Ⓑ4枚に印をつけ、下穴の位置に錐で下穴をあけておく。側板2枚を1組にし、並べて接着したら、一文字金具を付属のビスでドライバー留めする。もう1組の側板も同様に。

5 天板Ⓐ2枚と底板Ⓐ2枚の木口に接着剤をつけ、**4**でつくった側板の印位置に合わせ、19㎜のこびょうを打ち込む。仕切り板も同様にしてつけ、反対側の側板もつける。

Point

仕切り板をつける際は、実際に引き出しを入れながら。隙間にはベニヤ板などを挟んで位置を微調整する。

6 背板と枠組みを接着し、下穴位置に19㎜のこびょうを打ち込む。

7 全体にサンダーをかけ、ペイントする。乾いたら本体に飾り金具を、引き出しに引き手をつける。

07

A形シェルフ

リビングのみならず、ガーデンにも似合うシェルフ。本体とボックス、それぞれを別の用途にも使える、とにかく応用度の高い家具です。ボックスの代わりに棚板をはめ込んでもOK。

▼道具

差し金、えんぴつ、のこぎり、電動ドリルドライバー、ドライバービット#2、下穴用ドリルビット3㎜、錐、げんのう、ドライバー、マスキングテープ、クランプ、サンダー

▼材料

木材は30×40㎜赤松材と13㎜厚の杉材を使用。

ほか、接着剤、32㎜のスクリュー釘60本、55㎜の木ネジ32本、蝶番2個

▼仕上げ

※各ボックスの内側は、アンティークワックスのジャコビーンを塗る（→P90）。
ボックス（小）：ミルクペイントのインディアンターコイズでペイントする（→P86）。

ボックス（中）：ミルクペイントのクロコダイルグリーンでペイントする（→P86）。

ボックス（大）：ミルクペイントのディキシーブルーでペイントする（→P86）。

ラダー：ミルクペイントのスノーホワイトでペイントする（→P86）。

全体的に、アンティークワックスのジャコビーンで汚しをかける。

▼木取り図 単位：㎜ グレーの部分は、この作品には不用な端材です。

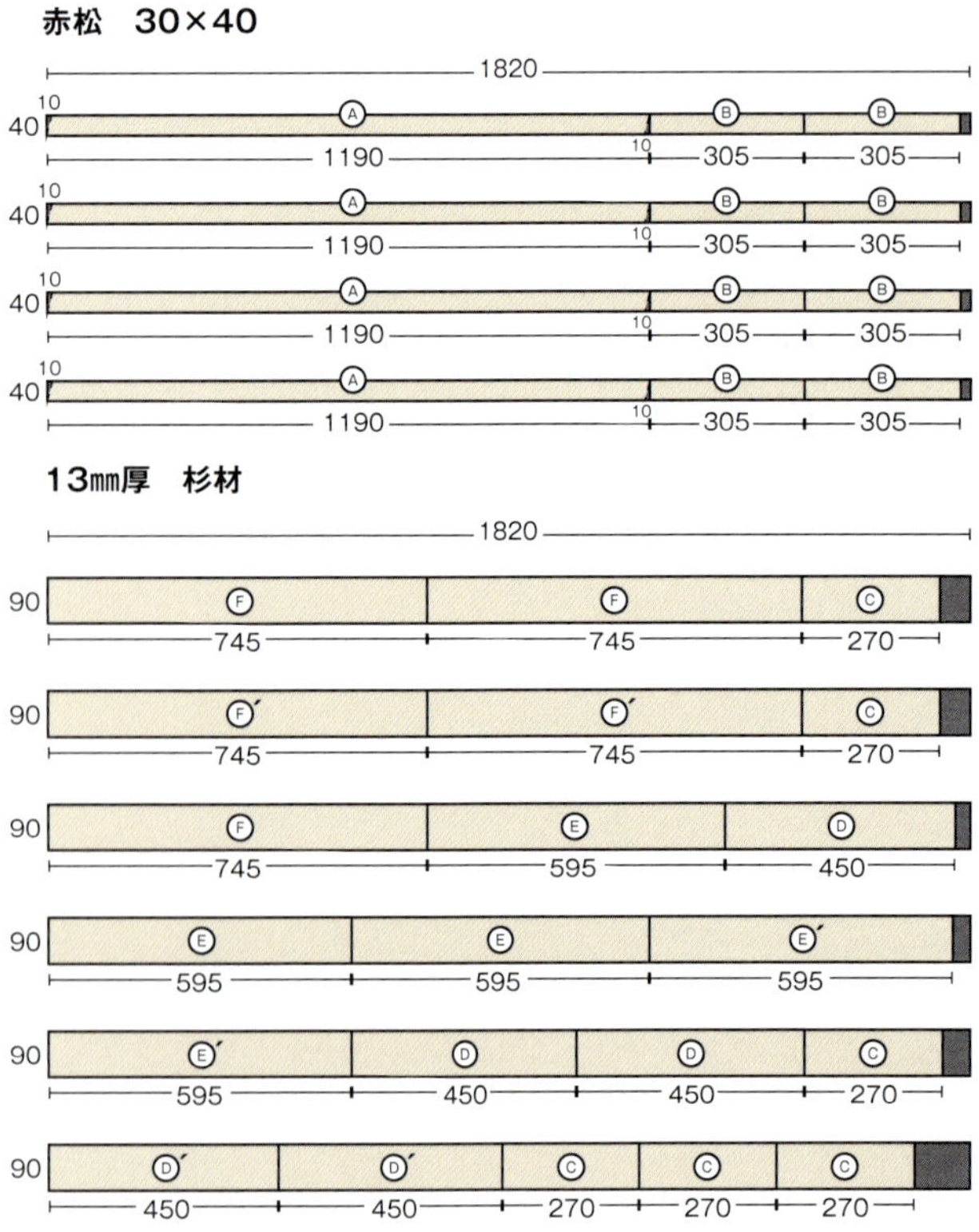

▼組み立て図 •は、この角度から見えるネジ位置です。

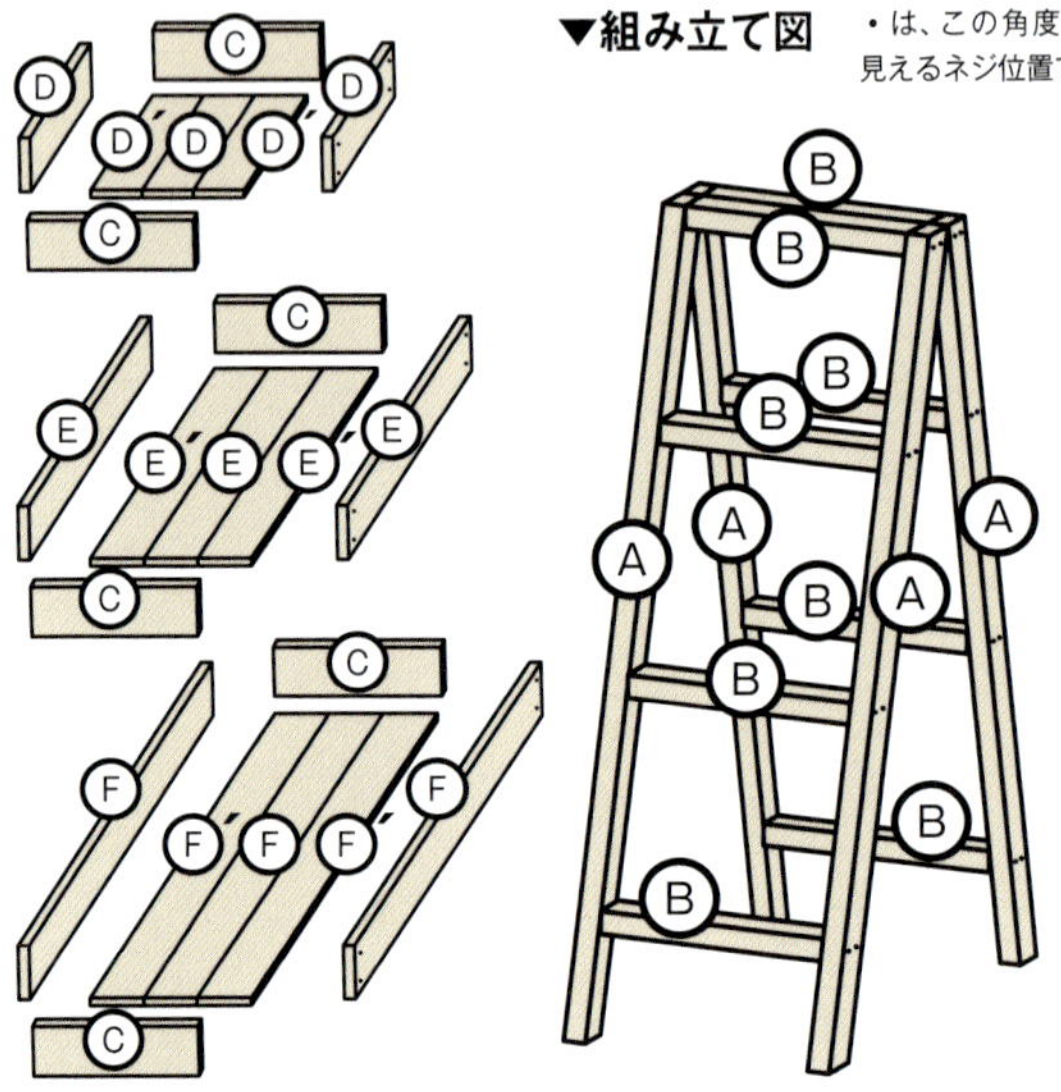

▼カット図 単位：㎜

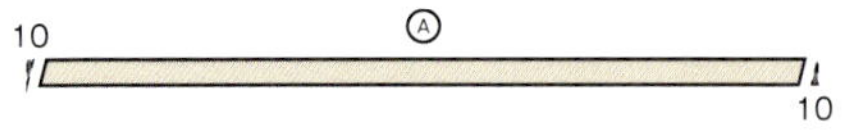

ボックスをつくる

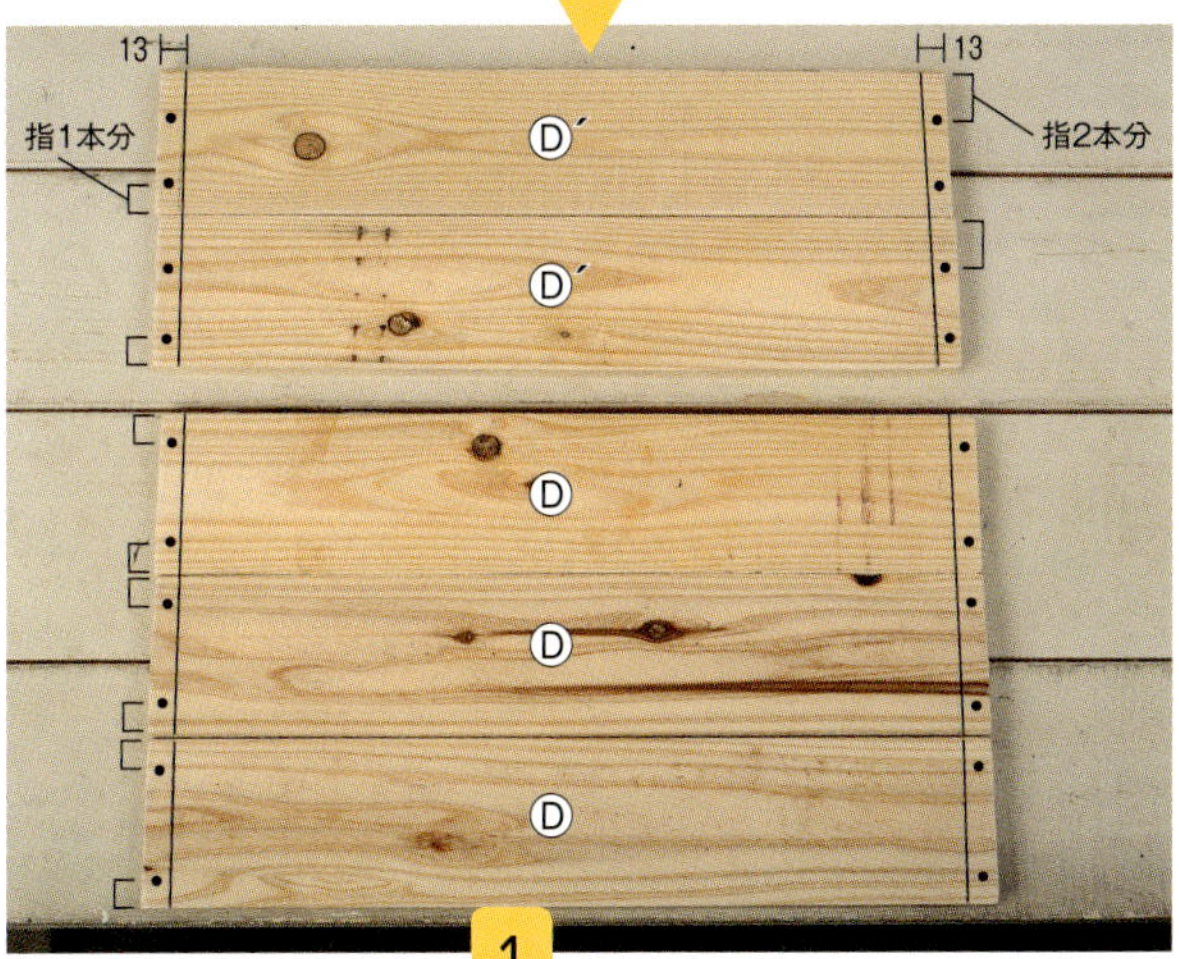

1 底板の両端にあたるⒹ´2枚、前板・後板・底板の中央にあたるⒹ3枚に印をつける。下穴の印位置に錐で下穴をあける。

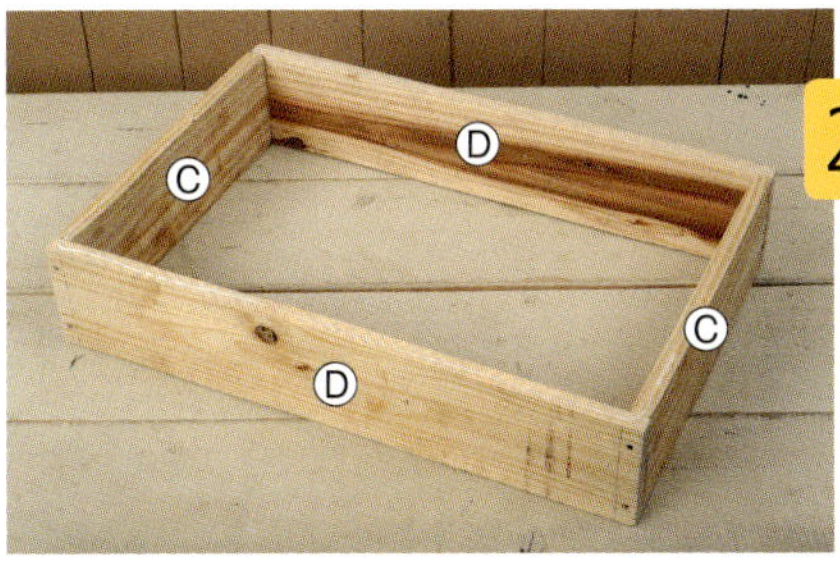

2 2枚の側板Ⓒの木口に接着剤をつけ、前板と後板の印位置に合わせ、32㎜のスクリュー釘を打ち込む。

3 **2**に底板をつける。左右の縁を合わせ、残り1枚は真ん中に。接着剤を併用し32㎜のスクリュー釘を打ち込む。

ラダーをつくる

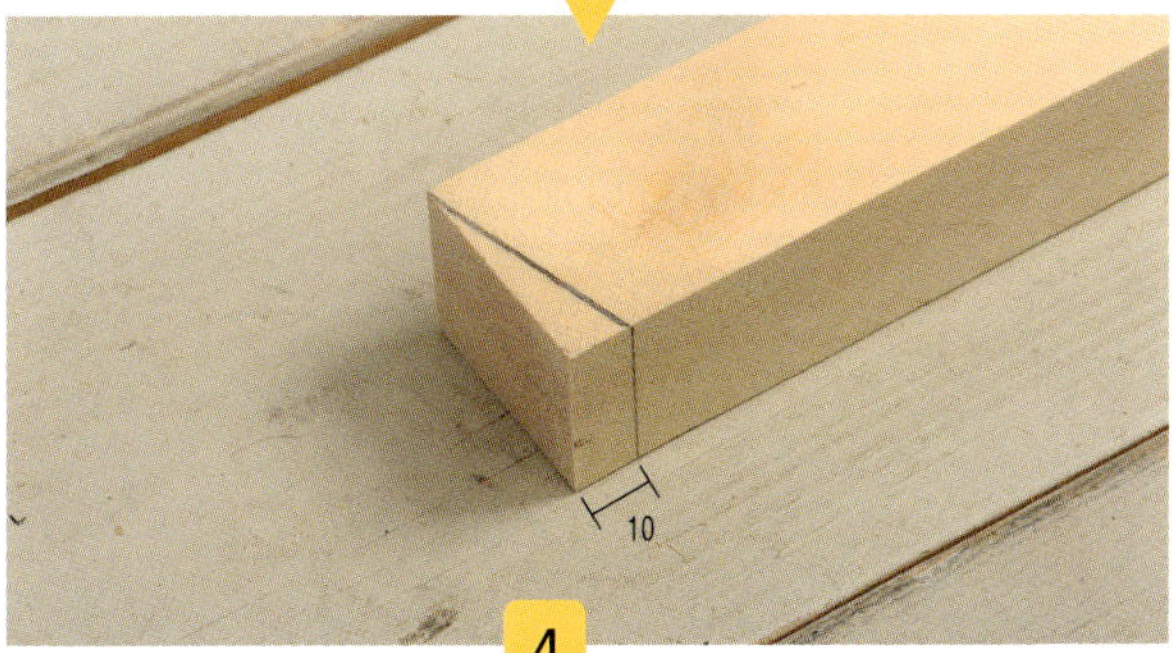

4 脚Ⓐ4本の両端に印をつけ、斜めに切り落とす。このとき、1本の木材が平行四辺形になるように（右ページカット図参照）。

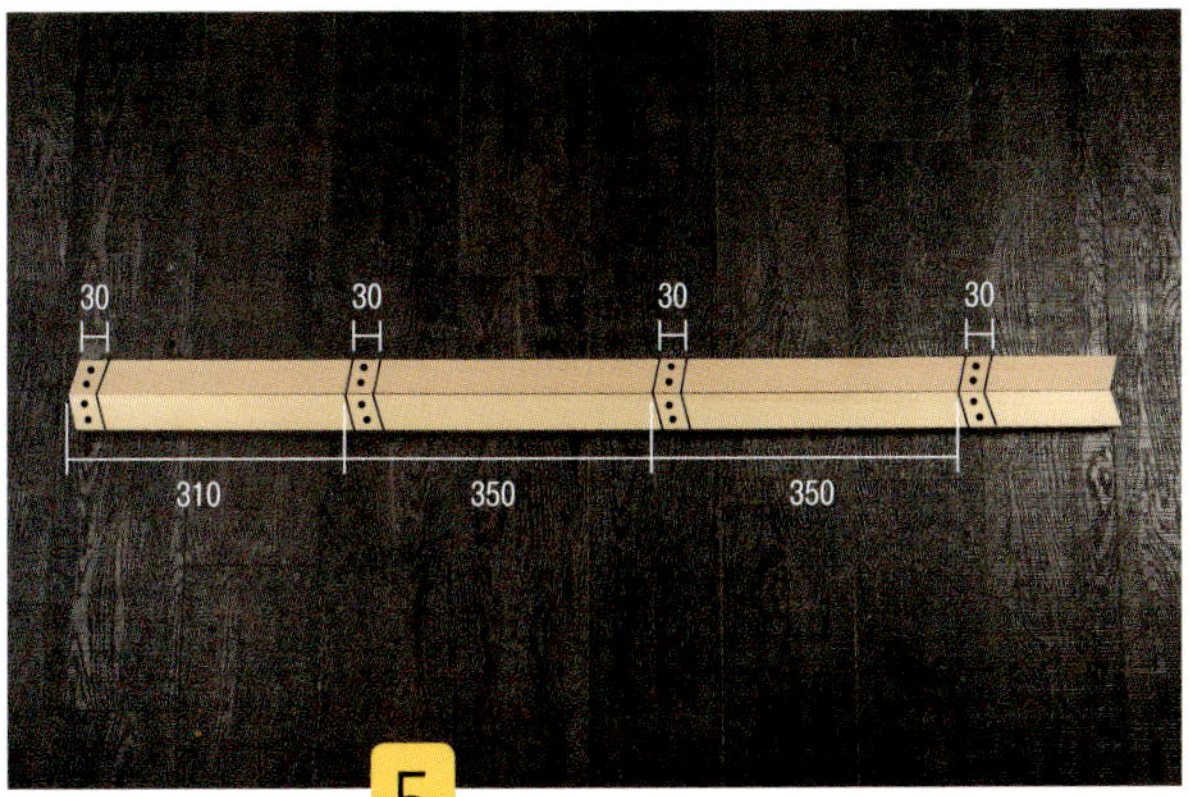

5 桟をつける位置に印をつける。脚の向きに注意し、写真の組み合わせで2組つくる。下穴の印位置に貫通穴をあけ、おもて面の下穴位置に55㎜の木ネジを立てておく（ネジ立て→P10）。

6 桟Ⓑの木口に接着剤をつけ、**5**でつけた印位置に合うようにセットして、木ネジを打ち込む。もう1組も同様にしてつくる。

Point

桟は印に合わせ斜めに接合するため、角が少し出る。

7 2組の脚を横から見たとき三角形になるように組み合わせ、逆さまにしてクランプで固定。左右の端から30㎜位置に蝶番を置き、ビスの位置に錐で下穴をあけ、蝶番に付属のネジを使用し、ドライバーで固定する。

8 パーツごとにサンダーをかけ、ペイントする。

08 フック付き多目的棚

棚上の利用もできて、吊るすこともできる、コンパクトでも収納は優秀な多目的棚です。このつくり方ならノミがなくても棚が組めるので、初心者向きです。

▼道具
差し金、えんぴつ、電動ドリルドライバー、ドライバービット#2、下穴用ドリルビット3㎜、ジグソー、クランプ、サンダー

▼材料
木材はSPF材（1×4）を使用。ほか、接着剤、35㎜の木ネジ24本、好みのフック3個、三角カン2個

▼仕上げ
全体にアンティークワックスのラスティックパインを塗る（→P90）。

▼木取り図 単位：㎜　グレーの部分は、この作品には不用な端材です。

1×4 SPF

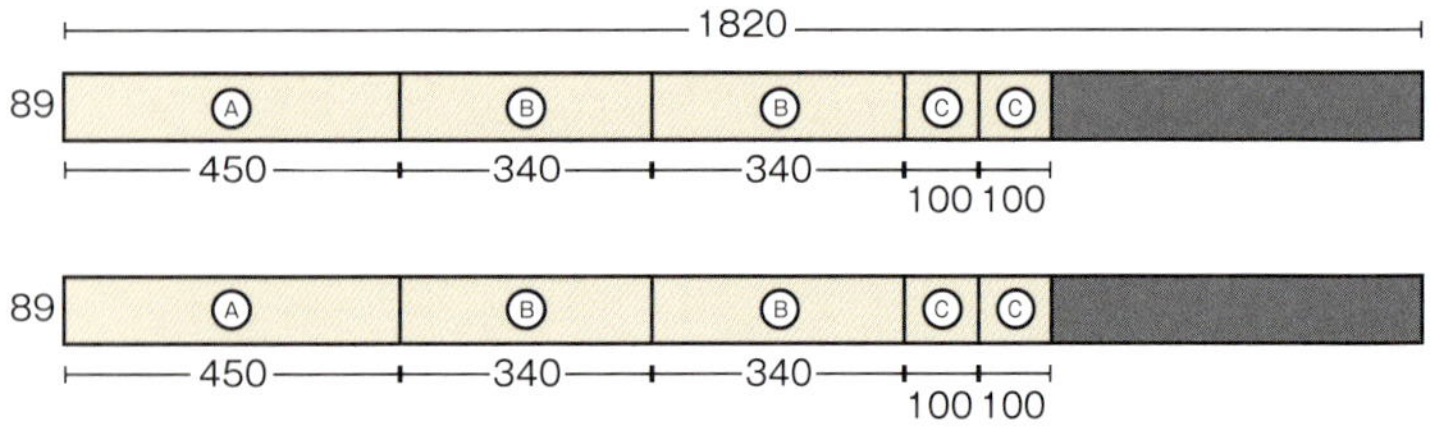

▼カット図 単位：㎜

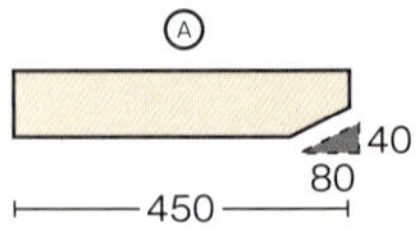

▼組み立て図　・は、この角度から見えるネジ位置です。

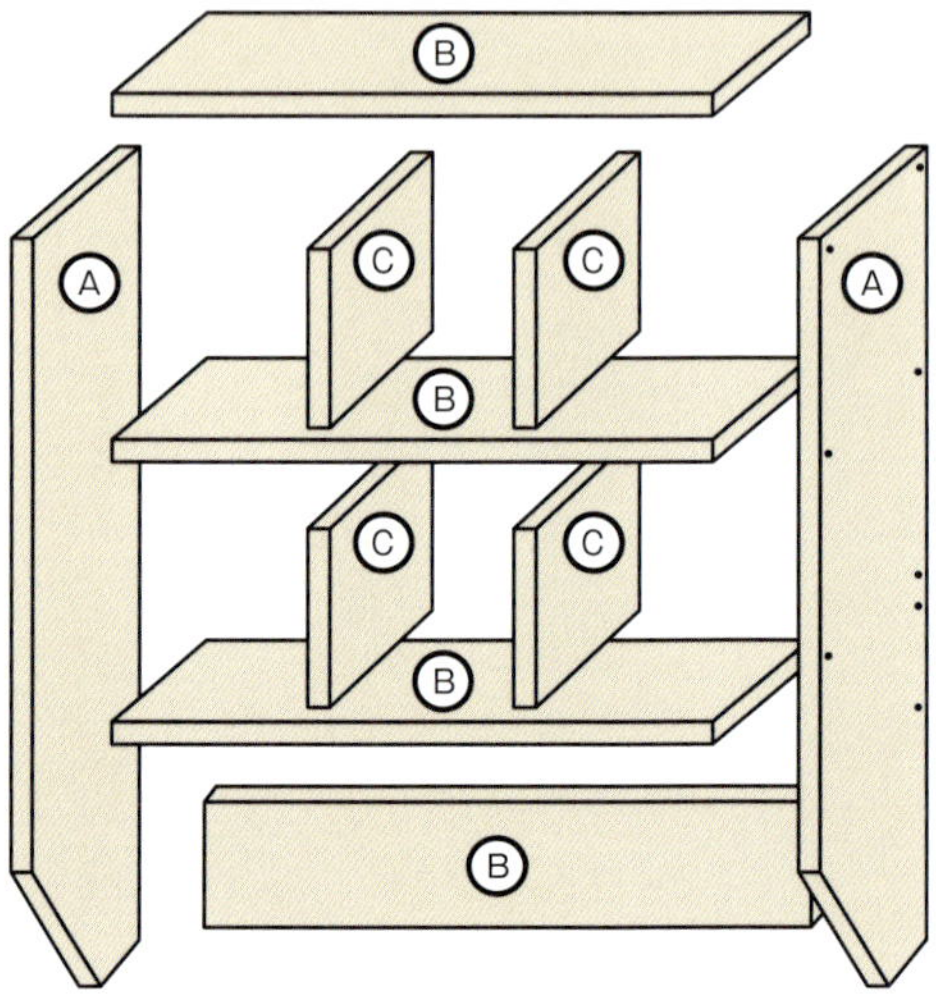

仕切りをつくる

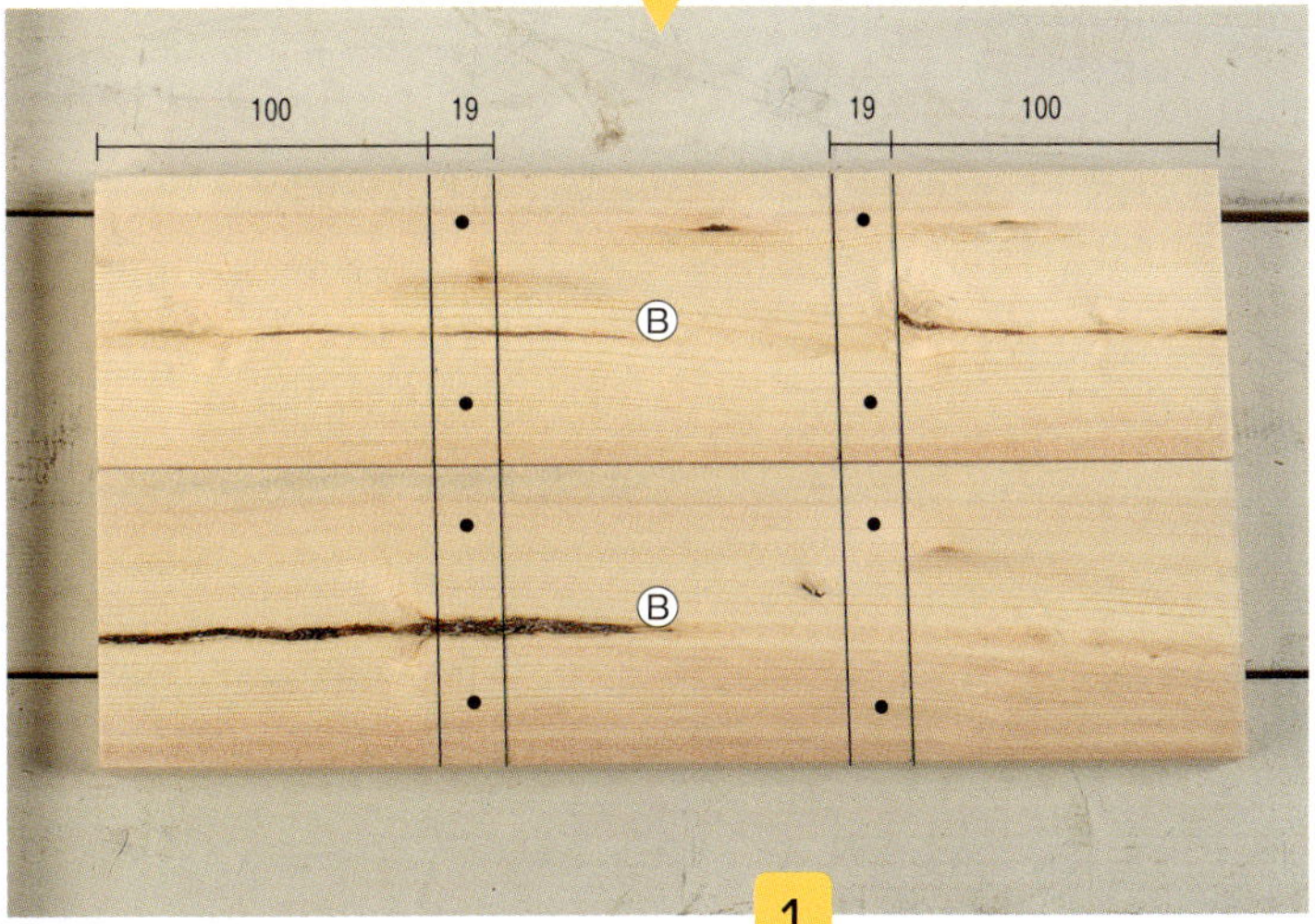

1 棚Ⓑ2枚に印をつける。下穴の印位置に貫通穴をあけ、裏面に35mmの木ネジを立てておく（ネジ立て→P10）。

2 仕切り板Ⓒの木口に接着剤をつけ、1の印位置に合わせ、木ネジを打ち込む。

組み立てる

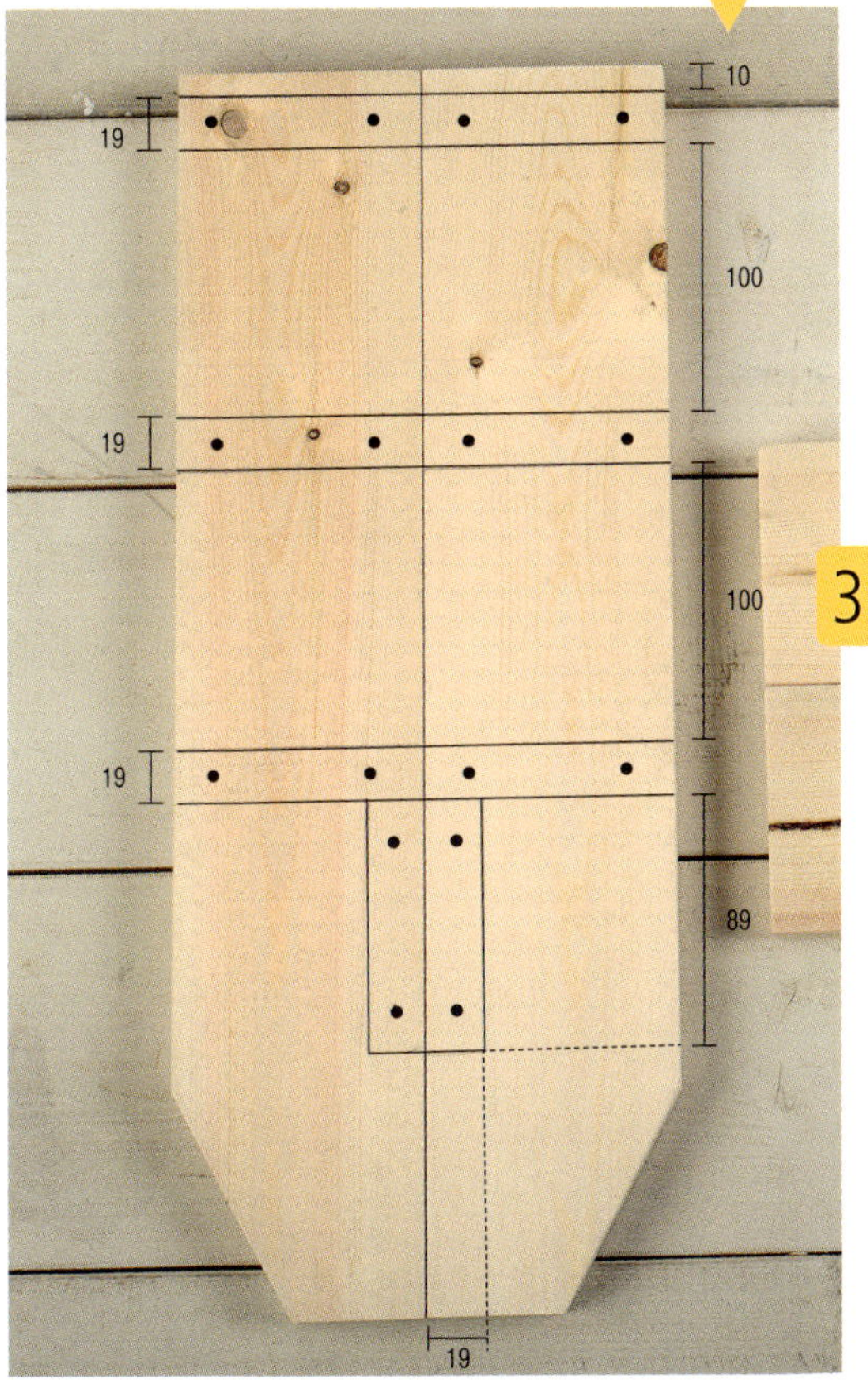

3 側板Ⓐ2枚の角を切り落とし（右ページカット図参照）、印をつける。下穴の印位置に貫通穴をあけ、裏面に35mmの木ネジを立てておく。

4 天板Ⓑと2の仕切り板、背板Ⓑを側板の印位置に合わせ、接着剤併用で木ネジを打ち込む。もう片方の側板も同様にしてつける。

5 全体にサンダーをかけ、ペイントしたら、裏面の上部に三角カンを取りつける。背板の好みの位置にフックをつける。

活躍シーンの多い棚

巻頭のカラーページでは、キッズルームBで紹介しましたが、リビングのページでは、アンティーク風ペイントで登場しています。ワックス×黒金具のアレンジは「男前デザイン」、アトリエにもぴったり。そして、下の写真はキッチンでの使用例。あらゆるシーンに対応できる、欲張り女子には特にうれしいDIYです。

09 タイルトレー

タイルも女性に人気の講座です。扱いやすい目地のかたさなど、コツをつかめば、さまざまなものに応用できます。もともとある道具類のリメイクにもよいですが、ここではトレーづくりから挑戦します。

▼道具

〈トレー〉
差し金、えんぴつ、電動ドリルドライバー、ドライバービット#2、下穴用ドリルビット3㎜、ドリルビット20㎜、ジグソー、げんのう、クランプ、サンダー

〈タイル部分〉
マスキングテープ、ゴム手袋、ジッパー付きポリ袋、ヘラ、ウェットティッシュ、ティッシュペーパー

▼材料

〈トレー〉
木材は13㎜厚の杉材と3㎜厚のベニヤ板を使用。
ほか、接着剤、25㎜の木ネジ4本、19㎜のこびょう10本

〈タイル部分〉
25㎜のモザイクタイル126個、接着剤、目地材、水（目地材の説明書に記載の分量を用意）

▼トレー仕上げ
全体をミルクペイントのスノーホワイトでペイントする（→P86）。

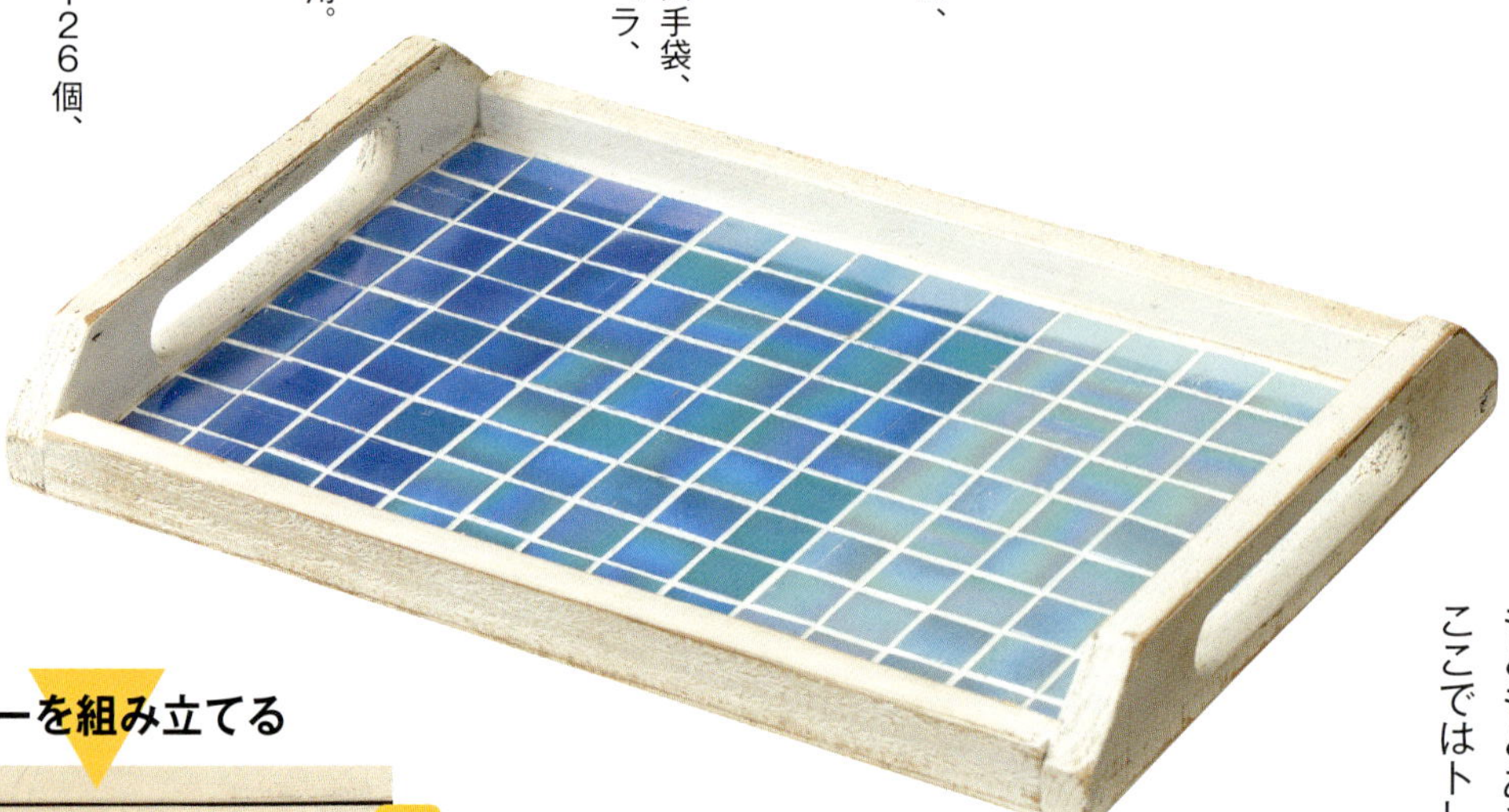

トレーを組み立てる

1 持ち手板Ⓐに印をつけ（カット図参照）、持ち手を加工する。加工したⒶに下穴の印をつけ、貫通穴をあけたら、25㎜の木ネジを立てておく（ネジ立て→P10）。

2 側板Ⓑの木口に接着剤をつけ、持ち手に接着、木ネジで固定する。

3 底板を接着し、錐で下穴をあけ、19㎜のこびょうを打ち込む（10ヵ所）。

4 全体にサンダーをかけ、ペイントする。

▼木取り図 単位：㎜

グレーの部分は、この作品には不用な端材です。

13㎜厚　杉材

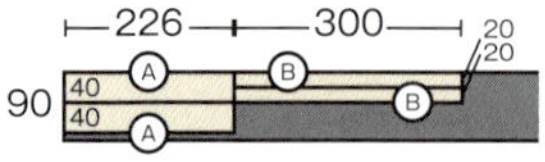

3㎜厚　ベニヤ板（合板）

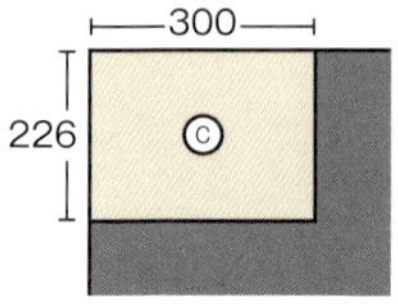

▼カット図 単位：㎜

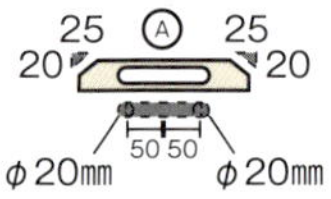

20㎜ビットで両端に貫通穴をあけ、ジグソーで切り取る。

▼組み立て図

・は、この角度から見えるネジ位置です。

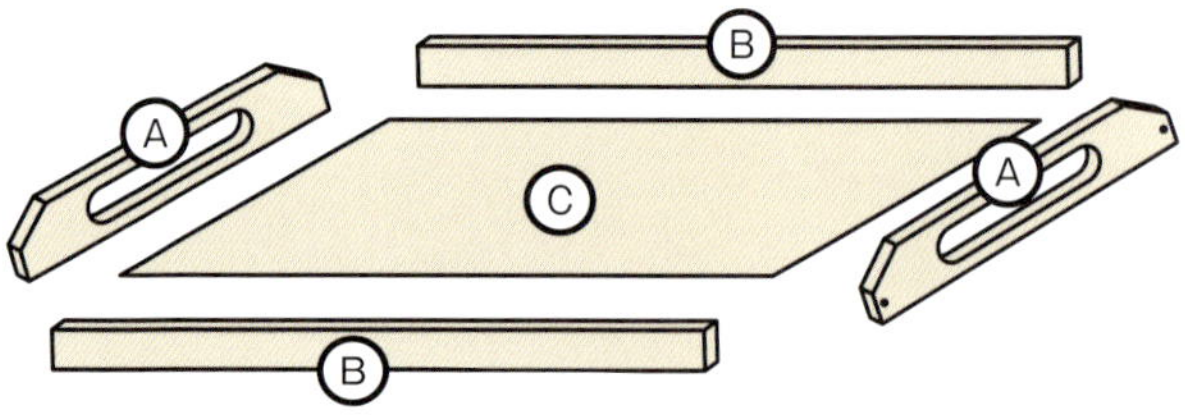

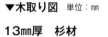

タイル細工の基本

タイルを貼る

1 トレーの内側に接着剤を塗り、タイルを貼る。まずは、木枠に近いほうから1周貼り、内側に向かって埋めていく。

Point

タイルは木枠にぴったりつけず、目地材を入れる隙間をあけて貼る。あとはタイルの目地がズレないよう、そろえて貼っていく。

2 タイルの接着剤をよく乾かす。完全に乾いたら、木枠の内側に、タイルの高さまでマスキングテープを貼る。

目地材を塗る

3 手袋をして、ジッパー付きポリ袋に目地材を入れる。そこへ水を少量ずつ加える。

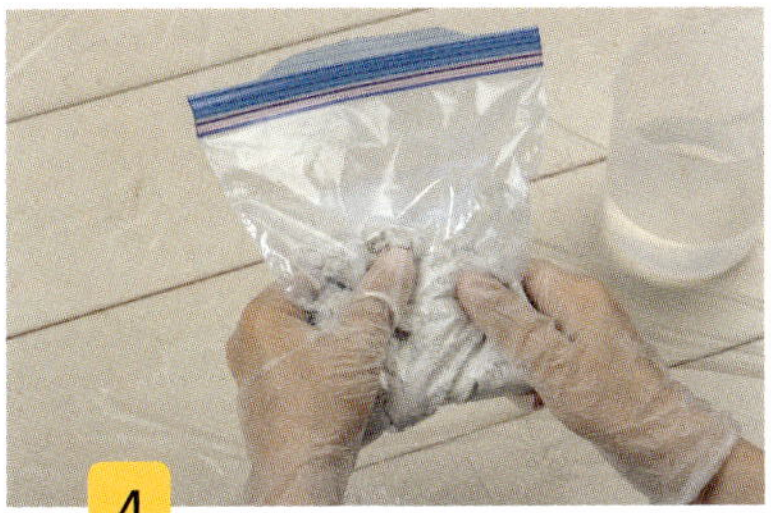

4 手でよく揉みながら、水加減を調節する。調理味噌くらいのかたさがベスト。

5 目地材をタイルにのせ、隙間を埋めるように縦横ムラなくしっかりすり込む。目地材が乾かないうちに、手早くすり込むのがポイント。余っている目地材は修正用に袋の口を閉じておく。

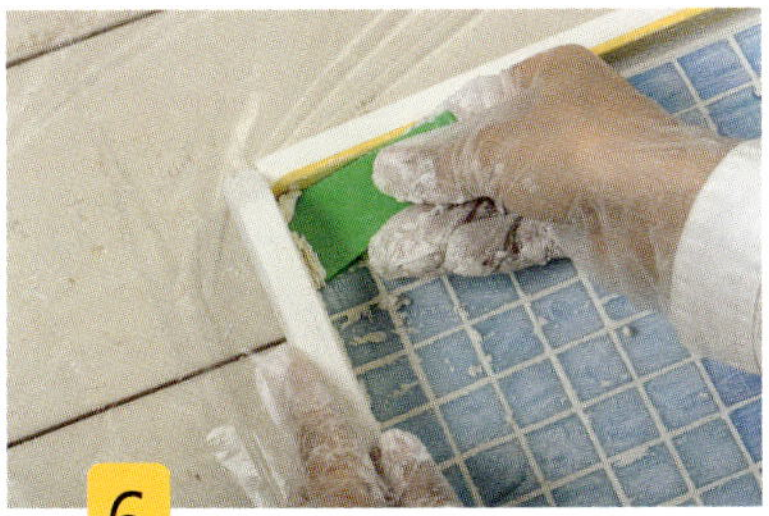

6 表面をなでるようにして余分な目地材をこそげとる。手でとりづらい角はヘラを使う。

7 目地材が完全に乾く前に、ウェットティッシュで目地を整えるようにケバを拭き取る。

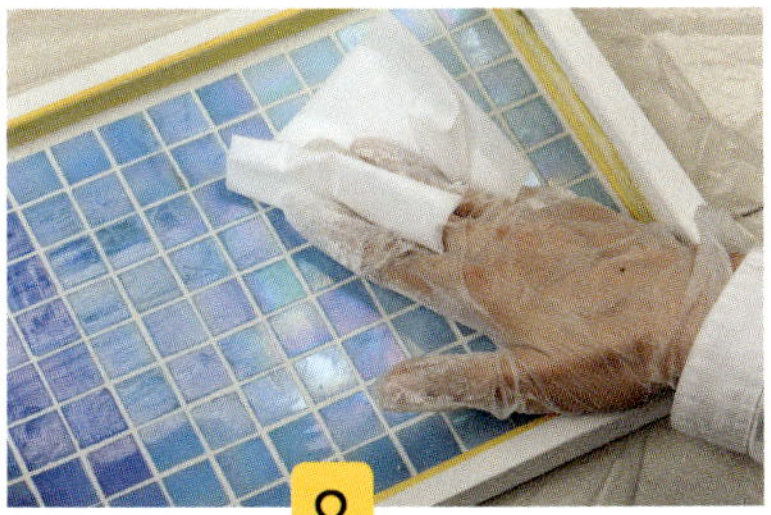

8 ティッシュペーパーでタイルの表面に残った目地材を拭き取る。目地がはがれないように、マスキングテープをゆっくりとはがし、そのまま乾かす。

Caution

目地材は水に溶けないため、余った目地材は下水道に流すのは厳禁。

Let's arrange!

ほかにもこんな作品がつくれます

色の組み合わせを工夫したり、模様を描いて個性溢れるコースターに。円形タイルもおしゃれ。おすすめタイル・コレクションは93ページ。

時計ムーヴメントセットと組み合わせてオリジナルの壁掛け時計に。

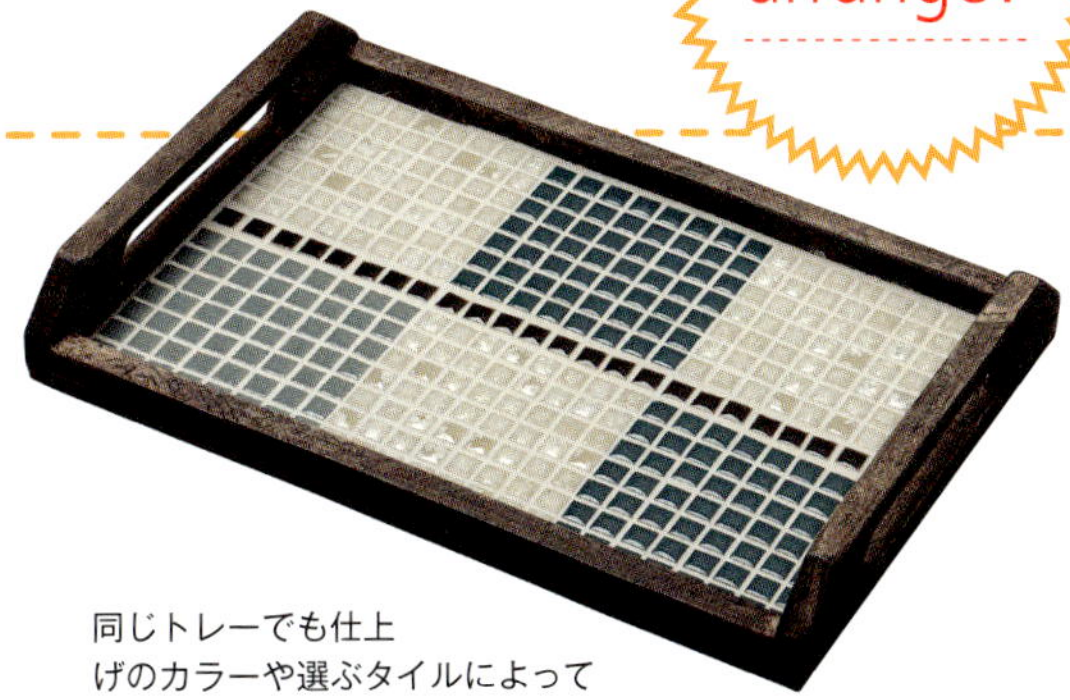

同じトレーでも仕上げのカラーや選ぶタイルによって印象ががらりと変わります。自分がつくりたいもののイメージに合わせて、さまざまな組み合わせを試してみましょう。

10 ベジタブルボックス

通気性がよいので食品保存に役立つ収納ボックス。横向きで重ねれば、ショップの飾り棚のようにも使えます。使用場所や用途を限定しない、万能ボックス！ ペイント例も別ページで紹介しているので、アレンジを楽しんで。

▼道具
差し金、えんぴつ、電動ドリルドライバー、ドライバービット#2、下穴用ドリルビット3㎜、クランプ、サンダー

▼材料
木材は13㎜厚の杉材と30×40㎜赤松材を使用。ほか、接着剤、30㎜の木ネジ64本

▼仕上げ
ミルクペイントのスノーホワイトを塗り、ミルクペイントのアンティークメディウムで汚しをつける（→P87）。サンダーでところどころ削る。

▼木取り図 単位：㎜

グレーの部分は、この作品には不用な端材です。

杉　13㎜厚

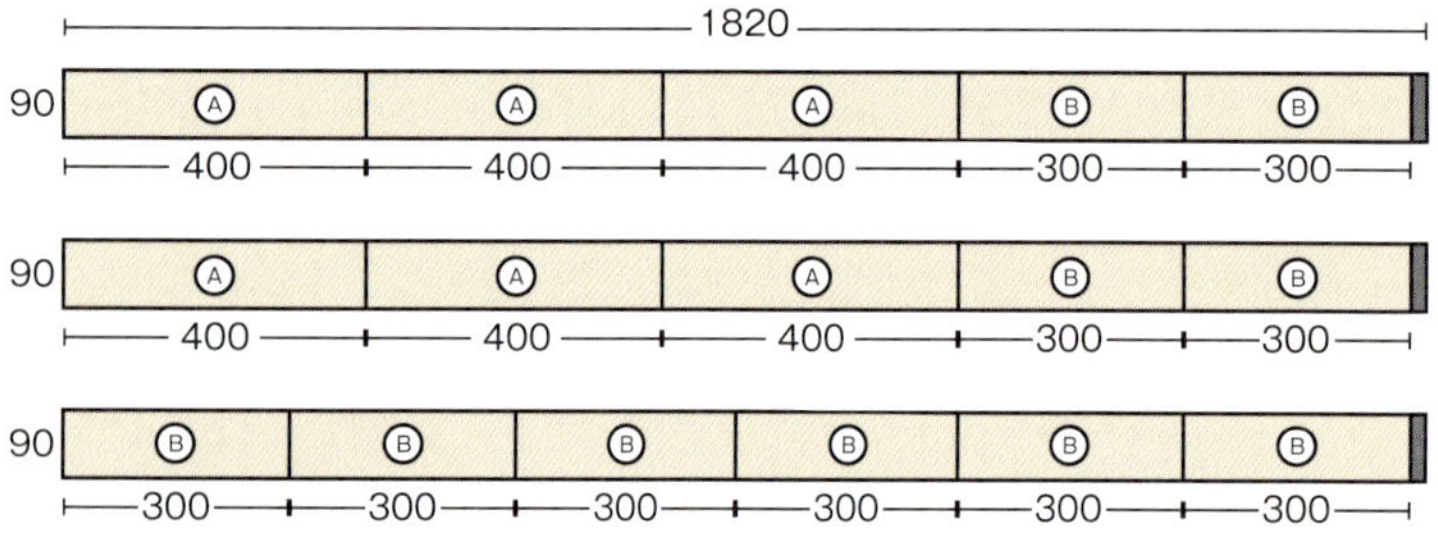

赤松　30×40

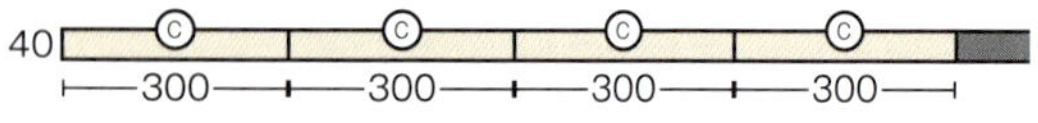

▼組み立て図 ・は、この角度から見えるネジ位置です。

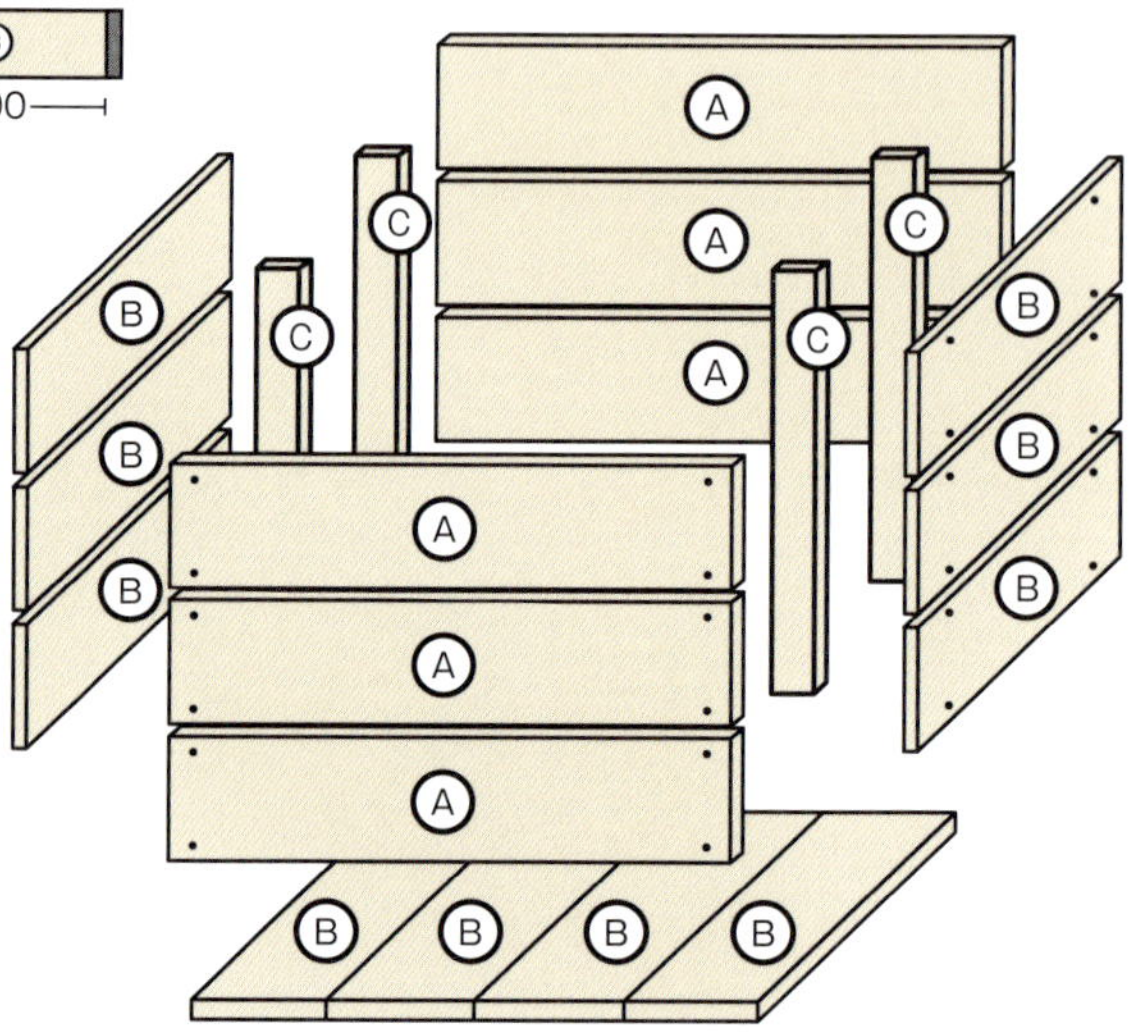

枠組みをつくる

1 柱の角材Ⓒ4本に印をつける。

2 前板Ⓐ6枚の両端から指1本の位置に印をつける。

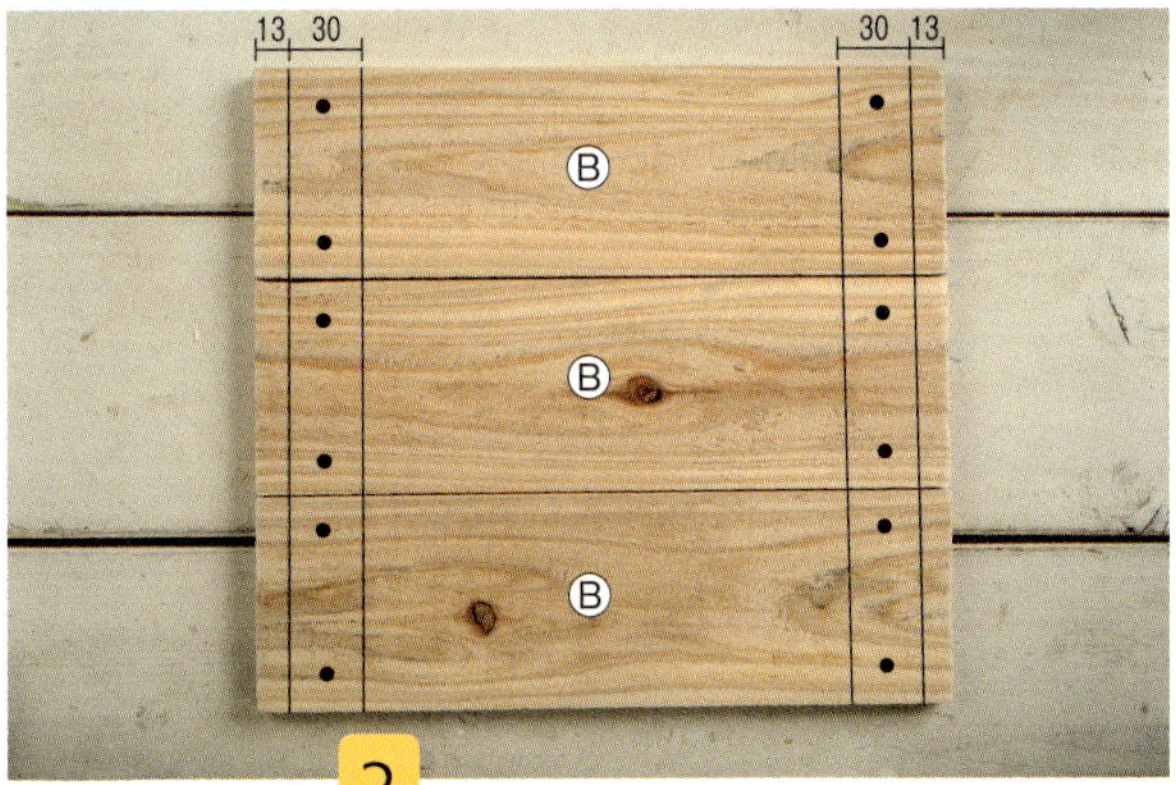

3 側板Ⓑ6枚にも印をつける。

4 前板と側板の下穴の印位置にそれぞれ貫通穴をあける。同じ部材なら、板を2枚重ねて一気にあけると時短に。下穴をあけたらおもて面に30㎜の木ネジを立てておく（ネジ立て→P10）。

5 柱材と前板Ⓐを下合わせで接着し、木ネジを打ち込む。さらに前板を柱の印位置に合わせて接着し、木ネジを打ち込む。

6 5の中間の位置に前板を接着し、木ネジを打ち込む。もう1組（後板）も同様にしてつくる。

7 6でできた2組に側板Ⓑをつけていく。手順は前板と同様。

底板をつける

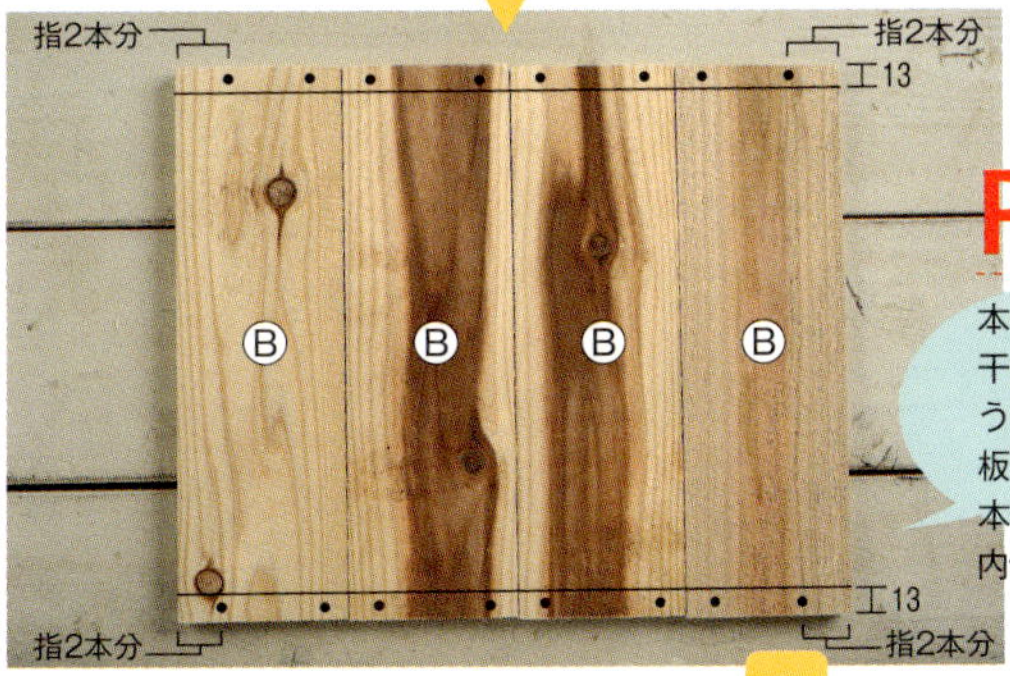

Point

本体のネジを干渉しないよう、両端の底板の印は指2本分を目安に内側に寄せる。

8 底板Ⓑ4枚に印をつける。下穴の印位置に貫通穴をあけ、30㎜の木ネジを立てておく。

9 7の両端に底板（指2本分の下穴があるもの）2枚を接着し、木ネジを打ち込む。その間に残りの底板2枚をバランスよくつける。

10 全体にサンダーをかけ、ペイントする。

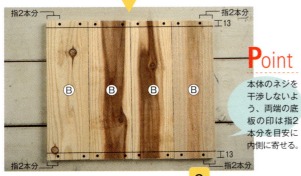

11 チェスト

大きい物だけれど女子にも十分つくれます。
ペイントや引き手の工夫により、見せる表情が全く異なるので
お部屋の雰囲気に合わせてデザインを楽しんでください。

▼道具
差し金、えんぴつ、電動ドライバー、ドライバービット#2、
下穴用ドリルビット3㎜、ダボビット8㎜、ジグソー、ダボ引きのこ、クランプ、サンダー

▼材料
木材はSPF材（1×6と1×4、2×4）と3㎜厚のベニヤ板、10×15㎜の工作材を使用。

ほか、接着剤、直径8㎜の丸棒、35㎜の木ネジ68本、25㎜の木ネジ72本、好みの引き手3個

▼仕上げ
アンティークワックスのジャコビーンを塗り（→P90）、
ミルクペイントのスノーホワイトを重ね塗りする（→P86）。やすりでところどころ削る。

▼組み立て図　・は、この角度から見えるネジ位置です。

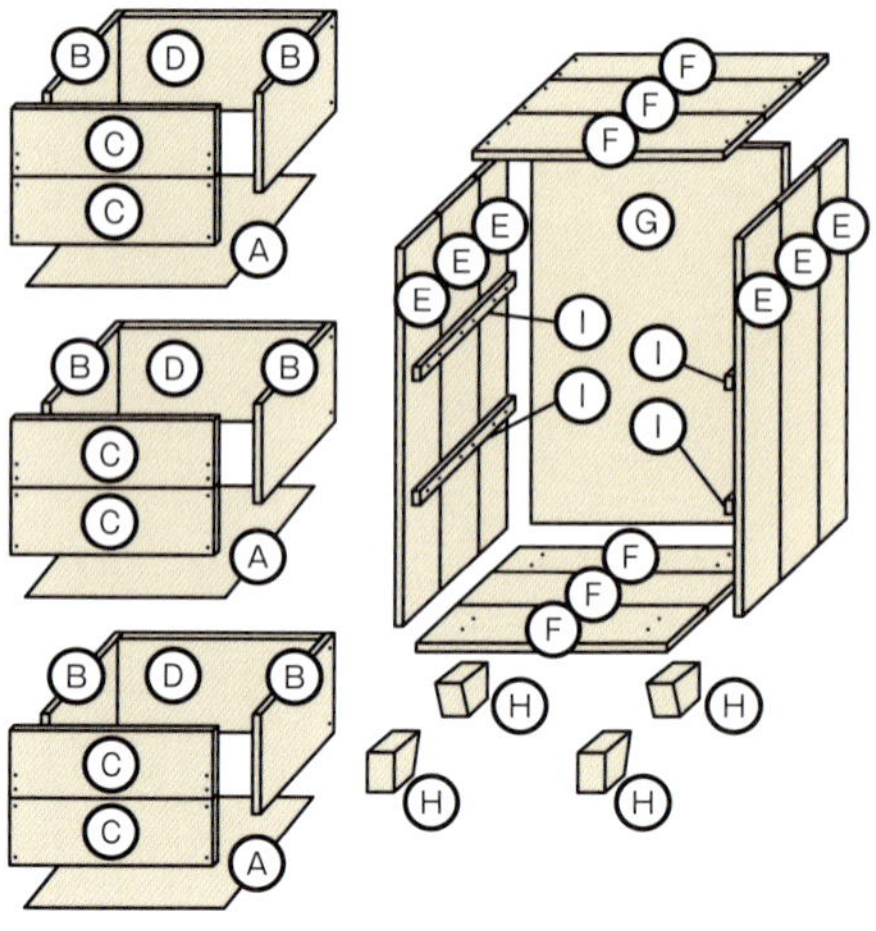

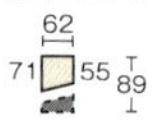

◀カット図　単位：㎜

▼木取り図　単位：㎜　グレーの部分は、この作品には不用な端材です。

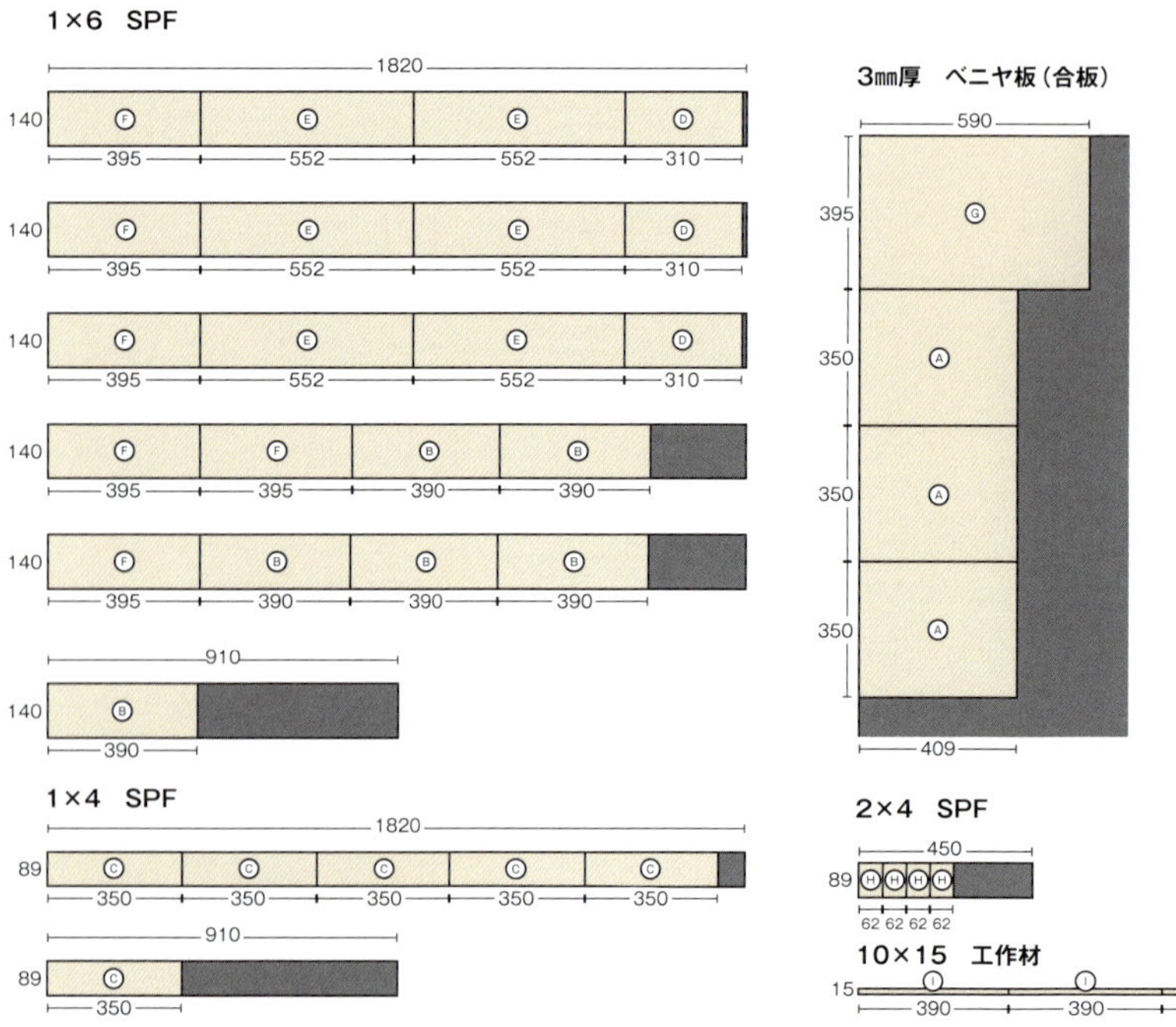

引き出しをつくる

1 前板Ⓒ2枚と側板Ⓑ2枚に印をつける。印位置に下穴の貫通穴をあけておく。前板Ⓒのおもて面にはダボ穴をあける。Ⓑ、Ⓒとも、おもて面から35㎜の木ネジを立てておく（ネジ立て→P10）。

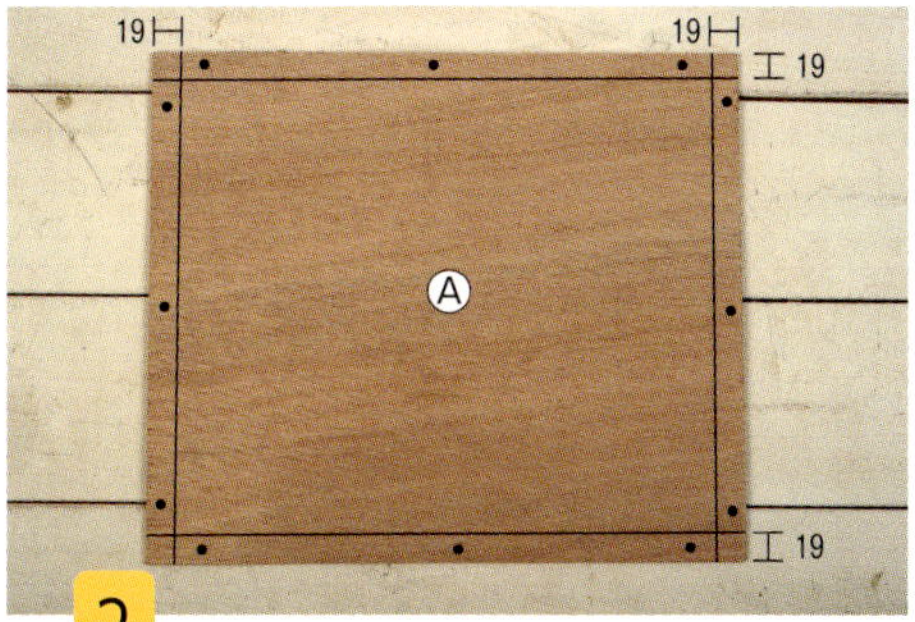

2 底板Ⓐに印をつける。印位置に下穴の貫通穴をあけておく。

3 側板の印位置に後板Ⓓを接着し、木ネジを打ち込む。前板Ⓒ2枚の印位置に側板の木口を接着し、木ネジを打ち込む。底板を接着し、25㎜の木ネジを打ち込む。もう2つの引き出しも同様にしてつくる。

本体を組み立てる

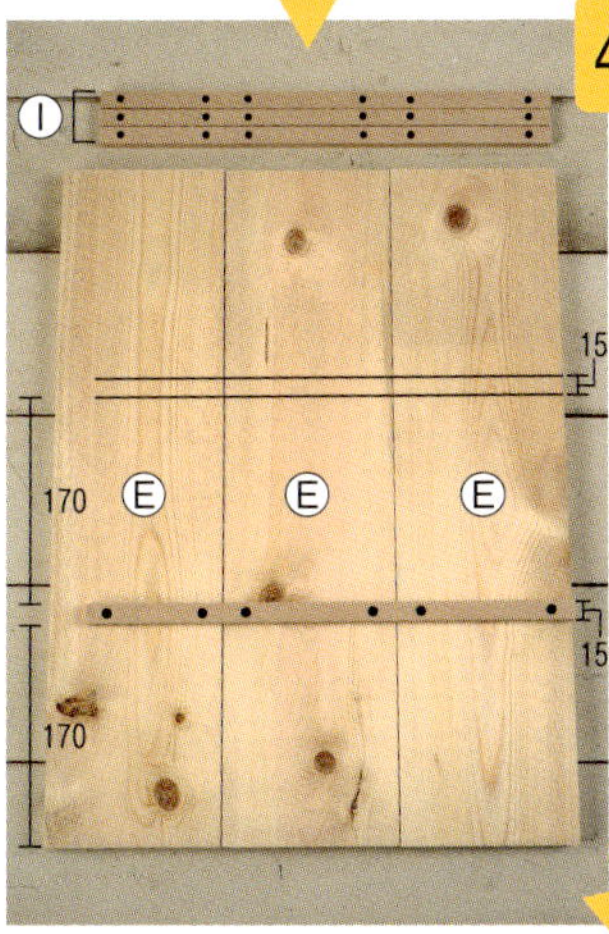

4 側板Ⓔ3枚を並べ印をつける。引き出しを置いて位置を確かめるとよい。残りの側板3枚は左右対称になるように印をつける。桟となる工作材Ⓘ4本は下穴の印をつけ、下穴をあけておく。

Caution

側板の印をしっかり測らないと、引き出しが入らなくなります。

5 桟となる工作材Ⓘに接着剤をつけ、**4**の印位置に接着し、25㎜の木ネジを打ち込む。もう1組の側板も同様にしてつくる。

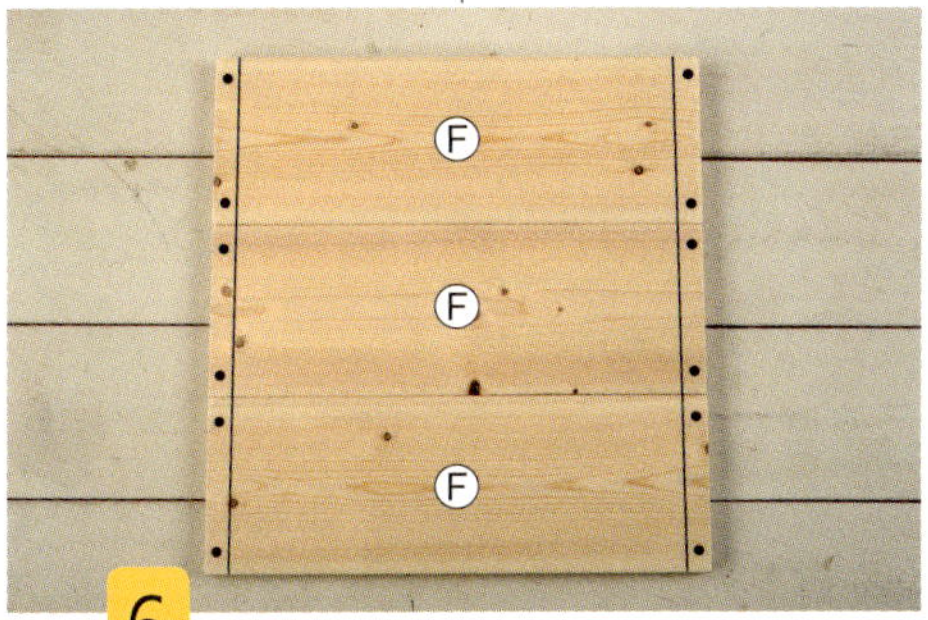

6 天板Ⓕと底板Ⓕ各3枚に印をつける。下穴の印位置に貫通穴をあけ、天板のおもて面にダボ穴をあける。天板3枚はダボ穴位置に35㎜の木ネジを立てておく。

7 脚となるⒽ4枚は斜めにカットしておく（右ページカット図参照）。底板3枚に脚の取り付け位置をつける。差し金の直角部分に取り付ける脚Ⓗを合わせて印をつけ、下穴の貫通穴をあけておく。

8 底板の脚取り付け位置のおもて面から35㎜の木ネジを打ち込み、脚を取りつける。

9 天板3枚と側板2組を接着し、木ネジを打ち込む。底板も脚の向きに注意しながら接着し、35㎜の木ネジを打ち込む。

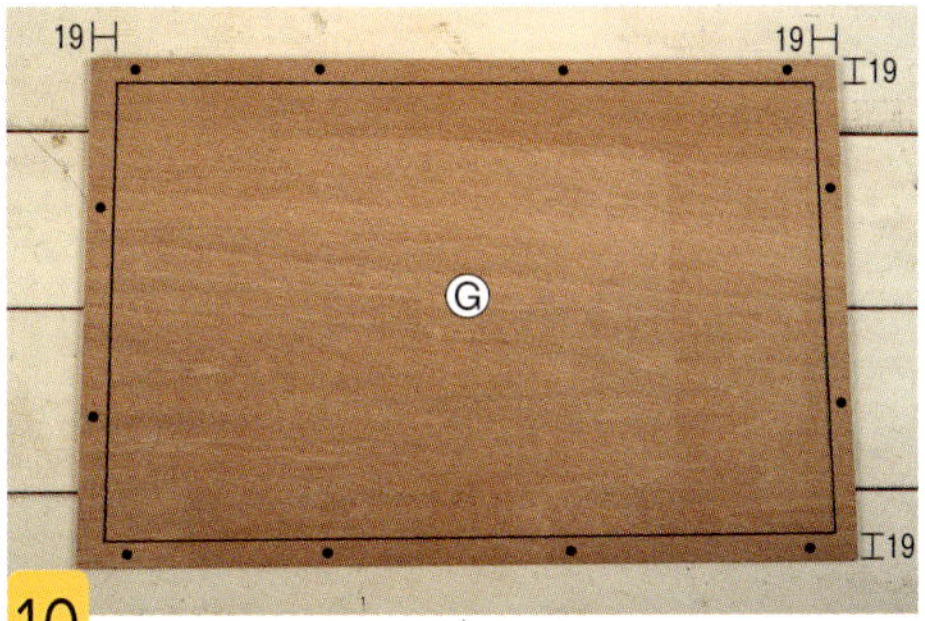

10 背板Ⓖに印をつける。下穴の印位置に貫通穴をあけておく。

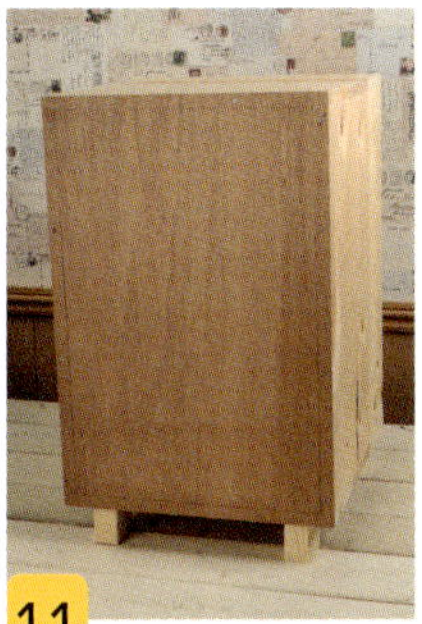

11 **9**でできた枠組みに背板を接着し、25㎜の木ネジを打ち込む。

12 本体と引き出しのダボ仕上げをし（→P46）、全体にサンダーをかける。ペイントし、引き出しに好みの引き手をつける。

木工きほんの「き」

木材の種類と特性

DIYでもっとも重要なのは木材選び。木材それぞれに特徴があり、扱いやすさが異なりますから、用途によって使い分けられるようになりたいものです。まずは、はじめの一歩として、本書で使用する木材の種類と特性を知っておきましょう。

ラワン合板(ベニヤ)

木材を薄くむいた板を接着剤で貼り合わせた板。加工がしやすい。背板や引き出しの底板に向く。

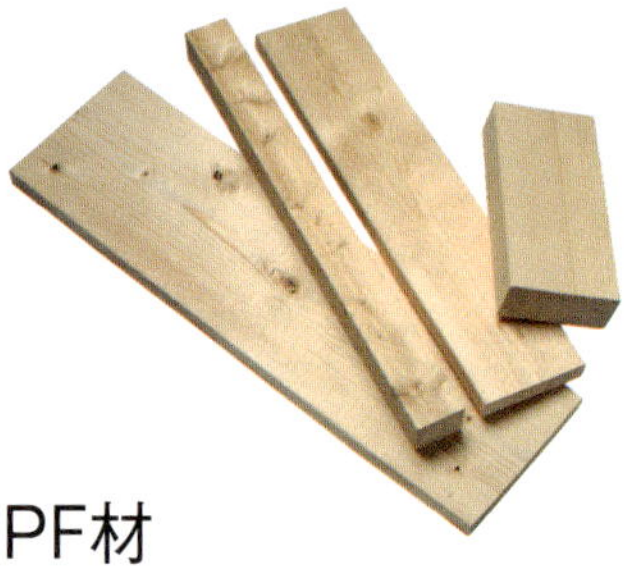

SPF材

スプルース、パイン、ファーが混在した木材。柔らかで軽く、扱いやすいのが特徴。サイズが規格化されており、安価で手に入りやすいのでDIYの定番。(→規格サイズは左ページ参照)

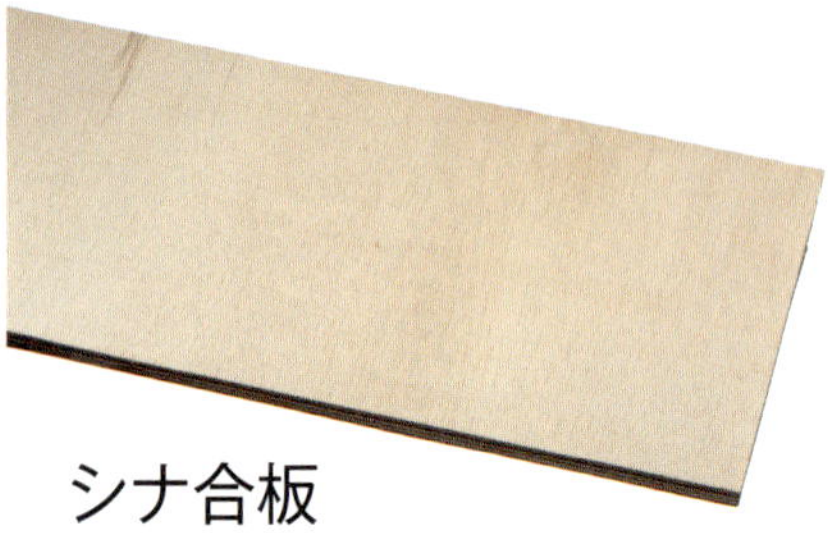

シナ合板

広葉樹合板の表面にシナノキ(シナ材)を貼ったもの。表面がなめらかなのでやさしい木肌感があり、人気の木材。

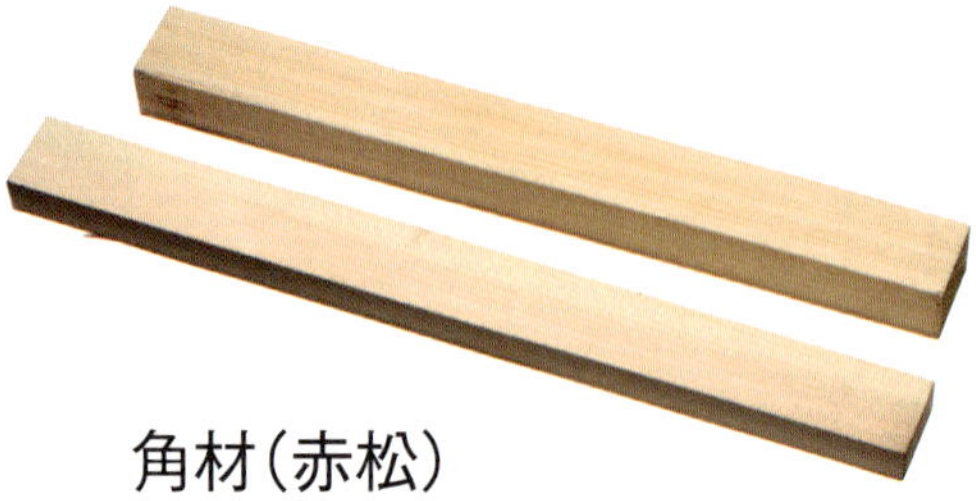

角材(赤松)

四角く製材されており、軽くて丈夫なのでイスやテーブルの脚に用いるのに便利。ホームセンターなどで容易に入手できる。

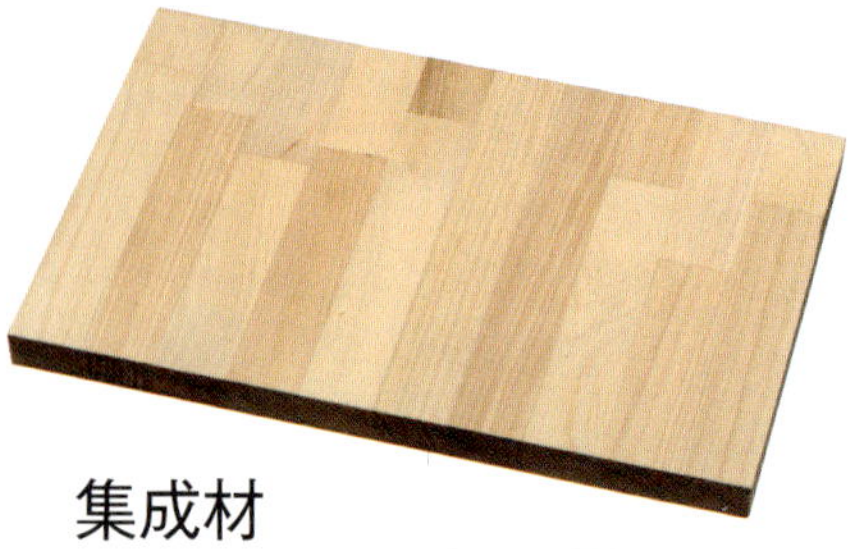

集成材

パインや赤松、タモなどさまざまな種類がある。狂いが少なく、表面が比較的美しいのでテーブルなどの天板に向く。

ひのき

耐水性や耐久性が高く、加工もしやすい。ひのき独特の芳香があり、防虫性を持つため、建築などにも使われる高価な木材。

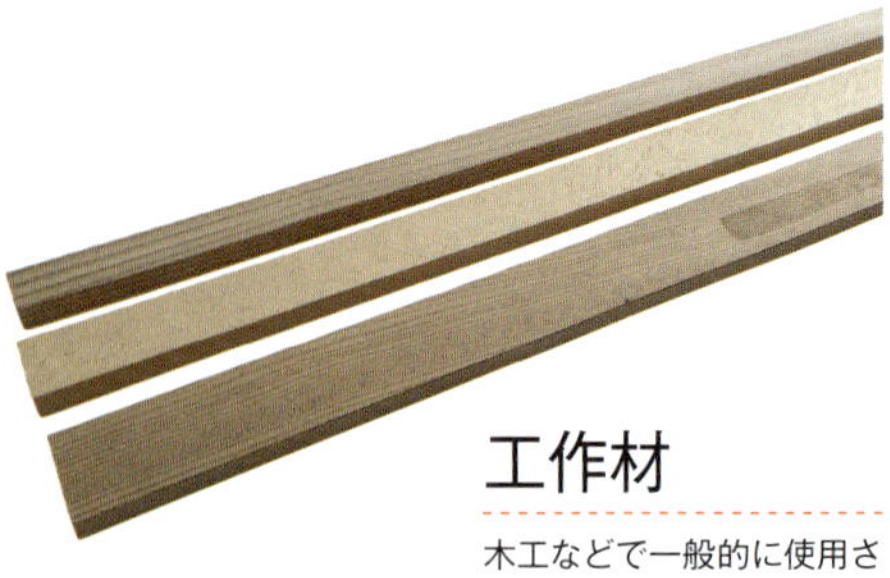

工作材

木工などで一般的に使用される木材。ひのきやファルカタ材など、さまざまな素材があるが、いずれも加工性がよく扱いやすい。

杉

柔らかく、加工しやすい。その反面、強度はやや低い。比較的安価で入手できるため、DIYでもよく使用される木材。

One Point Advice!

選ぶ木材によってコストが大きく変わることもあります。用途や作りやすさ、仕上がりの印象を考えて選びましょう。

木材の規格サイズ

ＳＰＦ材などの木材には規格サイズがあり、インチで寸法が決まっています。長さは９１０㎜、１８２０㎜の２種類が主流です。これを知っておくと効率よく木取りができるので大変便利です。

ワンバイ材（厚さ1インチ＝19㎜）				
	1×4	1×6	1×8	1×10
読み方	ワンバイ フォー	ワンバイ シックス	ワンバイ エイト	ワンバイ テン
厚さ×幅（㎜）	19×89	19×140	19×184	19×235

ツーバイ材（厚さ2インチ＝38㎜）				
	2×4	2×6	2×8	2×10
読み方	ツーバイ フォー	ツーバイ シックス	ツーバイ エイト	ツーバイ テン
厚さ×幅（㎜）	38×89	38×140	38×184	38×235

※厚さと幅の単位は㎜です。
※合板はサブロク板といわれる910×1820㎜が一般的ですが、ほかにもさまざまなサイズがあります。

木材の調達

本書では「木取り図」を掲載し、木材の寸法を表示していますが、これをすべて自分でカットするとなると、手間も時間もかかります。そこでおすすめなのがカットサービス。ホームセンターやＤＩＹショップによっては、木材を購入する際、木取り図を持って行けば、指定通りの寸法にカットしてくれる、有料のサービスがあります。ｔｕｋｕｒｉｂａでも販売している木材のカットサービス（有料）があります。初心者がのこぎりを駆使してカットするより、断然早く、キレイに仕上がります。

　また、通販サイトなどで木材フリーカット販売をおこなっている場合もあるので、探してみるのもいいでしょう。

　ＤＩＹに少し慣れてきたら、自分でカットしてみましょう。ｔｕｋｕｒｉｂａには、基本工具を備えたレンタルワークスペースがあり、持ち込み木材は自分でカットすることもできます。

　カットサービスを利用したら、端材もお持ち帰りするのが賢いＤＩＹ女子。

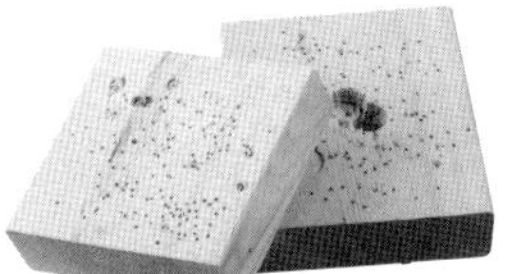

練習素材（えんぴつ立て＝41ページ）としてはもちろん、貫通穴をあけるときの下敷きや定規代わりに。また、木材パッチワーク（49ページ）など、端材は大活躍。

tukuribaセンスで選んだ多種多様の木材を取りそろえた売り場。古木や流木、塗装済み木材の販売もあり。

木工きほんの「き」

身じたく＝ＤＩＹファッション

汚れてもいい服、動きやすく、体のさばきがよい服なら、どんなものでもよいのです。要らなくなった不用品活用でＯＫ。とはいえ、おしゃれ&便利にＤＩＹしたいあなたなら、エプロンにこだわってみるのは楽しいかもしれません。

★頭部

うつむいたときに髪で手元が見えなくならないように、すっきりまとめましょう。

★長袖シャツ

汚れてもよいもので。作業によって、袖をのばしたり、邪魔なら腕まくりしたり。

★エプロン

締めつけすぎず、動きやすいのにタイトなシルエットが理想。ポケットが多いものは、金具などを小分けして携帯できるので便利。

★パンツ

動きやすいものがおすすめです。肌はできるだけ隠せたほうが安心です。

★靴

ヒールのないもの、滑らないものが適しています。スニーカーがおすすめ。

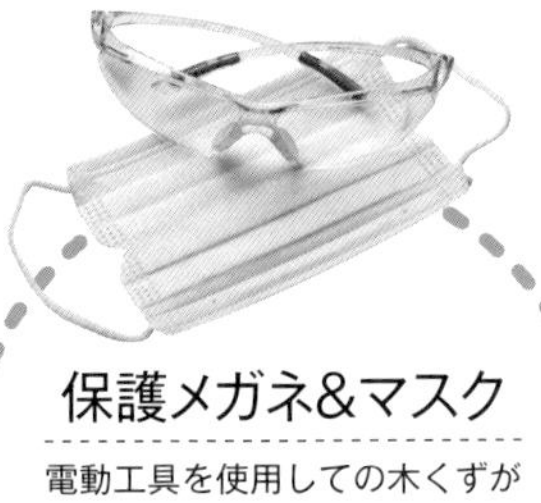

保護メガネ&マスク

電動工具を使用しての木くずが飛び散るような作業をする場合は必須。とくに保護メガネは安全のため必ず着用すること。

木工きほんの「き」

基本の道具

DIYをはじめるにあたり、そろえておきたい道具を紹介します。すべてをそろえるのが難しい場合は、工具レンタルやDIYショップなどの工具付きレンタルスペースを利用すると便利です。

おすすめ

回転数切換レバー
スライドして回転速度を変える。

チャック
ビットの差し込み部分のこと。ビットを差し込んだらスリーブを回してしっかり締めて固定する。

クラッチハンドル
ネジの締めつけの力の強さを調節できる。数字が小さいと弱く、数字が大きいと強く締まる。穴をあけるときには、ドリルマークに合わせる。

スイッチ
トリガ（引き金）式で、引くとスイッチがオンになる。押す力の強さによって回転速度を調節できるタイプもある。

正逆転切り替えスイッチ
回転の方向を切り替えるスイッチ。ネジを締めるときは正回転、ネジを緩めるときは逆回転に切り替えて使う。

インパクトドライバー

基本仕様はドリルドライバー同様。回転方向に強い衝撃を付加するので、ドリルドライバーよりネジの締めつけ力が強い。衝撃が強いため、柔らかい木材では割れてしまうこともある。DIY中級者～上級者向け。

電動ドリルドライバー

ネジ締め、穴あけを電動で効率よくおこなうことができる工具。少ない力でネジ締めができ、女子のDIYを可能にした利器。

〈特徴〉
- トルク（ネジ締めの強弱）の調整が可能
- ビットを付け替えることで、ドライバーとドリルの両方をこなす

〈用途〉
- 穴あけ
- ネジ締め

超初心者さんにおすすめ！

小型電動ドリルドライバー
（乾電池式）コードレスタイプ 6V

軽量で安価な小型電動ドライバーは、これからDIYをはじめる超初心者さんにおすすめ。まずはこちらで電動ドリルドライバーの使い方に慣れてから、本格的なものにシフトするのもいいでしょう。

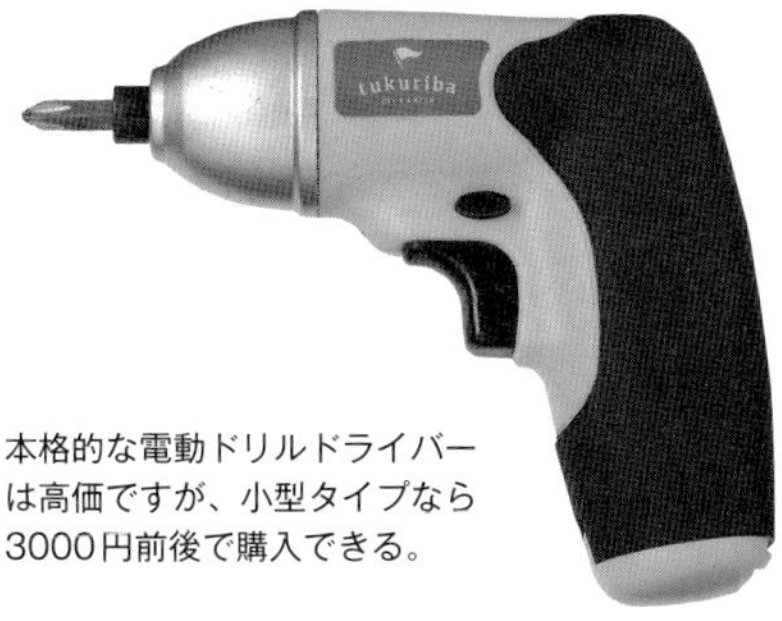

本格的な電動ドリルドライバーは高価ですが、小型タイプなら3000円前後で購入できる。

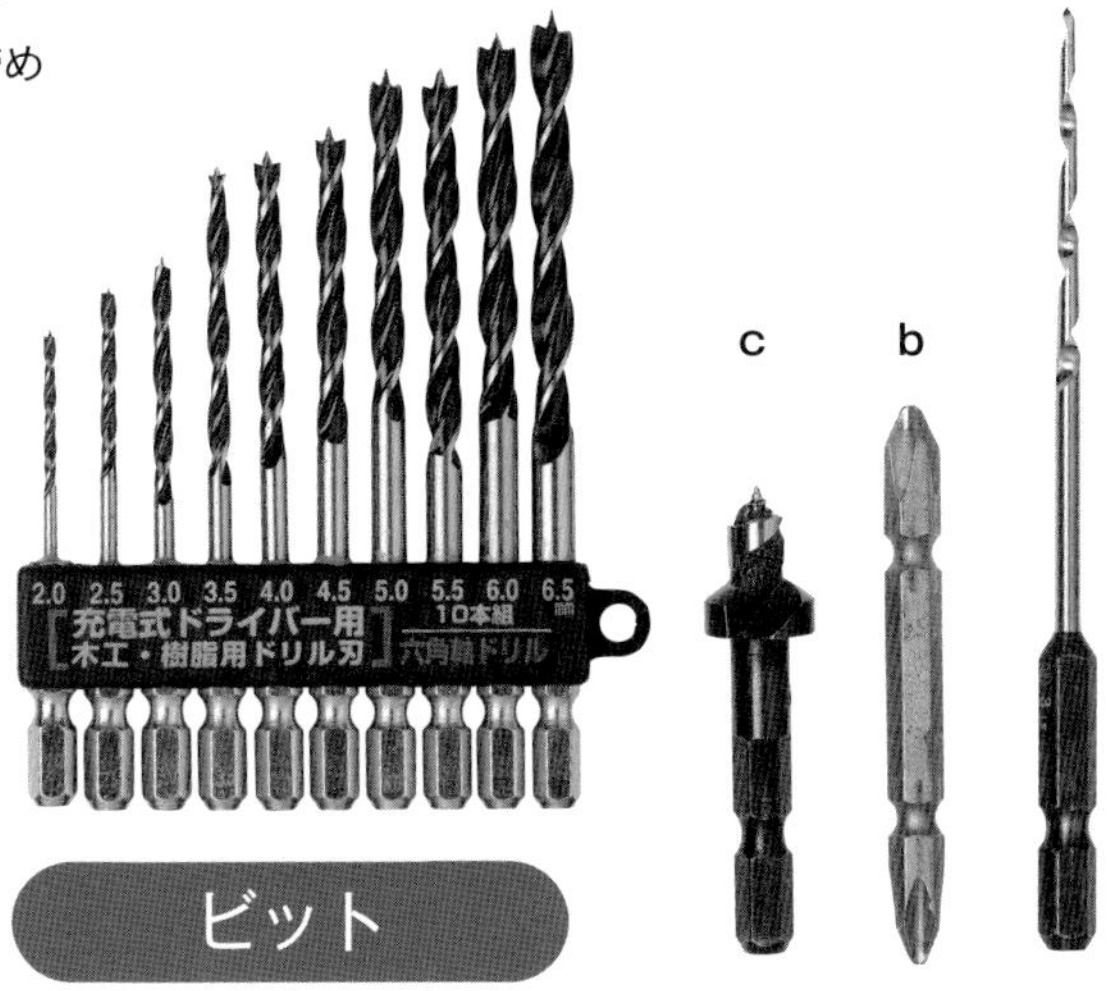

ビット

用途に応じて、ドリル刃とドライバービットを用意。ドリルビットは木工用のドリル刃で、あけたい穴の大きさに合わせて選ぶ。下穴（貫通穴）をあけるときは下穴錐（a）を、ダボ穴をあけるときは、貫通しないダボ錐（c）を使用する。ネジ締めにはドライバービット（b）を。

測る・印をつける道具

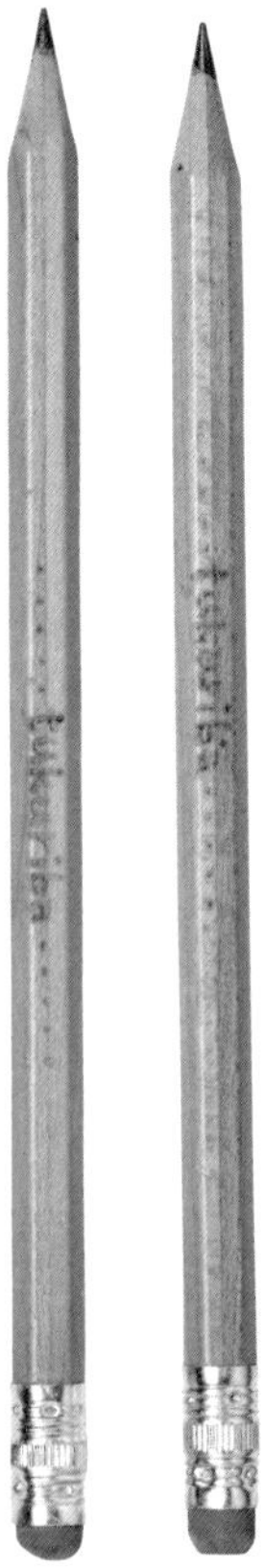

差し金

L字型のものさし。木材の長さを測るときはもちろん、印つけや45度の線を引くときにも使用する。長いほうを「長手」、短いほうを「妻手」という。目盛りが「センチ」で表記されているものがわかりやすくて便利。

えんぴつ

印つけに使用。プロの大工さんは、木材に印をつける「墨付け」に墨を使用しますが、女子DIYでは間違えたら消すことができ、仕上がりもきれいなえんぴつを。

コンベックスメジャー

金属製の巻き尺のこと。差し金では測ることができない長い木材の計測などに使用する。先端についた金具を使って、引っかけて測定する。

切る・穴をあける道具

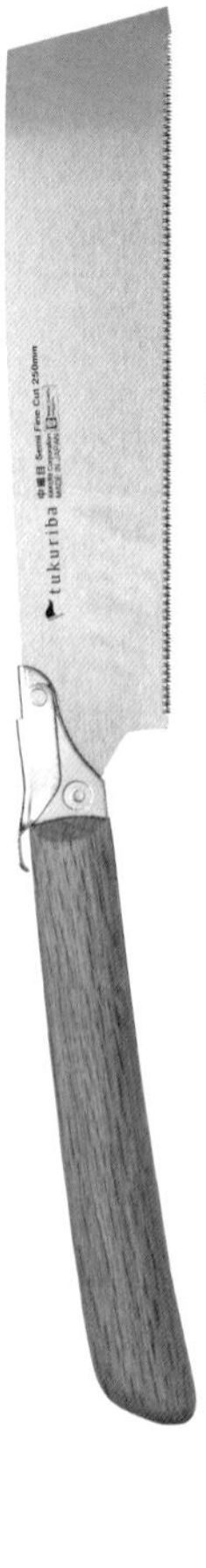

a

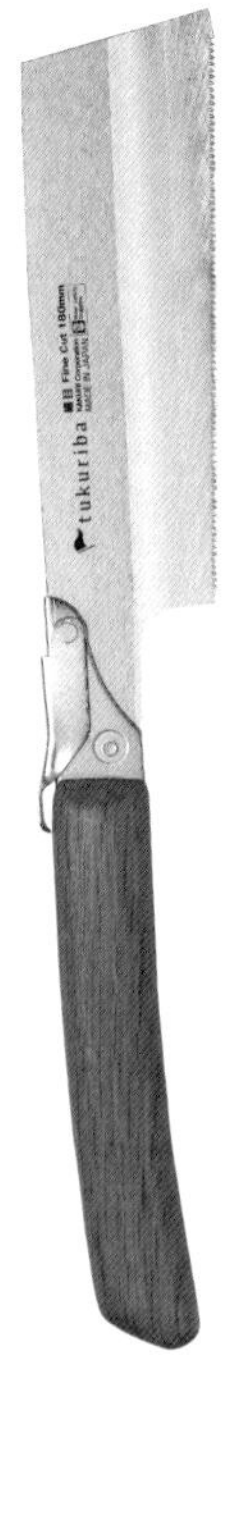

b

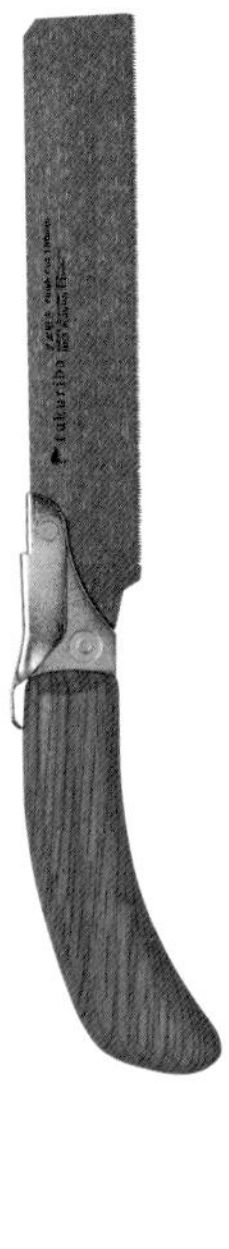

c

のこぎり

本誌では替え刃式で、ブレード（刃）は主に下記の3種を使用。
a：中細目250㎜
刃が細かく、切断面が美しい。
b：細目180㎜
非常に細かく薄い刃で、相欠きなど精密を要する作業に向く。
c：ダボ引き180㎜
ダボ木のカットに使用。あさり（歯の凸凹）がないので木材を傷つけずにダボ木を切ることができる。

錐《きり》

穴をあける道具。合板などの薄い材に下穴をあけるときに使用する。

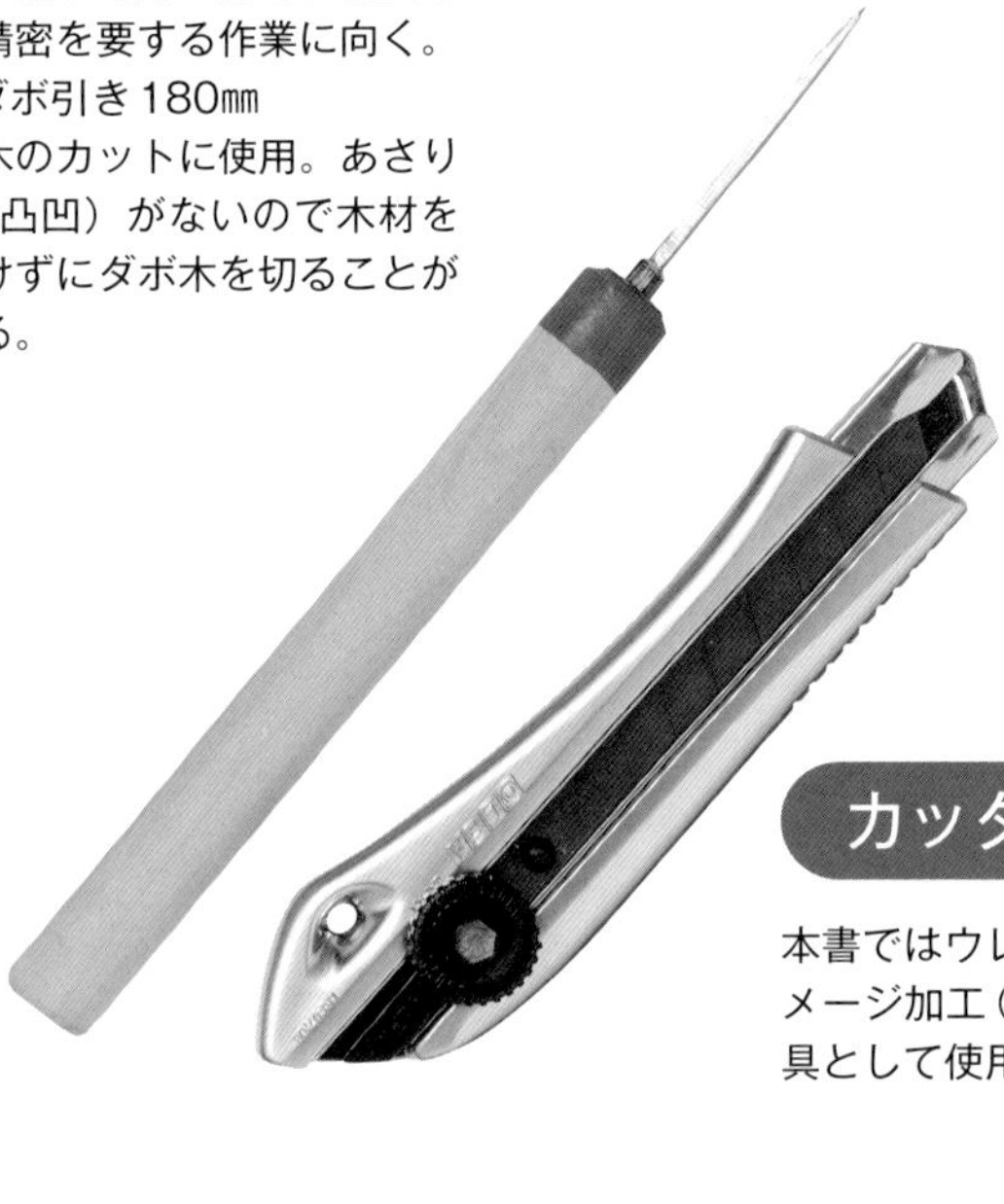

カッターナイフ

本書ではウレタンのカットやダメージ加工（→72ページ）の道具として使用。

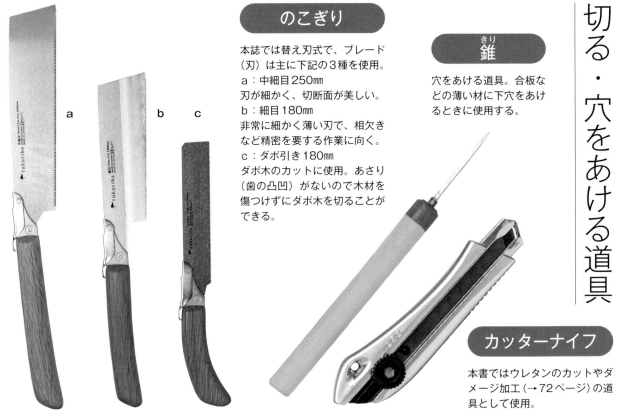

留める道具

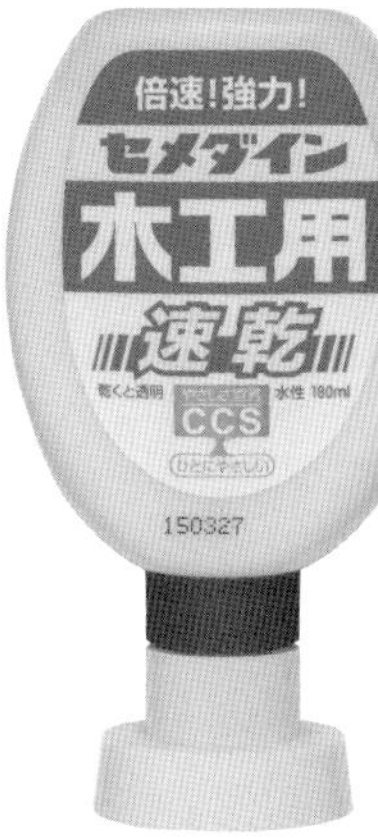

木工用接着剤

組み立てる際には、木工用の接着剤と木ネジ（釘）を併用することで、しっかりと固定できる。屋内で使用する家具をつくるときにはマスト（逆に、後で解体して材木の再利用を決めている場合はあまり使わない）。

Must!

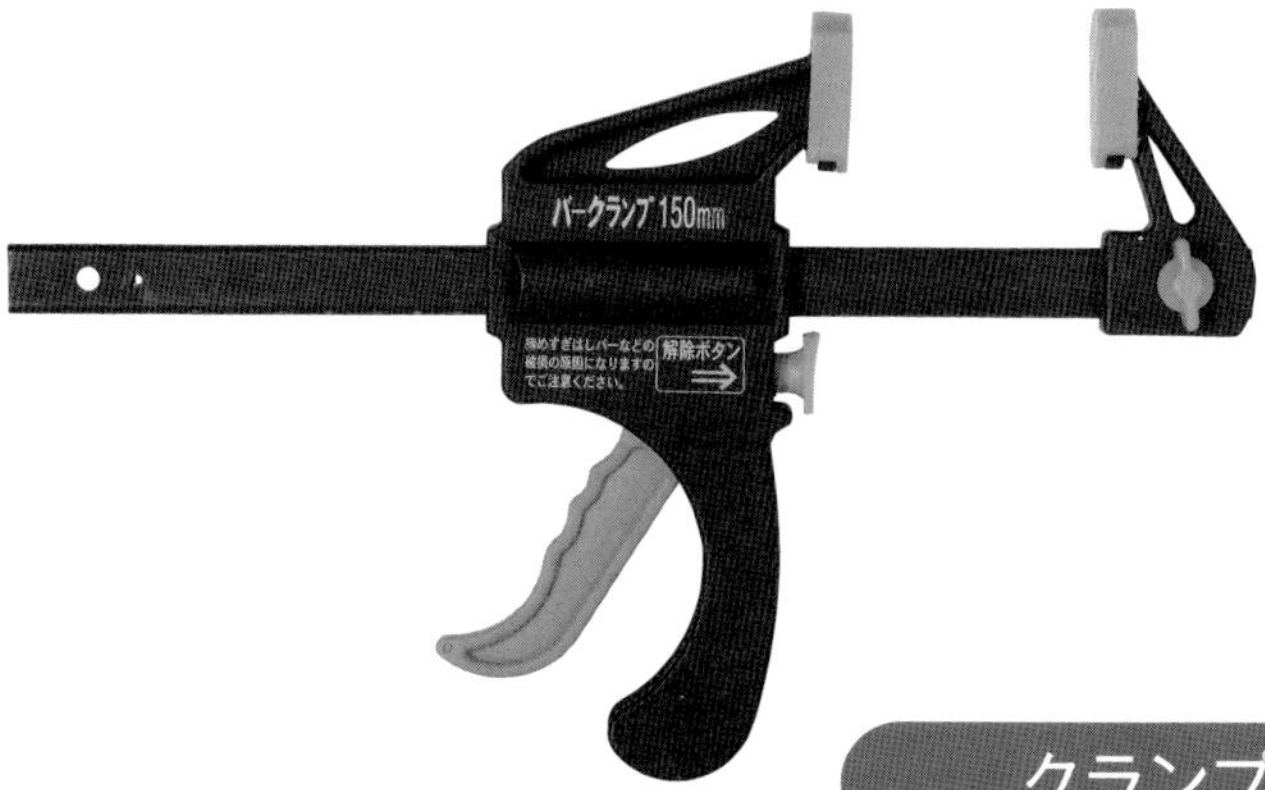

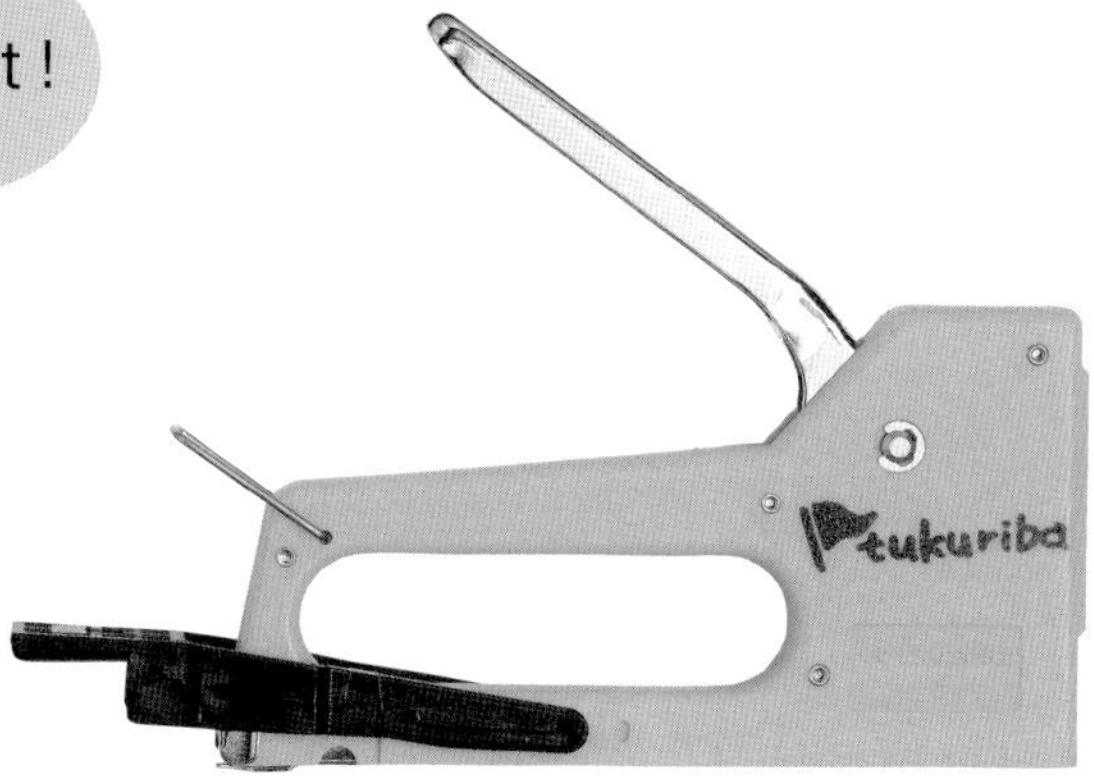

タッカー

ホチキスと同様の道具。針を入れて使用する。留めたいところにタッカーをあて、レバーを押し込むと芯が出て留まる仕組み。木材同士を留めたり、木材に布を留めるときにも。

クランプ

作業中の木材が動かないよう、固定する道具。ひとりで作業するときに便利。また、木材同士を接着するとき、接着剤をつけてからクランプで固定して乾かすとしっかり接着する。

マスキングテープ

小さい金具などの仮留めやペイントのときに塗りたくない場所に貼ってガードする役目を果たす。ほかにも、接着剤が乾くまで固定するとき、目印など、いろいろな用途に使えるので、あると便利。

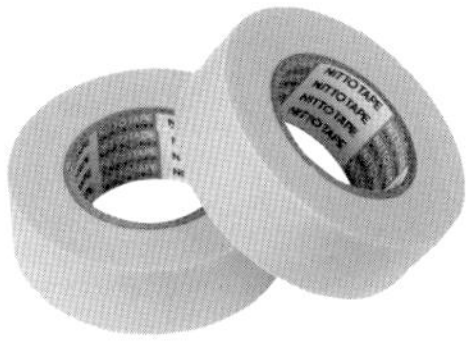

打つ道具

げんのう・かなづち

釘を打ち込む道具。ダボを打ち込むときや、木殺し（→53ページ参照）などにも使用。げんのう（写真左）は、一方が平らで、もう一方は少し丸みを帯びている。釘打ちの最後に材料面に傷をつけないよう、丸みのあるほうで最後の打ち込みをする。

ドライバー

蝶番などの小さい金具に付属の小さなビス留めに。電動ドリルドライバーではパワーが強すぎて小さなビスの頭をつぶしてしまう可能性もあるので、ドライバーを使用し、手で締める。

仕上げ&便利道具

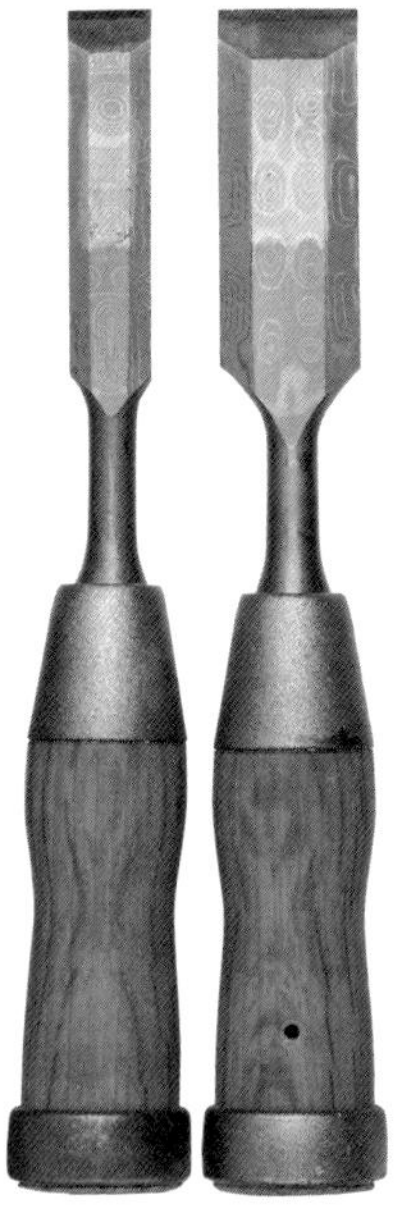

ノミ

相欠き（→15ページ）やホゾ穴掘りやホゾ穴の仕上げ削りに使用。また、ダメージ加工などの仕上げ作業にも。写真は一般的な追い入れノミで刃幅9㎜（左）と15㎜（右）。

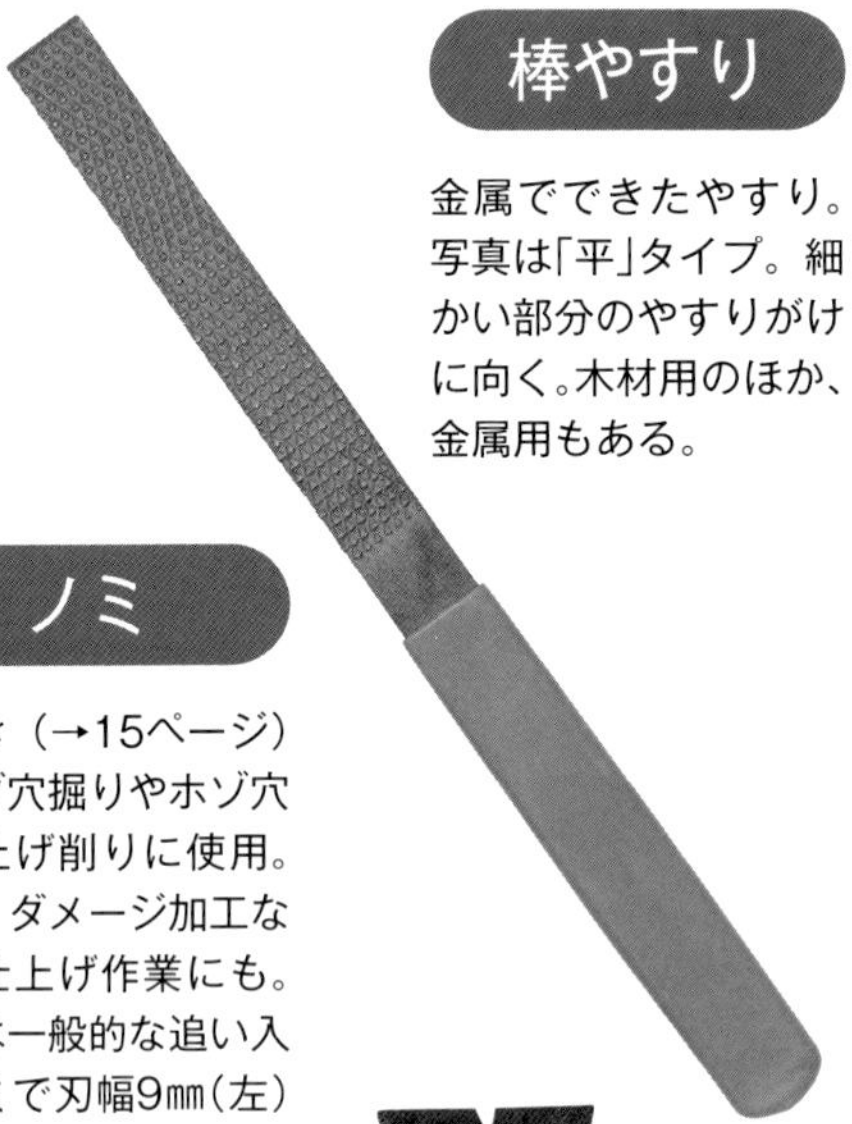

棒やすり

金属でできたやすり。写真は「平」タイプ。細かい部分のやすりがけに向く。木材用のほか、金属用もある。

紙やすり（サンドペーパー）

表面に研磨剤がついた紙で、木材をやすりがけするときに使用。紙やすりには「番手」があり、裏面に数字で表示されている。数字の大きいものほど研磨剤の目が細かい。

かんな

木材の表面や切断面を整えたり、面取り（角を軽く落とす）ときに使用する。写真は女子でも比較的扱いやすい42㎜サイズ。

インテリアバール

釘打ちに失敗したときの釘抜きとして使えるほか、ダメージ加工の道具としても。また、テコの原理を利用して木枠はずしやこびょう抜きもできる。

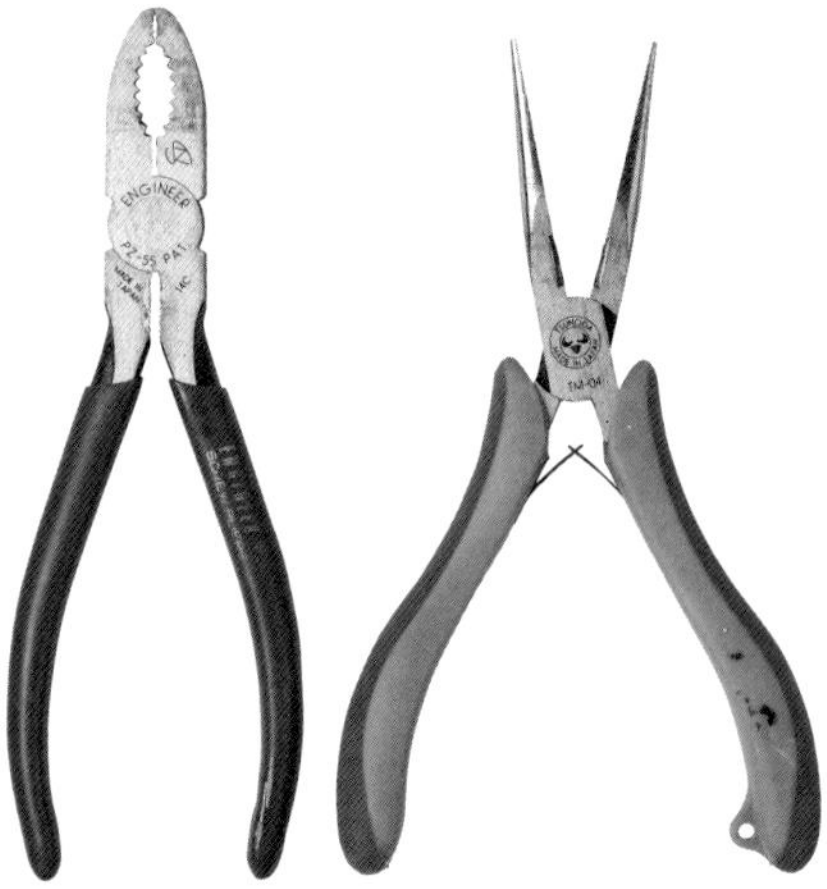

プライヤー＆ラジオペンチ

本書では登場しませんが、ラジオペンチはワイヤー細工などに必須。また、プライヤーはネジ山がつぶれてドライバーが使えないビスを抜くときに便利。

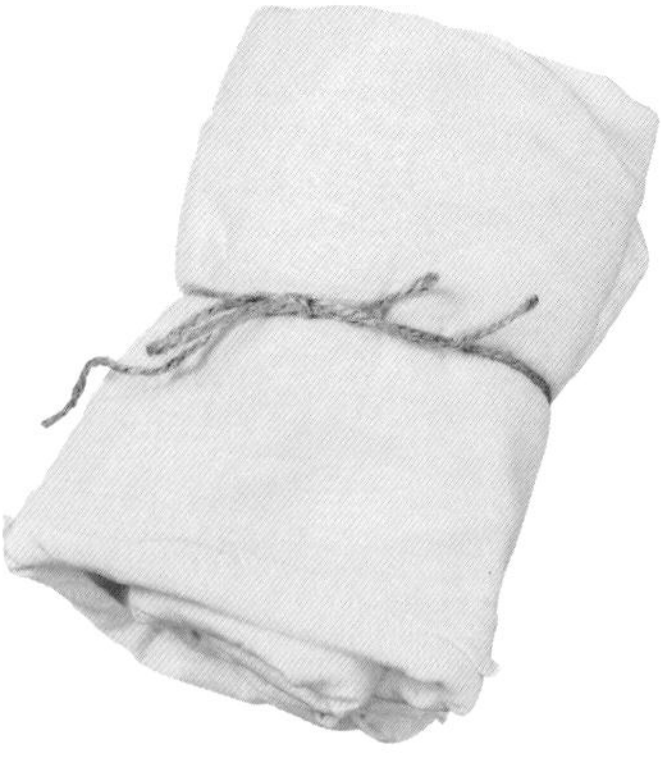

ウエス

平たくいえば「雑巾」のこと。もとは機械などの油などを拭き取るのに用いていた布を指す。DIYではアンティークワックスを塗るときなどに使用する。

超初心者さんにおすすめ！

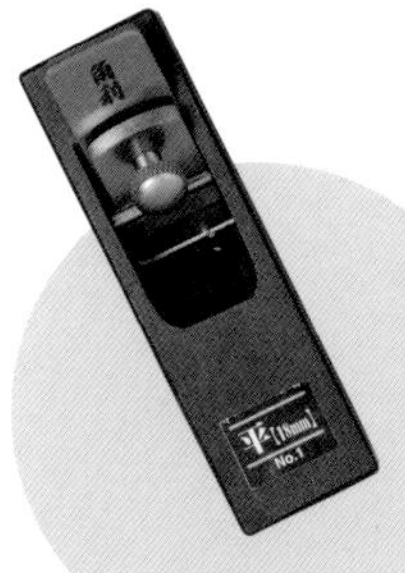

豆平かんな

手のひらに収まる小型のかんなは、小さい木材の削りや面取りに便利。ちょっとしたサイズ調整にも使える。

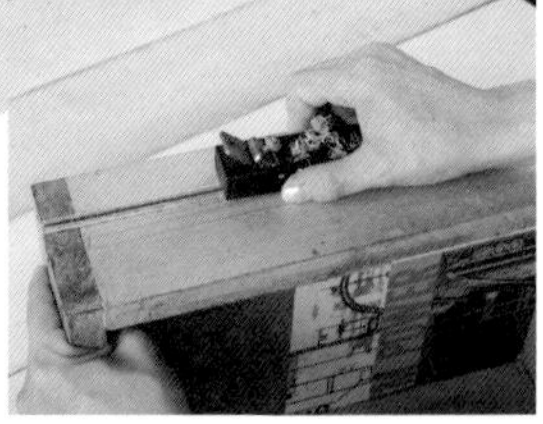

54ページの作品「ウッドトランク」のように、2つの箱のサイズをぴったり同じ大きさに合わせたいとき、豆平かんなが活躍。微妙なずれを削って調整できる。

あるとより便利！

電動工具

ジグソー

電動のこぎり。手引きでカットするより、作業効率がアップ。直線切りのほか、曲線やくり抜きも可能。

Caution

ジグソーを使用するときは、安全のため保護メガネの着用を忘れずに。

サンダー

木材のやすりがけを電動でおこなう道具。軽い力で広い面もラクに、素早くやすりがけできる。

木工コラム

ショップのワークスペースを活用しよう！

これからDIYをはじめようというとき、まずは道具をそろえていくのですが、いろいろ道具をそろえるとなるとなかなかの高額になってしまいます。とくに電動工具はひとつで1万円以上するものもあり、使ってみたくても、初心者にはなかなか手が出しにくいものです。

　また、作業スペースにも頭を悩ませるところ。小さな作品なら自宅の作業テーブルでも組み立てられますが、チェストなどの大型作品になると作業スペースを考えなくてはなりません。大型家具の組み立てには、床に大きなベニヤ板などを敷いて作業スペースとするとよいでしょう。ひとりで組み立てるときは歪《ゆが》みが出ないよう、ときには壁を支えにすることもありますし、さらに、電動工具や釘打ちの音も思っている以上に響きますから、ご近所の迷惑にならないよう注意も必要です。

　こういった初心者のさまざまな「どうしよう？」を解決してくれるのが、DIYショップなどのレンタルスペースです。作業スペースを有料で提供してもらえるほか、電動工具をはじめ、DIYに必要な基本のツールがそろっており、自由に使用することができます。木材やキットも販売しているので、手ぶらで出かけてDIYを楽しむこともできるのです。もちろん、周囲への騒音を気にする必要もありません。また、有料でスタッフが作業のサポートをしてくれるショップもありますので、初心者でも安心して利用できます。

　最近では、ホームセンターの木材売り場にワークスペースを併設している場合もあるので、そういった場所を利用するのもおすすめです。

tukuribaのワークスペースは予約制。
1名1時間1000円（税別）～、延長30分ごとに500円（税別）加算。工具の利用は無料。

工具の使い方

知っているようで意外に知らないのが工具の使い方。
今さら聞けない基本の使い方をおさらいしましょう。

電動ドリルドライバー

※各部の名称は35ページを参照。

準備する

Step-1

トルクを調整する

ネジを締める強さを設定。穴あけする場合は「ドリルモード」に合わせる。

Step-2

ビットを取りつける

チャックを開き、ビットを差し込む。チャックをしっかり締めてビットが抜けないか確認する。バッテリータイプの場合は、バッテリーをはずした状態で操作する。

Step-3

主電源を入れる

コードタイプの場合は、誤作動防止のため、最後にコンセントに差し込む。

トルクの設定はどうする？

ネジを締める場合は、トルクの設定が必要です。柔らかい木材や薄い木材に短いネジを打ち込む場合は小さい数字に、硬い木材や厚い木材に長いネジを打ち込む場合は大きい数字に合わせるのが基本。ここで設定したトルク値に達すると、クラッチ機能が作動して空回りするので、ネジの打ち込みすぎや木材の割れを防ぐことができます。まずは低い数値に設定して、様子をみながら数値を上げていくのがいいでしょう。

Caution

使用後すぐはビットが熱くなっているので、付け替え時は注意が必要です。

使ってみよう

★穴をあける

〈ドリルビット〉
構え方はドライバー時と同様で、木材に対して垂直に。スイッチを引き、下まで達したらスイッチを離す。

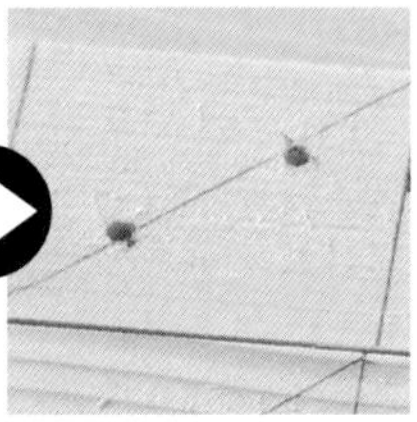

正逆転切り替えスイッチを逆転側に切り替え、再びスイッチを引き、木材からビットを抜く。

★木ネジを打ち込む

〈ドライバービット〉
木材に対して木ネジと電動ドリルドライバー本体が垂直になるように構え、スイッチを引く。

木ネジの頭が、木材の面と平らになるように打ち込むために、トルクを調節するとよい。

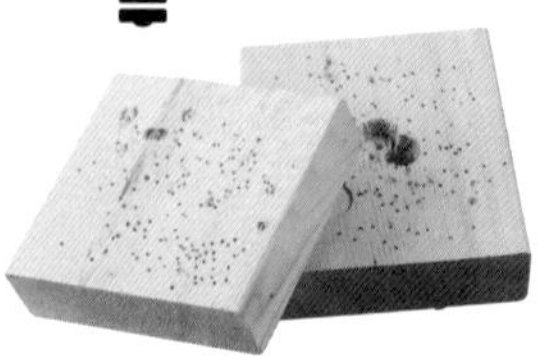

ドリルビットを使用するときは、木材の下に厚めの端材を下敷きとして敷いておくと安心。木材カットで出た端材は捨てずにとっておこう。また、ホームセンターなどの端材コーナーで破格で入手することもできます。

実習 12 えんぴつ立て

▶**道具**

差し金、
えんぴつ、
8㎜のドリルビット、
※ボールペンなら12㎜のドリルビットを使用
クランプ

▶**材料**

SPF材（2×4）の端材、
ビニールテープ

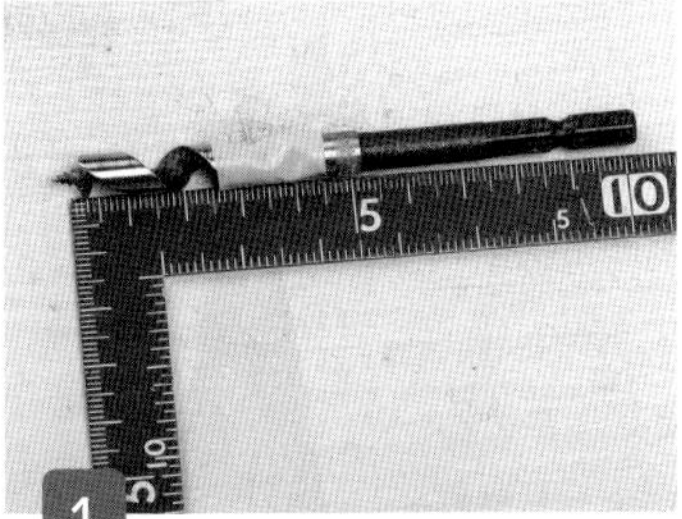

1 穴の深さを一定にするため、ドリルビットの先から25㎜位置にビニールテープを巻き目印をつける。

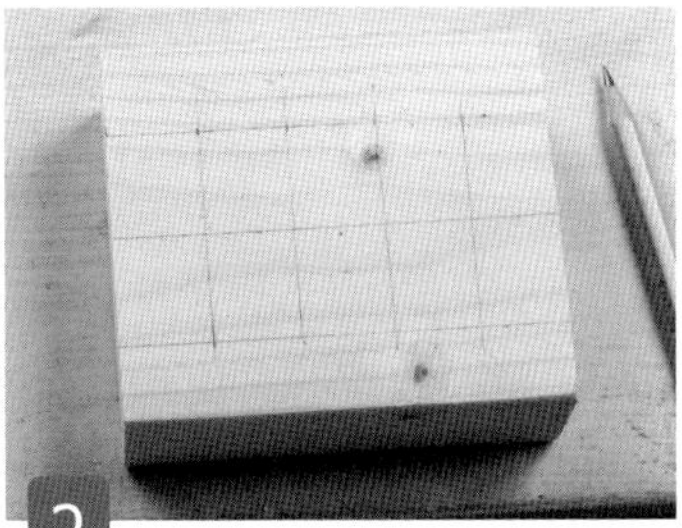

2 木材に穴をあける位置の印をつける。好みの位置でOK。写真は等間隔になるように升目にした。

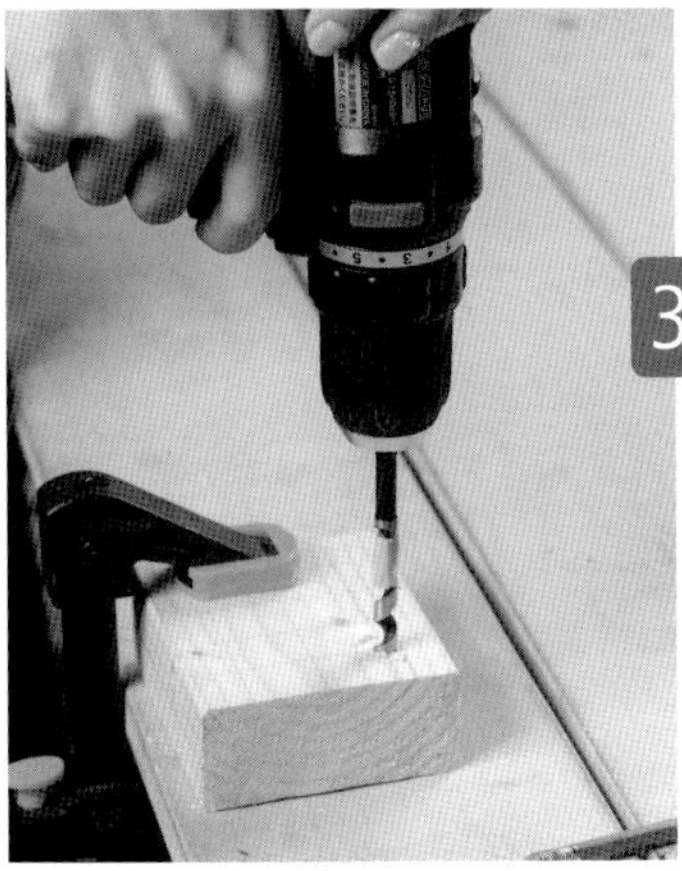

3 ビットがまっすぐになるように持ち、ドリルの先を木材の印位置にあてスイッチを引く。

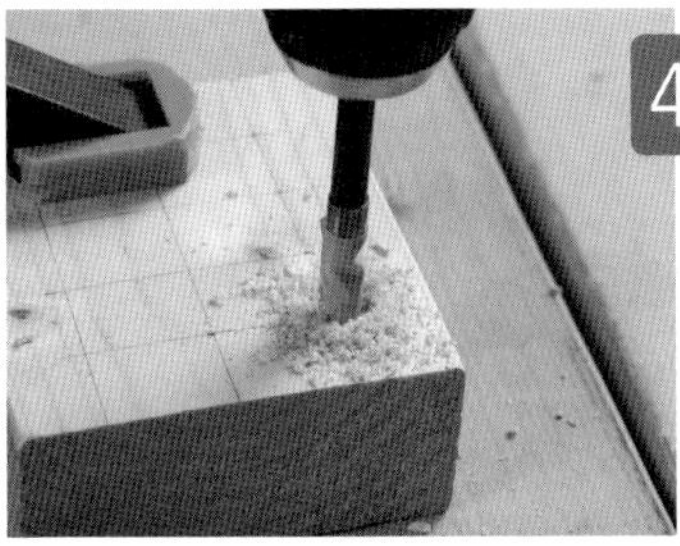

4 ビニールテープの目印までビットが入ったら止め、逆回転に切り替えて抜く。すべての穴を同様にしてあけたら完成。好きな色でペイントしよう。

使ってみよう

のこぎり

★「あさり」って何？

のこぎりの刃をよく見ると、刃の先が左右交互に開いています。この開きが「あさり」です。ダボ引きのこぎりのようにあさりのないのこぎりもあります。

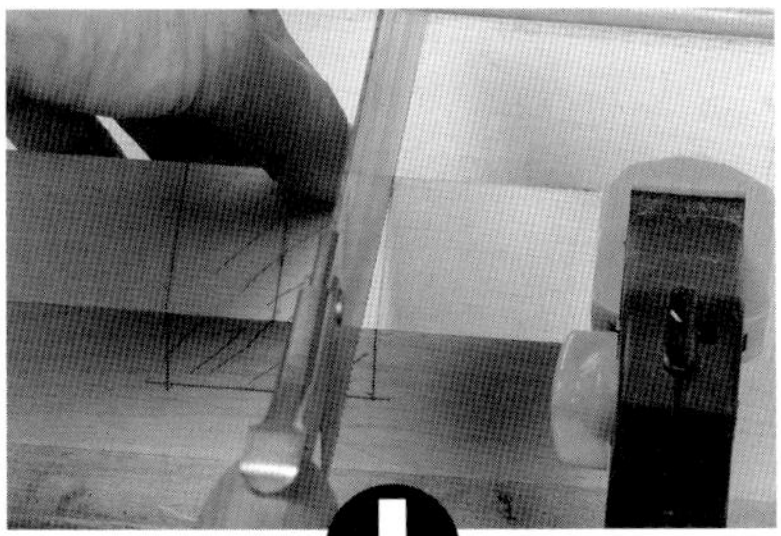

木材のカットする位置に印をつけ、固定できるものはクランプで固定する。親指の爪を印線に合わせ、爪をガイドにのこぎりの刃を添えるようにして位置を決める。刃入れの位置が決まり、引き溝ができたら親指を離す。

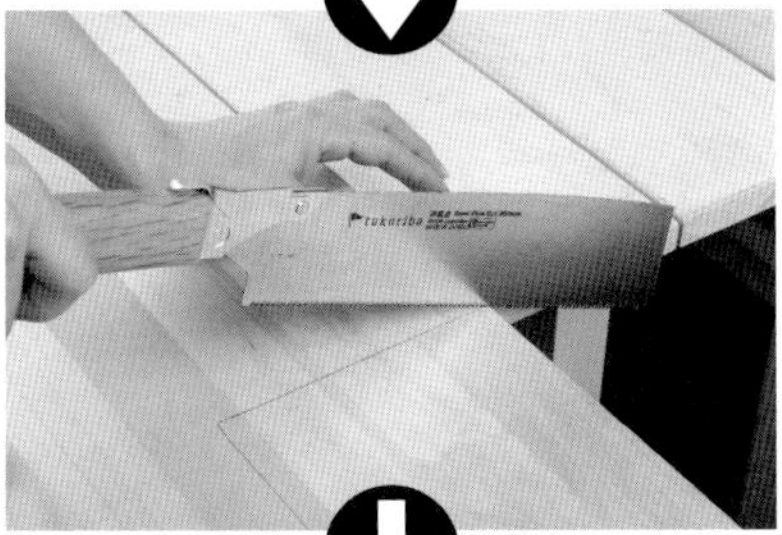

切りはじめは、木材に対してのこぎりの刃の角度が20～30度程度になるように当て、のこぎりをゆっくり引き、浅い切り込みを入れる。

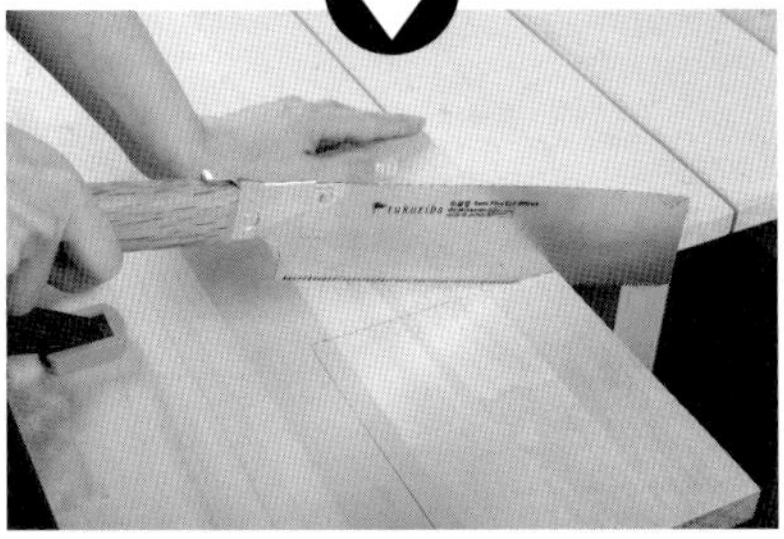

切り込みが入ったら、のこぎりの刃を30度程度に傾け、線に沿ってゆっくり引く。のこぎりは引くときの力で切る道具。刃渡り全体を使うイメージで、引くときに軽く力を入れて、押し戻すときは力を抜く。あまり力を入れすぎると、刃が引っかかりうまく切れない原因に。

どんなのこぎりを使う？

のこぎりの刃には、木材の木目に対して垂直に切る横引き刃と、木目と平行に切る縦引き刃があります。作品を作るときは木目に対して垂直に切ることが多いので、横引き刃が向きます。また、縦横斜めとどの方向にも切ることができる刃もあり、DIYでも重宝します。縦引き、横引き、縦横斜め引きとそろえたい場合は、1本の柄で刃が共通する替え刃式がおすすめです。

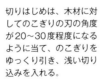

使ってみよう

失敗した…

打ち込んだときに釘が曲がってしまったら、慌てずに釘抜きやインテリアバールで抜く。釘の頭を浮かせてから、テコの原理で引き抜くのがコツ。

げんのうの柄はなるべく下のほうを持ち、反対の手で釘を支えて、軽くトントンと打つ。釘から手を離しても倒れない程度まで軽く打ち込む。釘がまっすぐになっているのを確認し、最後まで打ち込む。

釘を打つ前に、釘打ち位置に錐で下穴をあける。

げんのう・かなづち

〈ほかにもこんな使い方〉

ダメージ加工

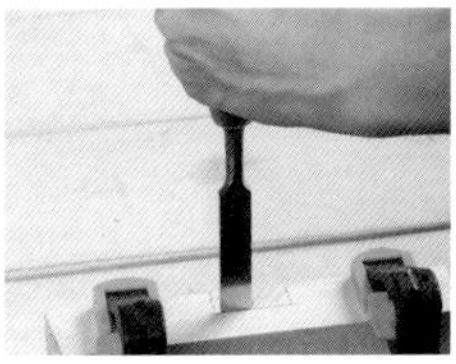

ノミで掘る・削る

木殺し

（→木殺しについては53ページ参照）

両口げんのうはどちらの面で打ってもいい？

両口げんのうは、よく見ると一方が平らで、もう一方は丸みを帯びています。この違いを利用して、打ちはじめは平らなほうで打ち、釘の頭が木材の面に近くなったら丸みを帯びたほうに持ち替えて打ち込みます。そうすることで木材に傷をつけることなく、最後まで釘を打ち込むことができます。

「番手」はどう使い分ける？

紙やすりには「番手」というものがあります。番手によって研磨剤の目の細かさが異なり、数字が小さいほうが粗目、数字が大きくなるにつれ細目となります。使い方は、まず粗目で荒削りし、中目で下地づくり、最後に細目で表面を滑らかに整える、と3段階で磨き上げるのが一般的です。

◎番手の目安

番　手	目の細かさ
#40～#100	粗目
#120～#320	中目
#400～#800	細目

紙やすり（サンドペーパー）

使ってみよう

「My やすり」を木目に沿って動かすのが基本。力を加えすぎないよう一定の力加減で往復する。力任せにゴシゴシこすると、かえってデコボコになってしまうので注意。

準備する

手になじむ大きさの木材（端材）を用意し、木材の大きさに合わせて紙やすりをカット。紙やすりを木材に巻き付け、裏面をタッカーで留めるか、両面テープを貼り固定する。これで「My やすり」の完成。

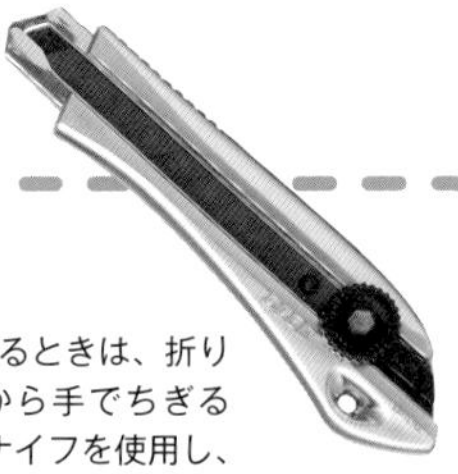

紙やすりを切るときは、折り目をつけてから手でちぎるか、カッターナイフを使用し、裏面からカットします。はさみで切ると、刃がダメになってしまうので要注意。

差し金

使ってみよう

〈線を引く〉

木材に差し金の長手を引っ掛け、妻手の外側を使って線を引く。差し金が動かないよう、長手をしっかり沿わせるのが直角の線を引くコツ。えんぴつは差し金にぴったり合わせて線を引く。

〈直角を確認する〉

木材を組み立てているとき、角がきちんと直角になっているか確かめるのは重要なこと。スクエア形に組み立てた木材の内側の角に差し金をあててみれば、正確に直角を測ることができる。

〈45度を測る〉

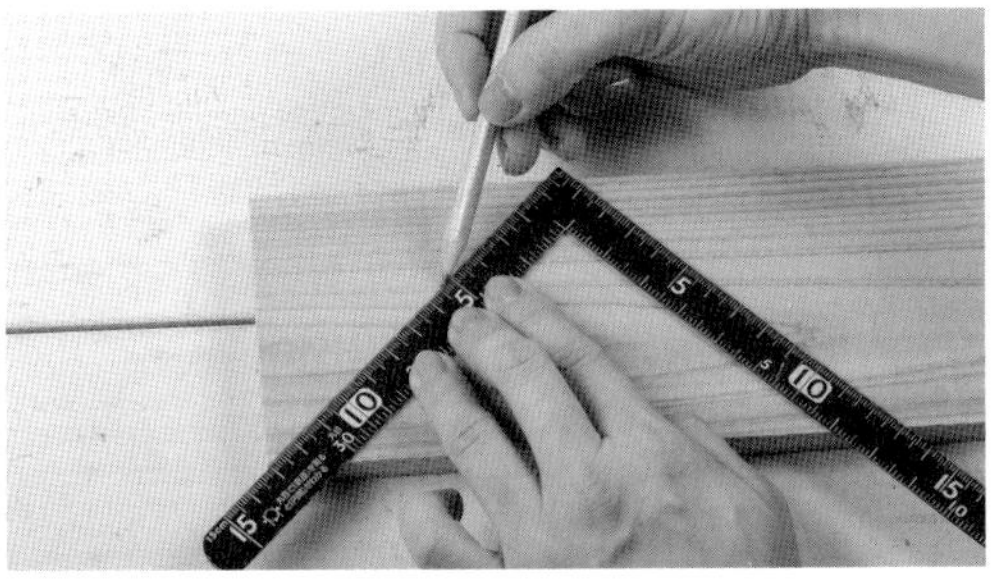

差し金の直角の角（0の位置）から妻手、長手とも同じ目盛りに合わせれば､45度を測ることができる。

クランプ

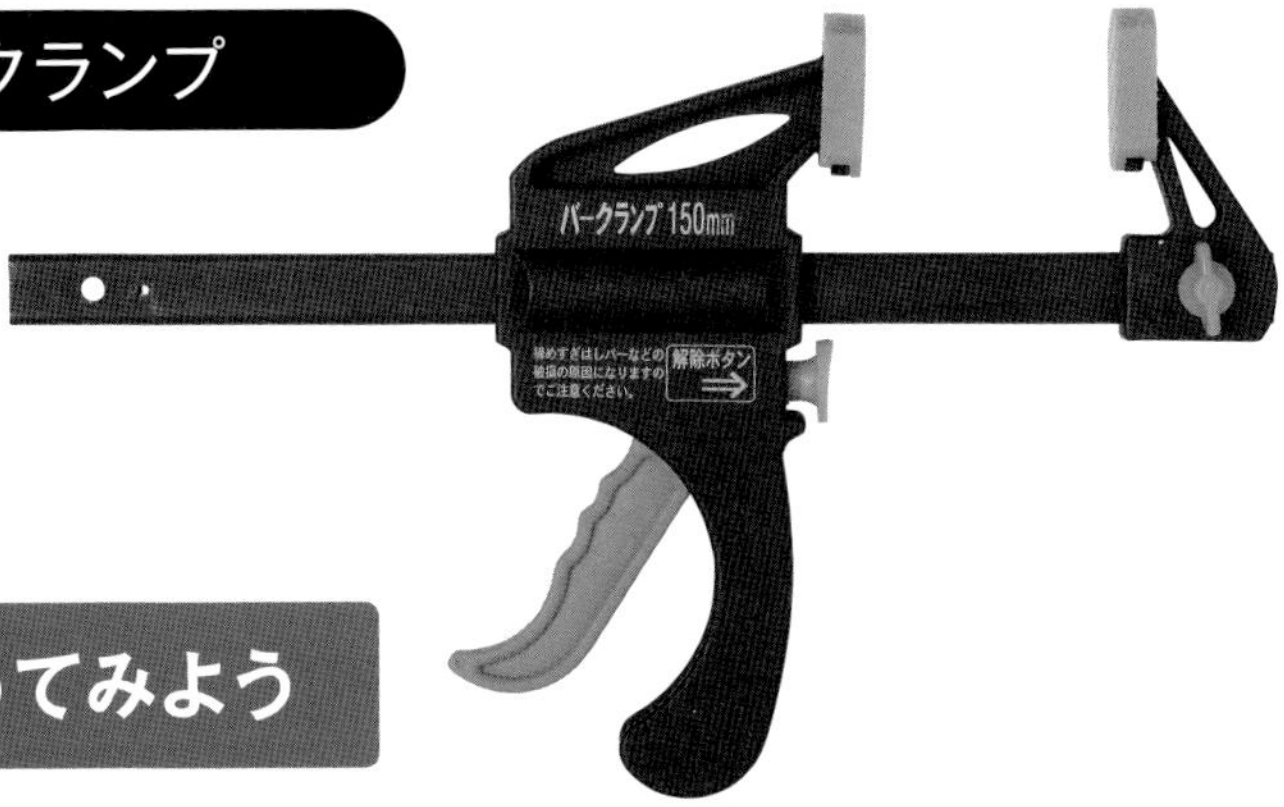

使ってみよう

〈ほかにもこんな使い方〉

支えがないと難しい組み立て作業に。クランプで固定しておけば片手で支えることができる。

木材同士の接着にも向く。接着剤が乾くまで、クランプで固定しておく。

オレンジ色のレバーを引くと口が締まり、固定される。外すときはボタンを押すとロックが解除される仕組み。

ラチェットバークランプってどんなもの？

クランプには、C型クランプやF型クランプなどいろいろな種類があります。なかでも女子DIYにおすすめなのが、上記写真のラチェットバークランプ、またはクイックレバークランプともいわれるものです。レバーを引くだけで締まり、力を入れなくても簡単に固定できるので、女性でも扱いやすいのが特徴です。いくつかサイズがあり、サイズによって口の開き（締められる厚み）やクランプ力（締めつける力）が変わってきます。

サンダー

準備する

Step-1

紙やすり（サンドペーパー）を本体に取りつける。

Step-2

電源スイッチがオフになっていることを確認し、コンセントを差し込む。

使ってみよう

紙やすりを木材に軽く押しあて、木目に沿って本体を動かす。強く押しあてすぎると、モーターに負担がかかるだけでなく、仕上がりにもムラが出るので注意。

ジグソー

準備する

Step-1

ブレードを取りつける。

Step-2

ブレードが抜けないか引っ張って確認（刃を触らないよう注意）。

Step-3

コンセントを差し込む。

ここに注意

▶木材が動かないよう、クランプでしっかり固定しておくこと。
▶ブレードは折れることも多々ある。作業時は保護メガネを必ずつけること。
▶ブレードの前に決して手を出さないこと。
▶途中でブレードが引っかかったら、すぐに停止すること。
▶使用したばかりのブレードは熱くなっているので、すぐには触らないこと。

使ってみよう

ベースを木材の面にしっかりあてる。切りはじめはキックバックを避けるため、木材に刃が当たらないところでトリガ（スイッチ）を引き、刃のスピードが上がってからゆっくり切り進める。

本体が傾くと失敗のもとに。ベースが木材から離れないようにまっすぐあてる。

ブレードはどれを使う？

ジグソーのブレード（刃）には木工用や鉄工用など、さまざまな種類があります。木工用のブレードのなかに、さらに厚材用や曲線切り用、合板用などがあるので、用途に応じたブレードを選びましょう。曲線切りの場合は、ブレードの厚みが薄い曲線用を選ぶと切断しやすくなります。

実習 1　課題：切り抜き加工

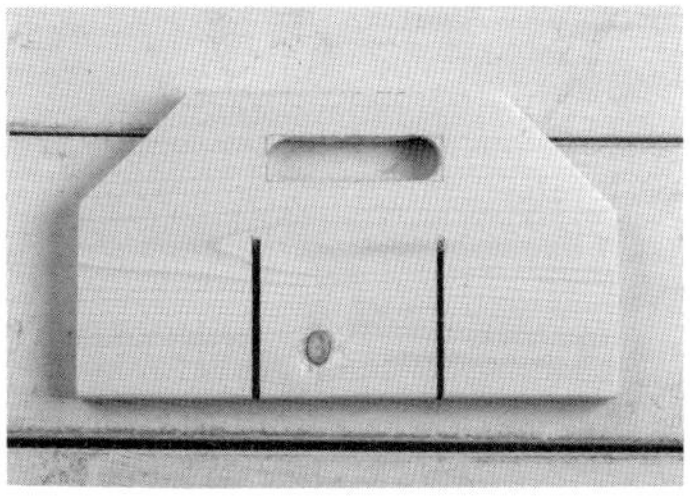

引き出しの引き手など、小さな切り抜き窓をつくるときは20㎜前後の径の大きいドリルビットで穴をあけ、穴と穴をつなぐように切り進める。

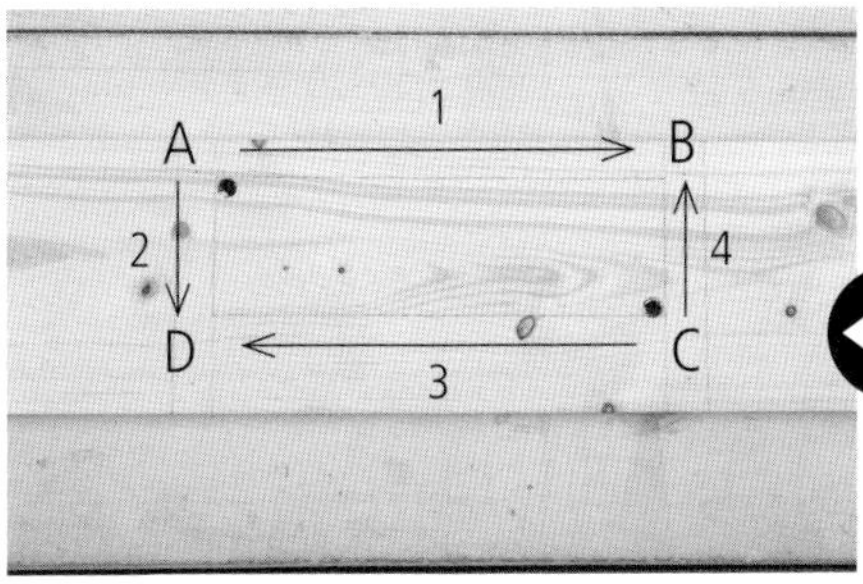

ジグソーはドリルであけた穴を始点に切り進める。Aから切り進め、Bまできたらストップ。Aに戻りDへ切り進め、ストップ。2辺に切り込みが入ったら、同様にしてCからDへ、Cへ戻りBへと切り進めると四角く切り抜くことができる。

対角の2ヵ所に、ジグソーの刃を入れるための穴をドリルであける。

実習 2　13 カッティングボード

▶**道具**
えんぴつ、
電動ドリルドライバー、
8～12㎜のドリルビット、
クランプ、
ジグソー
（ブレードは曲線用を装着）、
サンダー

▶**材料**
20㎜厚のひのき材
（150×400㎜）

1 できあがりの線を引く。フリーハンドでOK。ただし、カーブがきついとカットが難しくなるので注意。

2 作業テーブルなどにクランプでしっかり固定し、線に沿って切り進める。

3 途中まできたらストップ。木材を回すか、自分が移動し、向きを変えて切り進める。

Point

カーブがきつい部分は、ブレードの回転数（速度）を落とし、ゆっくりと。無理に進む方向を変えるとブレードが折れることもあるので、スムーズに進めるようこまめに向きを調整する。

4 反対側もすべてカットする。

5 持ち手部分に穴をあける。

6 全体にサンダーをかける。切り口はサンダーを斜めにして念入りに。

女子力
UP

ダボ仕上げ

材料

接着剤

本書では丸棒の先をげんのうでつぶして使用しますが、市販の木ダボを使用してもOK。

木ネジ

直径8㎜の丸棒

道具

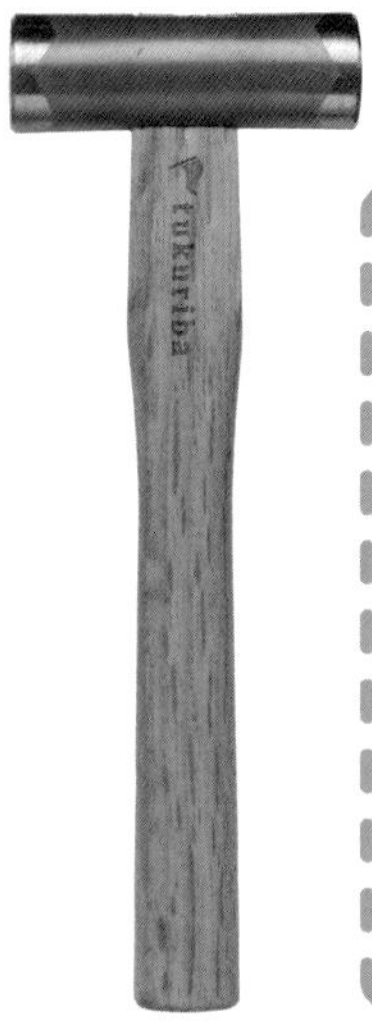

げんのう

〈ビット類〉

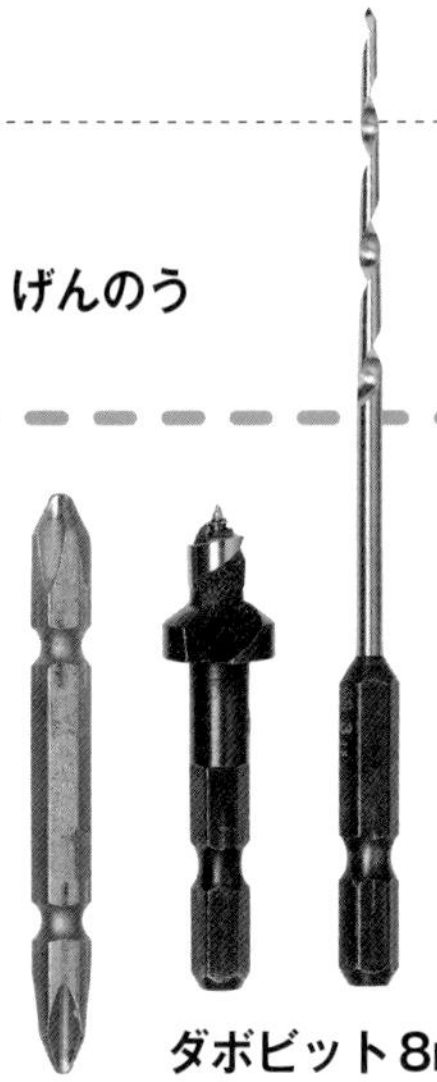

下穴用
ドリルビット3㎜

ダボビット8㎜

ドライバービット＃2

電動ドリルドライバー

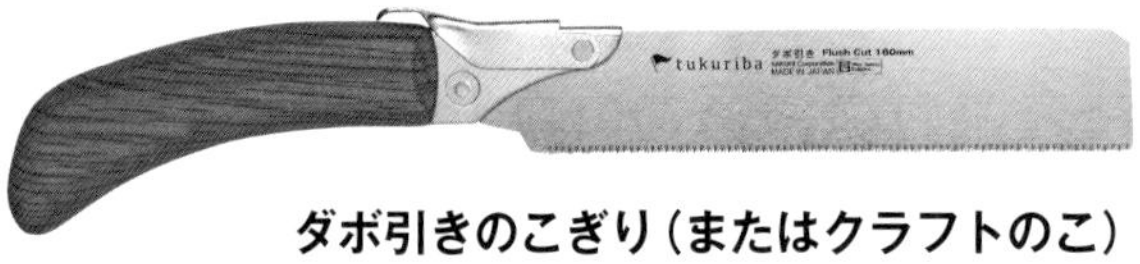

ダボ引きのこぎり（またはクラフトのこ）

クランプ

紙やすり

ダボ仕上げって必要？

ダボ仕上げとは、打ち込んだ木ネジの頭を隠す方法です。木ネジの頭が見えていても使用する上で問題はありませんが、見栄えが今ひとつよくありません。あえて素朴に仕上げたいときや無骨な男前仕上げにしたい作品には必要ありませんが、そうでない作品にはダボ仕上げを施すのがベター。ひと手間かけるだけで仕上がりの美しさが格段にアップするので、ぜひ覚えておきましょう。

写真のような踏み台やテーブルの天板など、木ネジの頭が見えないほうが美しい仕上がりに。

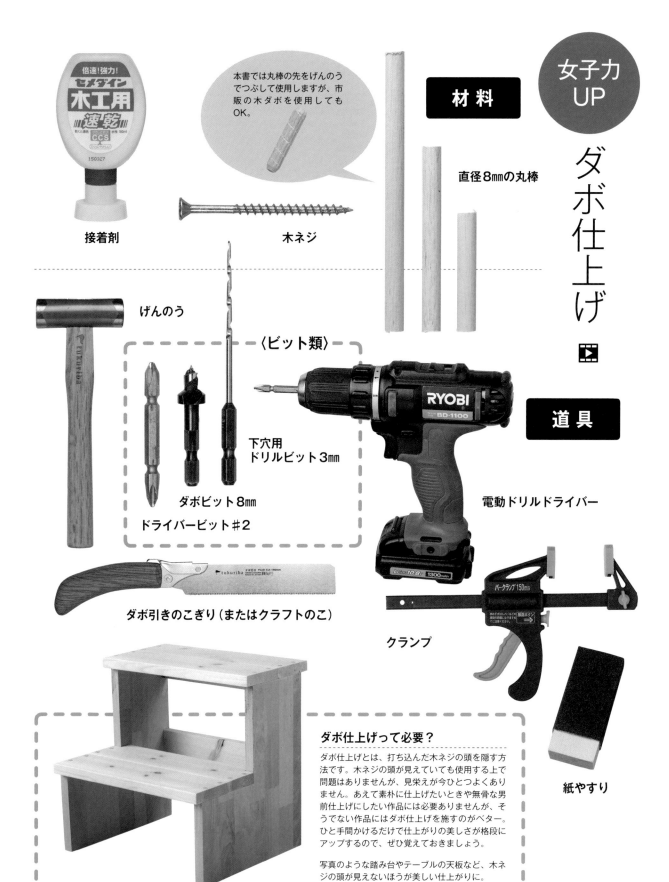

1 印をつけた木材をクランプで固定する。ダボ仕上げを施す場合、印つけは木材の裏面に。

2 3㎜のドリルビットで印位置に下穴の貫通穴をあける。

3 おもて面に返し、クランプで固定する。❷であけた下穴位置にダボビット8㎜でダボ穴をあける。

4 ドライバービットでダボ穴に木ネジを打ち込む。

5 丸棒の先をげんのうで叩き、先を少しつぶしてダボ穴に差し込みやすくする。
※市販の木ダボを使用する場合は、この行程は不要。

6 ダボ穴に接着剤を適量入れる。

Point

接着剤の量が多すぎると、丸棒を差し込んだときに接着剤があふれてしまう。表面に接着剤が残るとペイントした際、白く抜けてしまう原因になるので、ウェットティッシュなどでしっかり拭き取る。

7 先をつぶした丸棒を差し込み、げんのうで叩いて押し込む。

8 ダボ引きのこぎりを木材に沿わせ、丸棒をカットする。

9 紙やすりで切り口を整える。

ダボ引きのこぎりを持っていない場合は？

ダボ引きのこぎりやクラフトのこがない場合は、細目のこぎりなどで代用してもOK。ただし、あさりで木材を傷つけないよう、のこぎりと木材の間にはがきや牛乳パック程度の厚みのある紙を挟んでカットする。

14 キャスター付き鉢カバー

キャスターを見せないワザありカバー。木材パッチワークで仕上げれば
あなただけのオリジナルデザインに。

▼道具
差し金、えんぴつ、電動ドリルドライバー、ドライバービット#2、下穴用ドリルビット3㎜、ドライバー、クランプ、サンダー

▼材料
木材は30×40㎜赤松材と20×40㎜赤松材、9㎜厚のベニヤ板を使用。

ほか、接着剤、25㎜の木ネジ16本、10㎜のさらタッピングネジ12本、自在キャスター4個

基本の鉢カバーをつくる

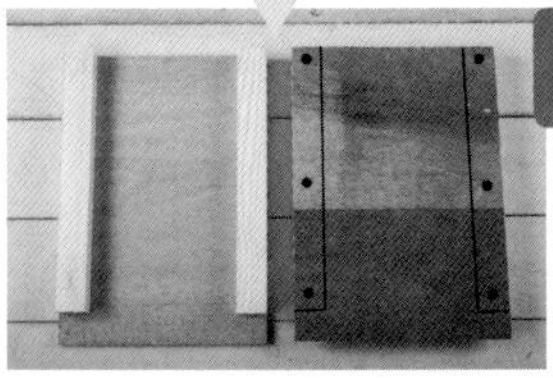

1 横板Ⓑに角材Ⓓ2本を上そろえで両端に置き、印をつける。角材部分左右3ヵ所ずつ（計6ヵ所）に下穴の印をつけ、貫通穴をあける。接着剤を併用し、25㎜の木ネジでベニヤ側から固定する。同じものをもう1組つくる。

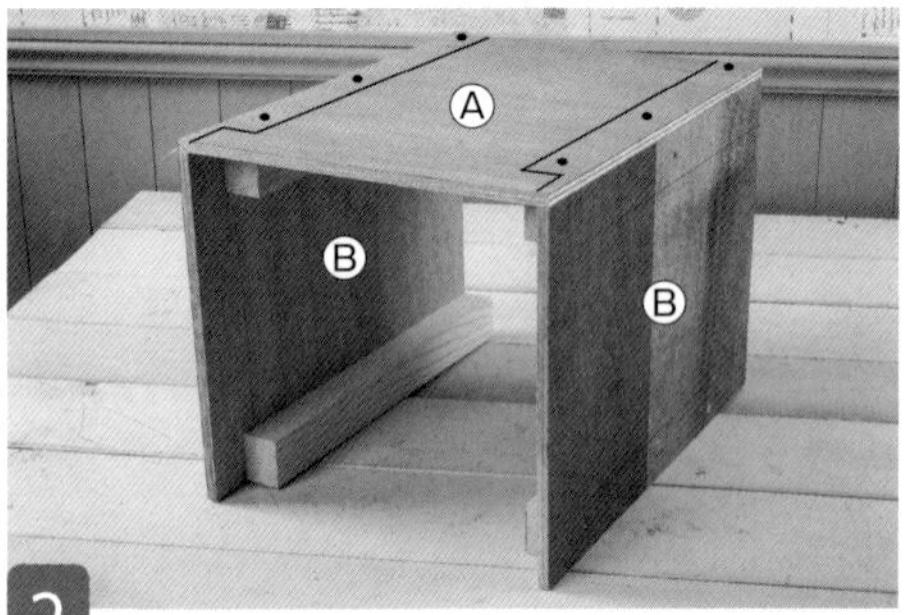

2 **1**で組み立てた2組の横板Ⓑを横板Ⓐと接合する。**1**と同様に接着剤を併用し、25㎜の木ネジ6本で固定する。

3 底板Ⓒにキャスター取り付け位置を決め印をつけ、ネジ位置に錐で下穴をあける。**2**に底板を接着し、キャスターを10㎜さらタッピングネジと25㎜の木ネジで取り付ける。

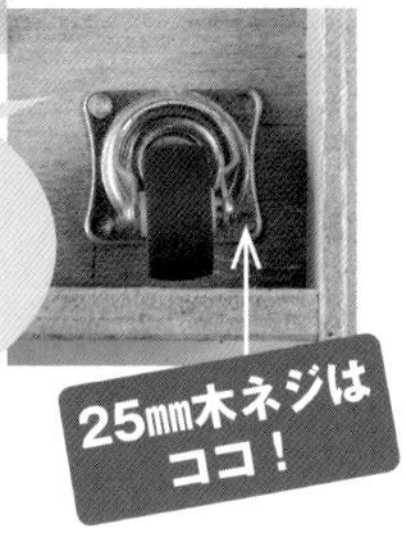

Point

キャスターの車を360度回してみて、横板に当たらない位置を確認してつける。4ヵ所のネジ位置のうち角材がある部分（角に近い位置）のみ、補強のため25㎜の木ネジを打ち込む。そのほかの穴はさらタッピングネジで留める。

4 残りの横板を接着し、25㎜の木ネジを打ち込む。角材Ⓔで木枠をつくり、接着剤で固定し、乾かす。

5 全体にサンダーをかけ、Ⓔだけにアンティークワックスを塗る（→P90）。表面にパッチワークを施す（左ページのパッチワーク❶）。

▼木取り図 単位：㎜ 濃いグレーの部分は、この作品には不用な端材です。

赤松 30×40

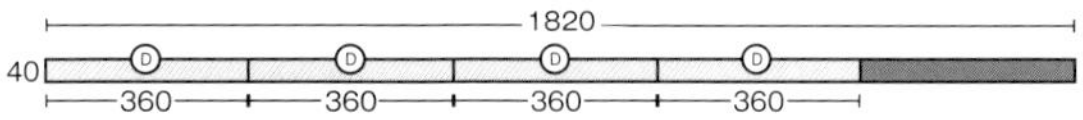

赤松 20×40

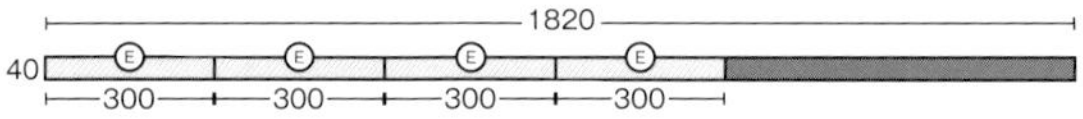

9㎜厚 ベニヤ板（合板）

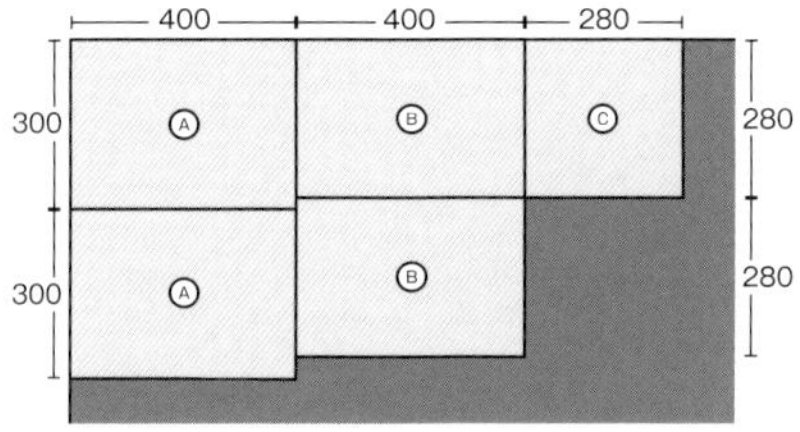

▼組み立て図 ・は、この角度から見えるネジ位置です。

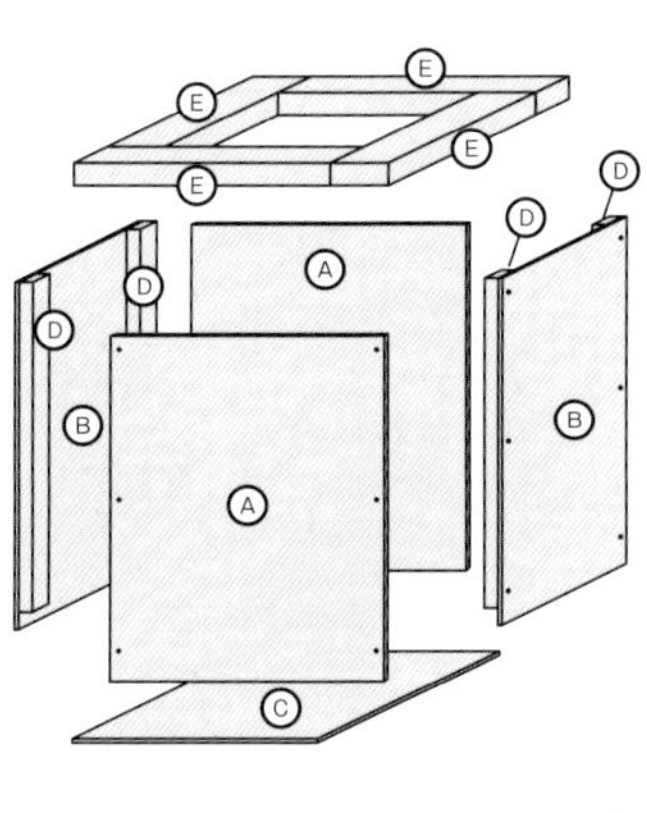

木材パッチワーク仕上げ

女子力UP

Arrange Lesson 1

〈パッチワーク①〉

端材を使って横板をデコボコのパッチワークで飾ります。材質や大きさは問わず、好きな色や加工にしておきます。あとはパズルのように組み合わせて、接着剤でつけるだけ。ポイントは隣り合う板の色や材質、大きさ、向きを変えてつけること。

好みの金具類などを飾りつけてもOK。

Arrange Lesson 2

〈パッチワーク②〉

短冊状の板でスクエアに隙間を埋めていきます。単純ながらも幾何学的な柄になるので人気です。

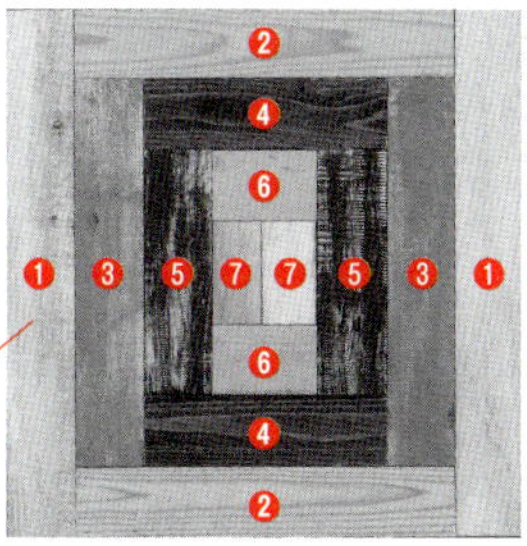

貼る面の外から埋めていく

外郭の左右天地、それぞれペアで用意して貼ります。以降、同じサイズのペアで、だんだん内側に貼っていき、最後に中心を仕上げます。

Arrange Lesson 3

〈ヘリンボーン〉

同じ長さの木材の両端を斜めにカットし、V字に並べたヘリンボーンは人気の高い柄です。数色を組み合わせると華やかに。また、アンティークワックスだけで仕上げてもシックで素敵。

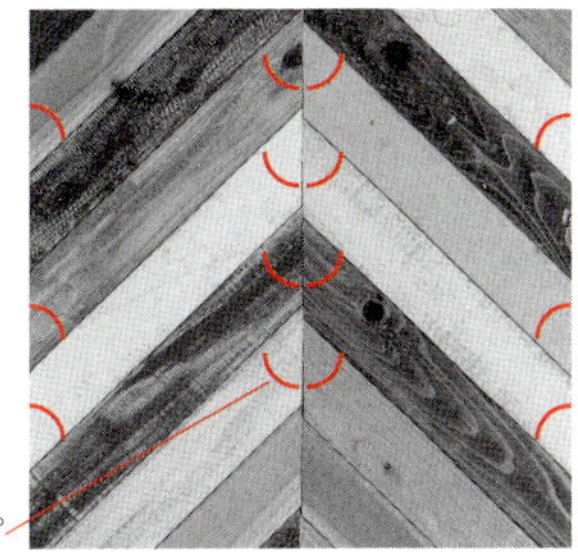

45°

同じ幅の木材を同じ角度（この見本は45°）にカットしてカット面を中心に合わせます。

15

棚付き3連フック

壁のアクセントとなり、収納にも役立つフックです。金具の代わりにノブを使っても素敵。ノブを主体にペイントを考えるのも楽しいものです。

▼**道具**
差し金、えんぴつ、電動ドリルドライバー、ドライバービット#2、下穴用ドリルビット3㎜、ドリルビット5㎜、ドライバー、ジグソー、クランプ、サンダー

▼**材料**
木材はSPF材（1×4）を使用。ほか、接着剤、35㎜の木ネジ8本、25㎜の木ネジ2本、好みのノブ3個、三角カン2個

▼**仕上げ**
Jカラーのベイビーブルー（→P86）。

▼木取り図 単位：㎜　グレーの部分は、この作品には不用な端材です。

1×4　SPF

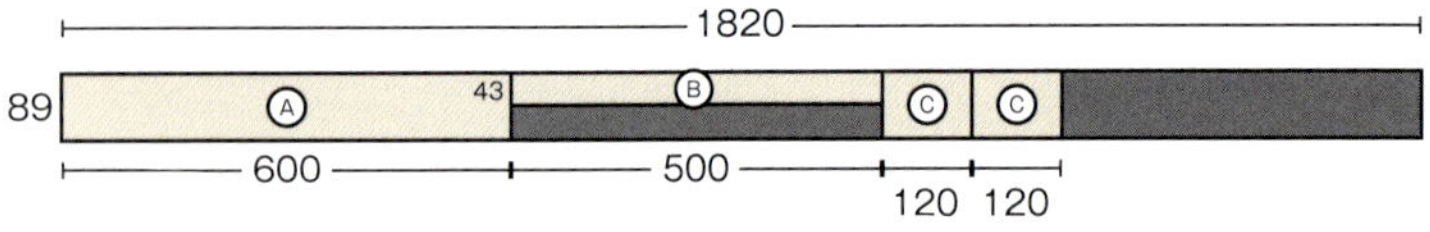

▼カット図 単位：㎜

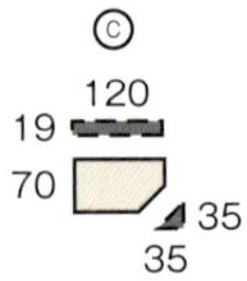

▼組み立て図　・は、この角度から見えるネジ位置です。

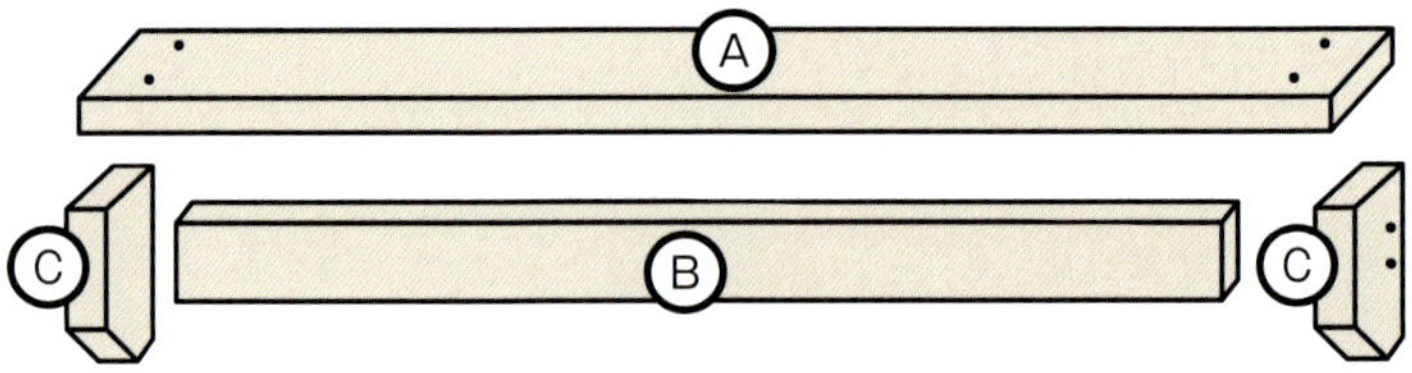

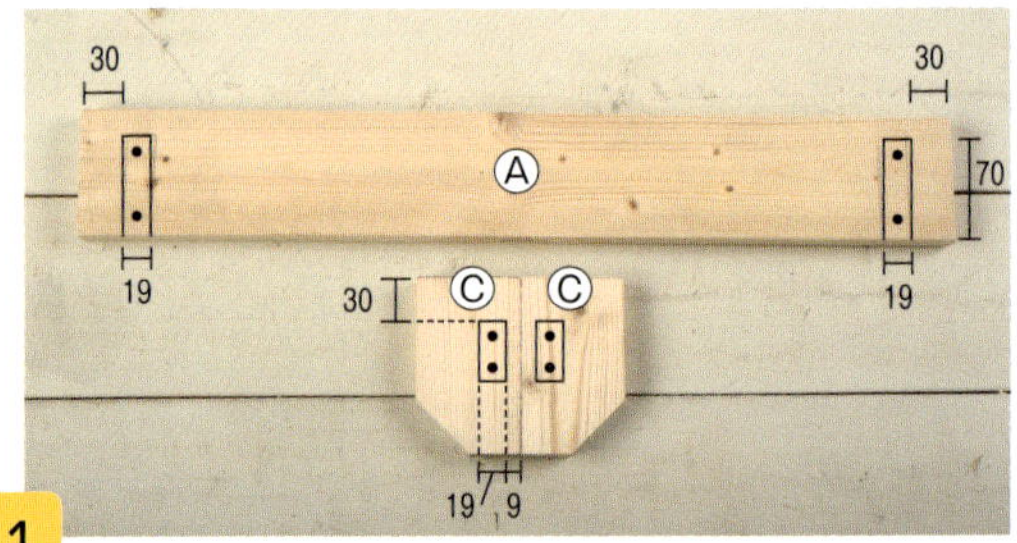

1 角を落とした側板Ⓒ2枚（上カット図参照）と天板Ⓐに印をつける。下穴の印位置に貫通穴をあけ、おもて面に35㎜の木ネジを立てておく（ネジ立て→P10）。

Point
接着する際、9㎜厚ベニヤ板の端材を挟むと安定する。

2 背板Ⓑの木口に接着剤をつけ、側板の印位置に接着し、木ネジを打ち込む。

3 側板の木口に接着剤をつけ、天板の印位置に接着し、木ネジを打ち込む。

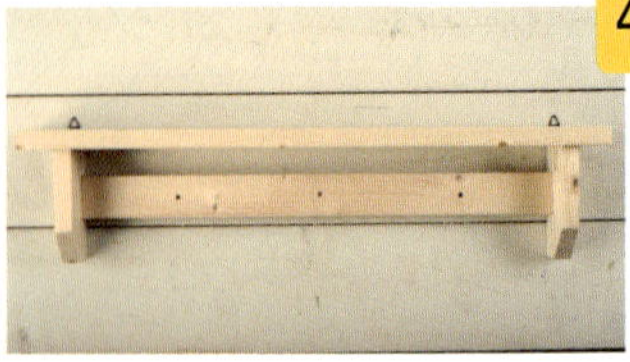

4 全体にサンダーをかけ、ペイントする。天板の裏面に三角カンをつける（ドライバーで25㎜の木ネジ留め）。背板に5㎜のドリルビットで貫通穴をあけ、ノブをつける。

Point
ドリルビットは取り付けるノブのボルト径に合わせて選ぶ。取り付け位置は好みでOK。

仕上げをワックスにして黒フックにすると男前！

ノブ・コレクション

チェストの引き手や
フックとして使えます。
お手持ちの家具のリメイクにも
好まれています。

tukuriba
おすすめ

1～4　アンティーク調のものからツール形のものまで、フォルムも楽しい。
5～8　七宝焼風の手描きのような柄がアンティークっぽい。
9～12　ころんと丸く、ミルク感のあるパステルカラーが女子DIYにぴったり。
13～16　色付きガラスのノブは、フレンチなインテリアに似合う。

17　18　19　20　21

17～21　クリアガラスのノブは、エレガントな雰囲気を醸す。

tukuribaでは、ほかにもたくさんのノブがそろいます。

16 ラダー型ブックシェルフ

なかなか好みのデザインに出合えないブックシェルフ。それならつくってしまいましょう。女子的には、色の組み合わせでデザインを楽しんで。ペイント次第で、大人マガジン用にも！

▼道具
差し金、えんぴつ、電動ドリルドライバー、ドライバービット#2、下穴用ドリルビット3㎜、ジグソー、クランプ、サンダー

▼材料
木材はSPF材（1×4）と13㎜厚の杉材を使用。ほか、接着剤、35㎜の木ネジ64本、好みの飾りプレート3個

▼仕上げ
〈キッズルームG〉
＊ラダー本体はミルクペイントのスノーホワイト、背板と前板はJカラーのベイビーブルーでペイントする（→P86）。
〈キッズルームB〉
＊ラダー本体と背板はアンティークワックスのラスティックパイン（→P90）を、前板はミルクペイントのゴールデンレッド、トリトンブルー、グリーンアーミーでそれぞれペイントする（→P86）。

▼木取り図 単位：㎜　グレーの部分は、この作品には不用な端材です。

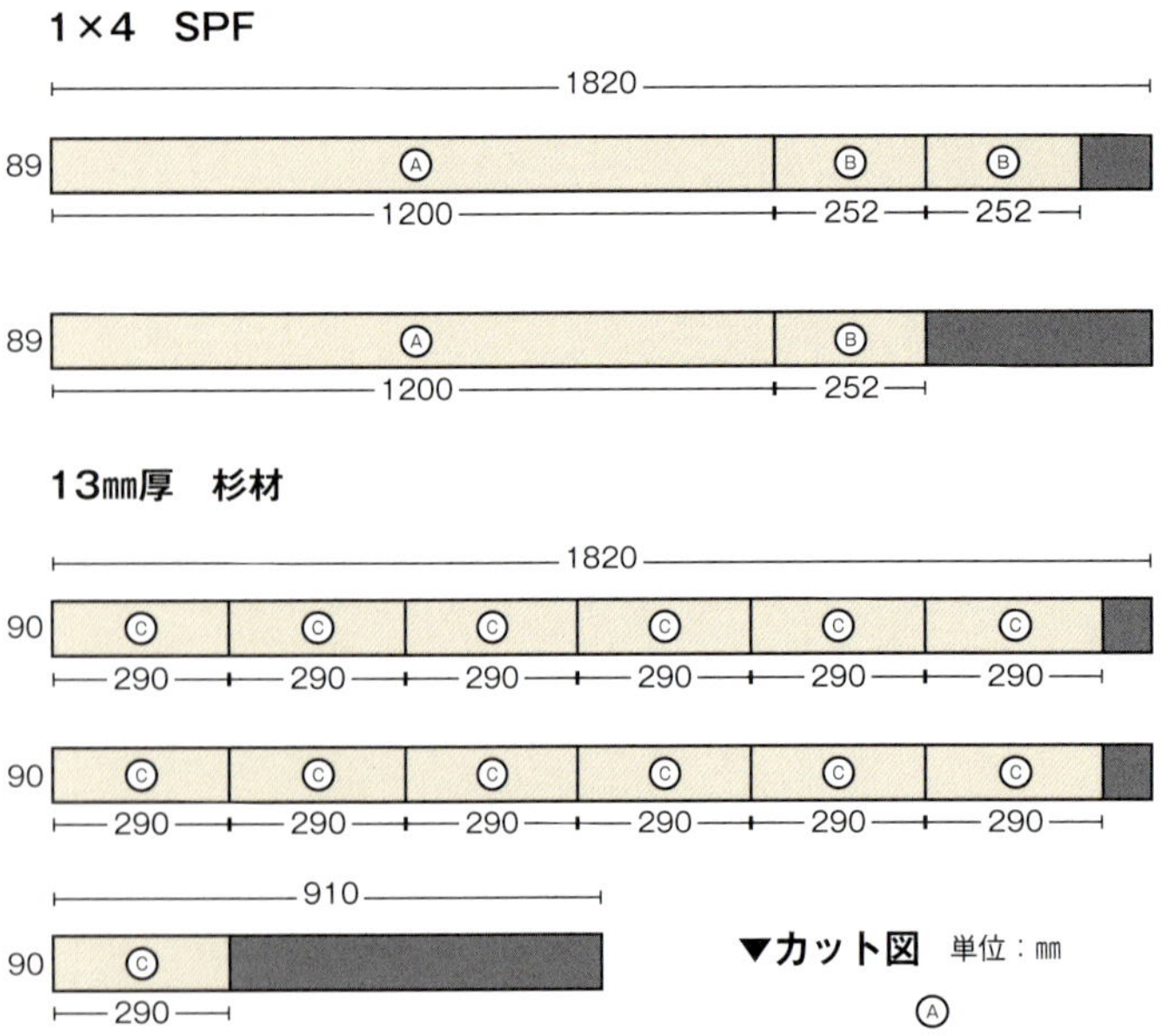

▼カット図 単位：㎜

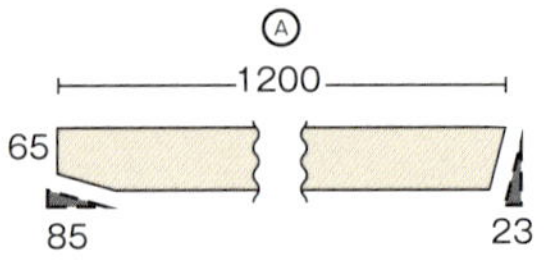

▼組み立て図　・は、この角度から見えるネジ位置です。

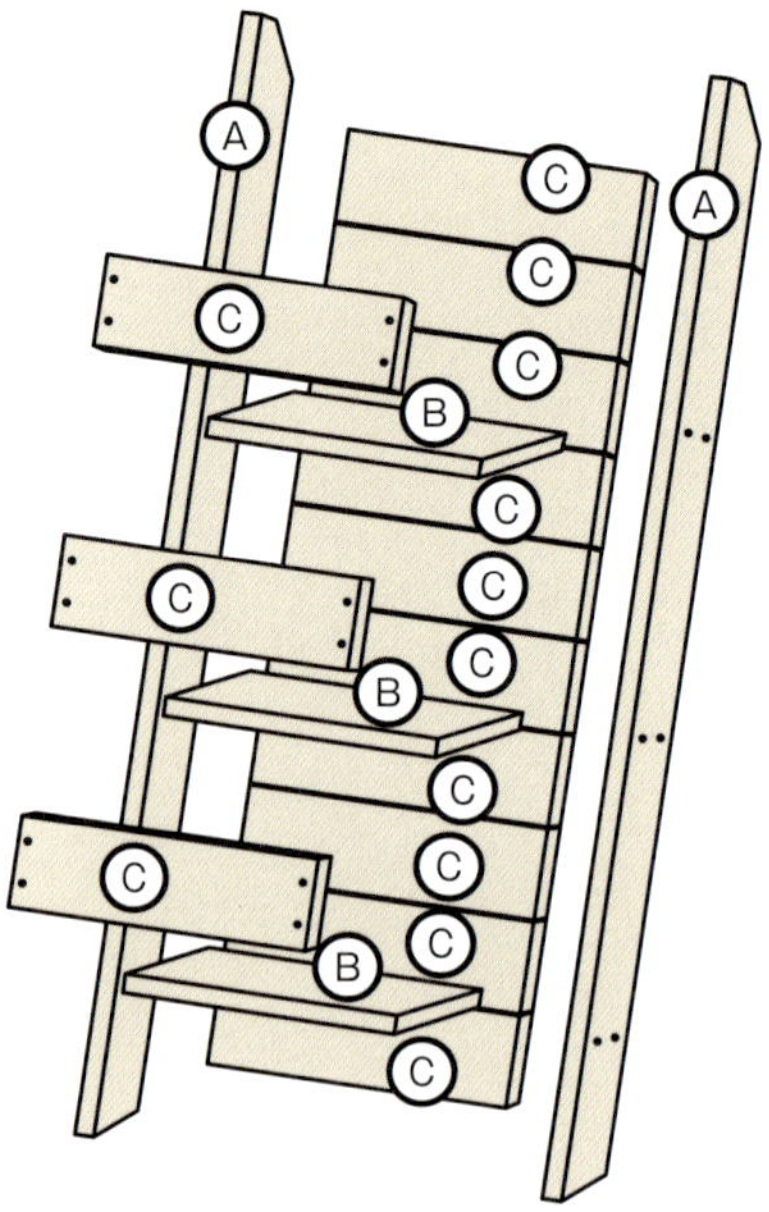

ラダーを組み立てる

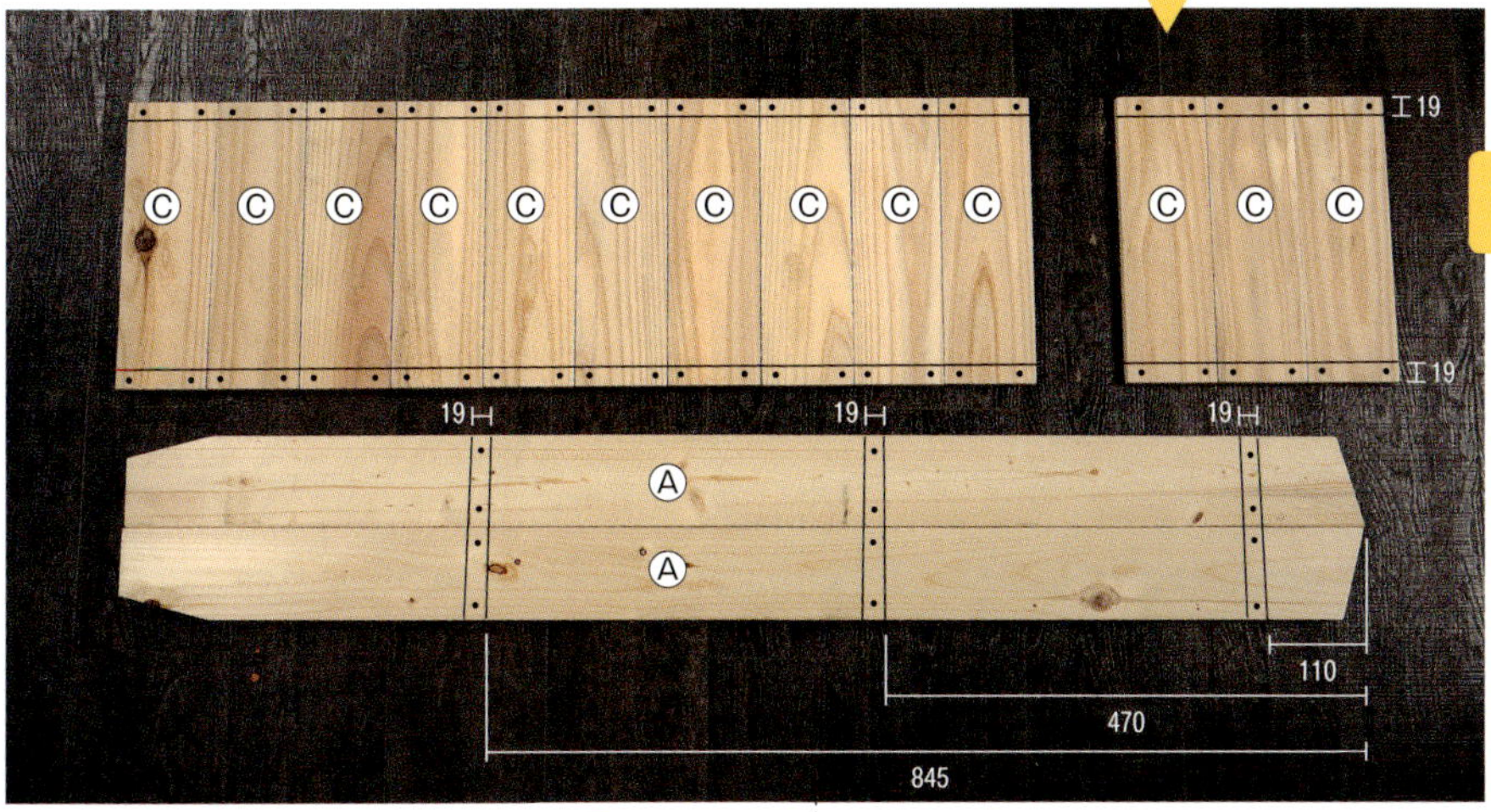

1 側板Ⓐ2枚の上下をカットし（右ページカット図参照）、印をつける。背板Ⓒ10枚と前板Ⓒ3枚にもそれぞれ印をつける。下穴の印位置に貫通穴をあけ、おもて面に35㎜の木ネジを立てておく（ネジ立て→P10）。

2 棚板Ⓑの木口に接着剤をつけ、側板の印位置に接着し、木ネジを打ち込む。

3 **2**でできたラダーに背板を接着し、木ネジを打ち込む。背板の取り付け位置は好みでOK。バランスを見ながら間隔をあけるのもよい。

Check!

ペイントをする場合は、背板と前板を取り付ける前のこの段階で。全体にサンダーをかけてからペイントする。ペイント詳細は、右ページの「仕上げ」を参照。

4 棚板位置から上へ30㎜あけた位置に前板をつける。接着剤を併用し、木ネジを打ち込む。好みの飾りプレートをつける。

木工コラム

木殺しってどうやるの？

木殺しとは、相欠きやホゾ組みなどのときに施す技術で、木材の繊維をげんのうで叩き、圧縮させる方法のこと。繊維が圧縮された状態を「木が死ぬ」と表現していたところからこの名前がついたといわれています。一度圧縮した木材は、時間が経過すると自身のもつ復元力で元の状態に戻るため、継いだときにぴったりと合うようになるのです。木殺しでは、げんのうの丸みを帯びた面を使用します。強く叩きすぎると繊維を断ち切ってしまうので、力加減がポイントに。

ダボ埋めのときにダボ木の先を叩いて丸めるのも木殺しのひとつ

相欠きのとき、一方の木材をげんのうで叩いて締めてからもう一方に継ぐとぴったり合う

17 ウッドトランク

トランクは、出しっぱなしでもインテリアに溶け込むのでおしゃれ収納に役立ちます。そのまま重ねたり、引き出し代わりに使ったり応用が利くので、ぜひ、つくれるようになりたいもの。

▼道具
差し金、えんぴつ、電動ドリルドライバー、ドライバービット#2、下穴用ドリルビット3㎜、錐、ドライバー、げんのう、クランプ、サンダー

▼材料
木材はSPF材（1×4）と3㎜厚のベニヤ板を使用。ほか、接着剤、35㎜の木ネジ12本、19㎜のスクリュー釘16本、10㎜のさらタッピングネジ10本、壁紙、水、25㎜幅の布テープ2ｍ、蝶番2個、飾り用いす鋲10本

▼仕上げ
〈キッズルームG〉
＊ミルクペイントのフロリダピンクでペイントする（→P86）。
〈キッズルームB〉
＊アンティークワックスのラスティックパインを塗る（→P90）。

▼木取り図 単位：㎜ グレーの部分は、この作品には不用な端材です。

1×4 SPF

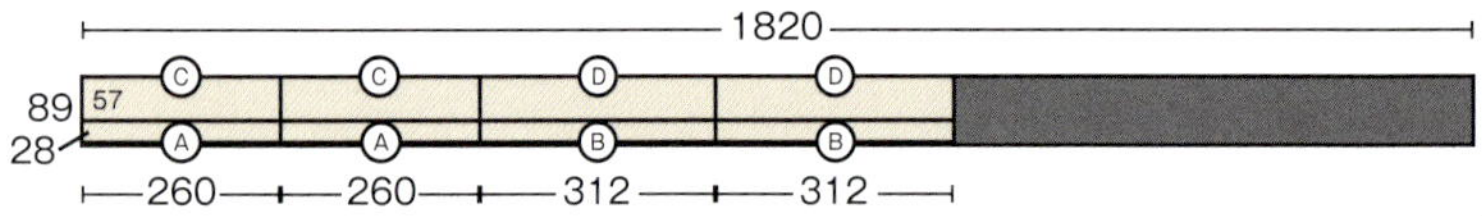

3㎜厚 ベニヤ板（合板）

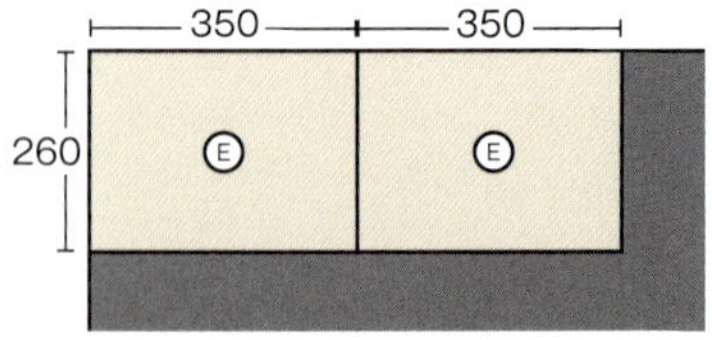

▼組み立て図 ・は、この角度から見えるネジ位置です。

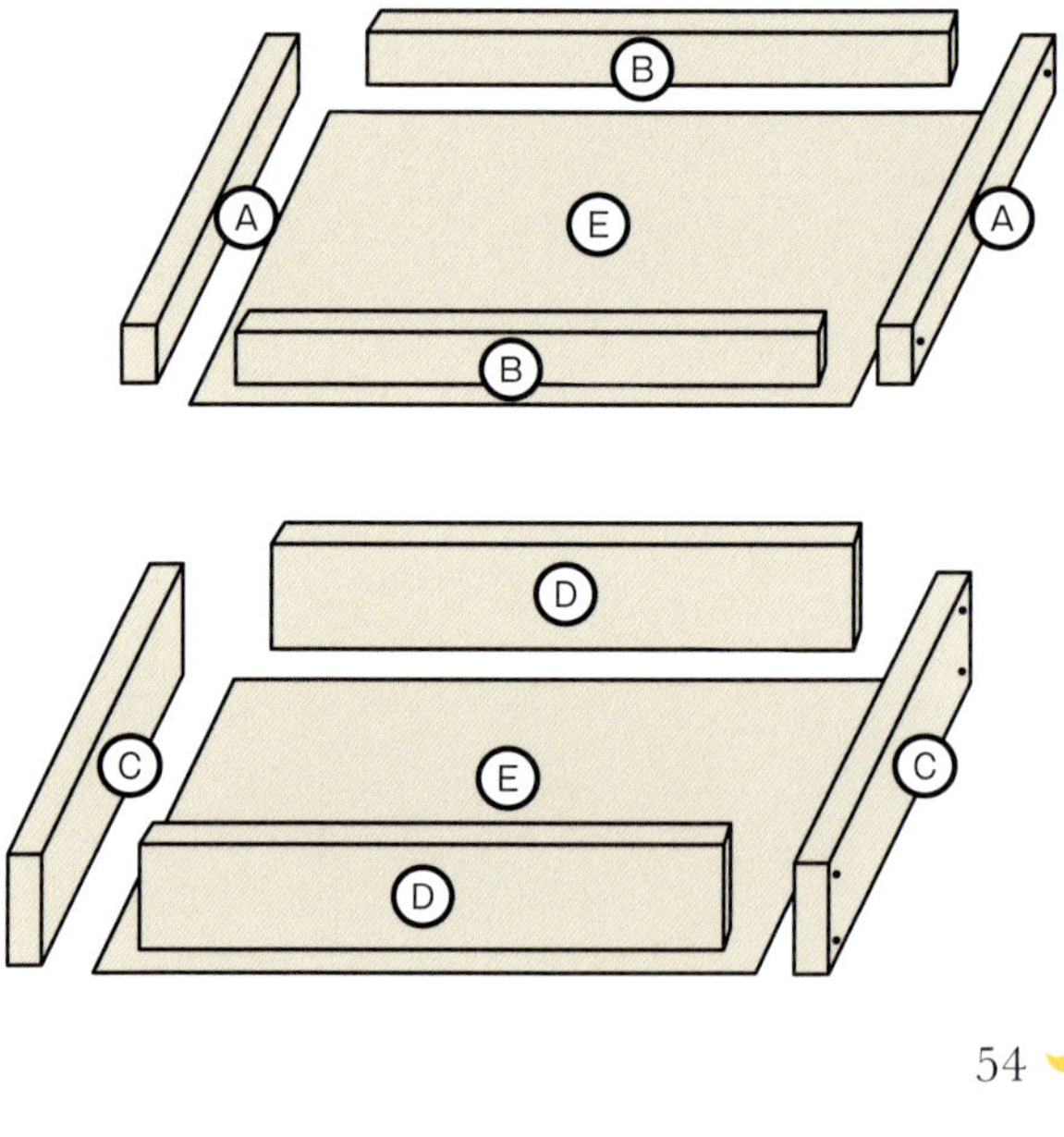

フタと本体の木枠をつくる

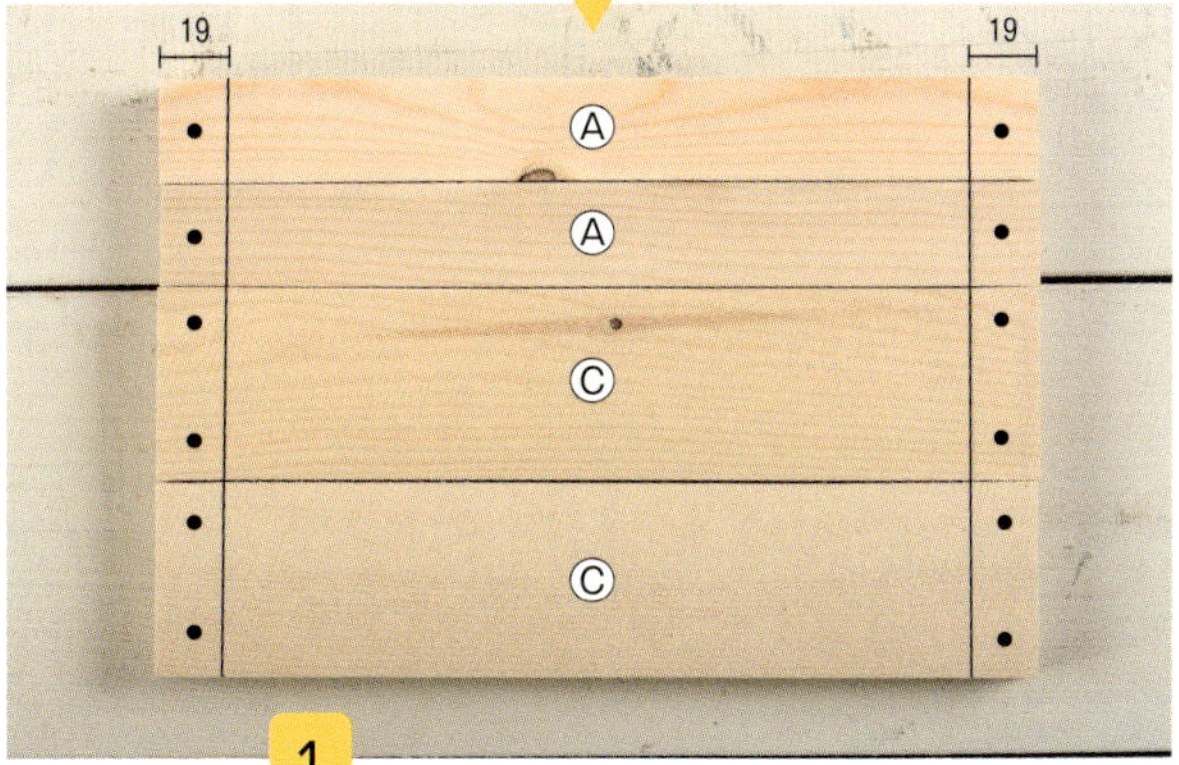

1 フタと本体の枠となるⒶとⒸそれぞれ各2枚の板に印をつける。下穴用の印位置に貫通穴をあけ、おもて面に35㎜の木ネジを立てておく（ネジ立て→P10）。

Point

本体とフタの木枠ができたら、2つを合わせて大きさを確認。ぴったり合う大きさに調整する。

2 本体の木枠をつくる。**1**でつけた印位置に横板Ⓓを接着し、木ネジを打ち込む。フタも同様にして木枠をつくる。

Check!

ペイントする場合はこの段階で。全体にサンダーをかけ、本体とフタ（表板と後板がつく面は塗り残す）、後板Ⓔと表板Ⓔの片面（おもてに出る面）をペイントする。ペイント詳細は右ページの「仕上げ」参照。

内張りをする

3 後板Ⓔと表板Ⓔより少し大きめに切った壁紙に水で溶いた接着剤を塗り、後板と表板それぞれのペイントしていない面に貼る。

4 接着剤が乾いたら板の大きさに合わせて壁紙をカットする。

5 表板の8ヵ所に錐で下穴をあけ、フタの枠のペイントしていない面に接着し、19㎜のスクリュー釘を打ち込む。同様にして本体にも後板をつける。

フタと本体を組み合わせる

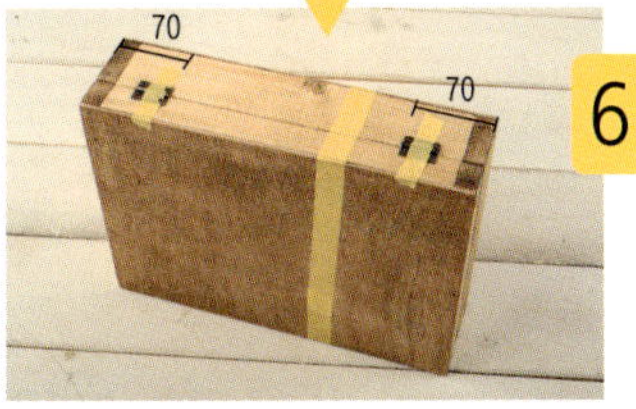

6 フタと本体を合わせてマスキングテープで固定し、底になる面の左右70㎜位置に蝶番を仮留めする。位置が決まったら付属のネジをドライバーで締める。

7 開閉する面には、中心（端から175㎜）に、蝶番同様の手順で留め具をつける。

Point

壁紙の柄に上下がある場合は、組み合わせる方向に注意。留める前に開いてみて確認する。

持ち手をつける

8 左右の端から80㎜位置にぐるりと印をつける。フタ側の印位置に布テープの端を合わせ、錐で下穴をあける。

9 布テープにたっぷり接着剤をつけて接着。接着剤が乾いたら10㎜のさらタッピングネジをドライバーで留める。

10 布テープにたっぷり接着剤をつけ、印位置に合わせてぐるりと接着する。巻き終わりの余った布テープはカットする。

11 布テープの巻き終わり位置に合わせて持ち手用の布テープ（22㎝）を接着する。接着剤が乾いたら錐で下穴をあけ、10㎜のさらタッピングネジで固定する。ネジを隠すようにいす鋲を打ち込む。

12 フタを開けて内側にストッパー用の布テープ（11㎝）を接着する。接着剤が乾いたら布テープの端に錐で下穴をあけ、10㎜のさらタッピングネジで固定。ネジを隠すようにいす鋲を打ち込む。

Point

開き具合は好みの位置でOK。布テープの長さを変えることで調整できる。

18 プリンセステーブル

巻頭ページでは、貼り付けタイプの鏡を添えてドレッサーとしてご紹介。お絵かきしたり、メークをしたり……。女の子のお楽しみの素敵な相棒になるテーブルです。

▼道具
差し金、えんぴつ、電動ドリルドライバー、ドライバービット#2、下穴用ドリルビット3㎜、ダボビット8㎜、ドリルビット10㎜、錐、ジグソー、ダボ引きのこ、げんのう、クランプ、サンダー

▼材料
木材はSPF材（1×1と1×4と1×6）と3㎜厚と9㎜厚のベニヤ板を使用。ほか、ろくろ脚4本、直径8㎜の丸棒、接着剤、両面テープ、マスキングテープ、55㎜の木ネジ16本、35㎜の木ネジ26本、19㎜のこびょう16本、引き出しの引き手1個

▼仕上げ
本体はミルクペイントのスノーホワイト、引き出しはミルクペイントのフロリダピンクでペイントする（→P86）。

▼木取り図 単位：㎜
グレーの部分は、この作品には不用な端材です。

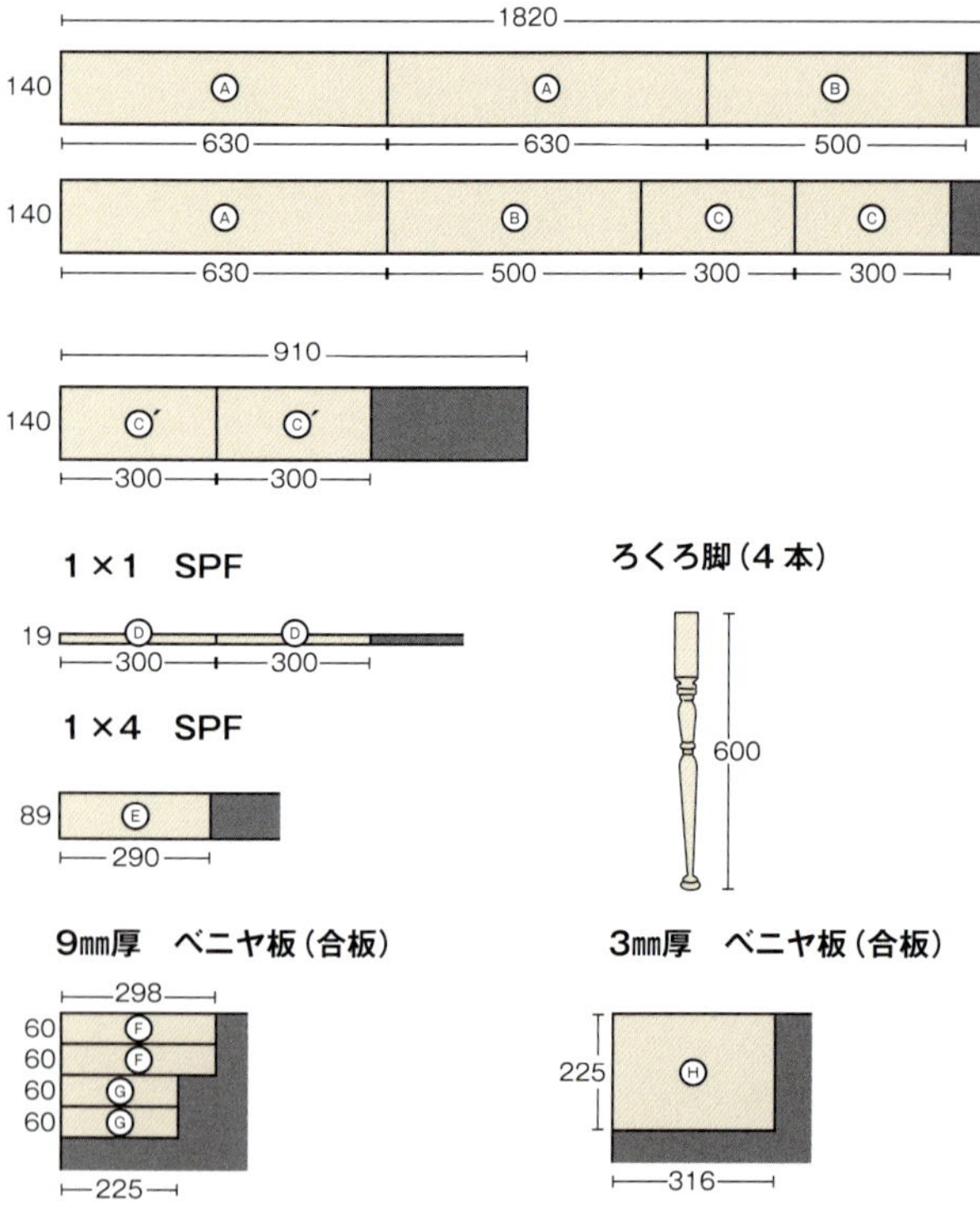

▼組み立て図 ・は、この角度から見えるネジ位置です。

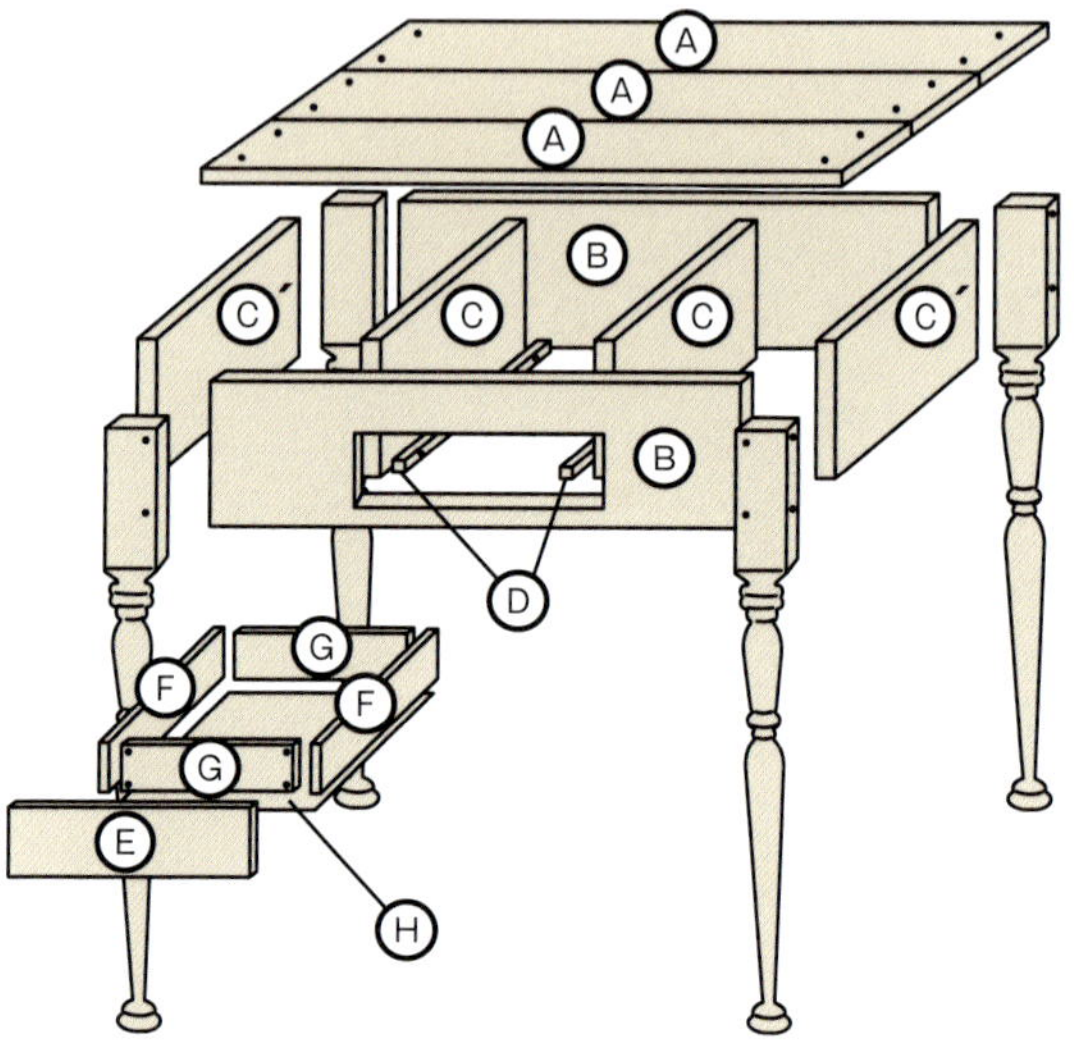

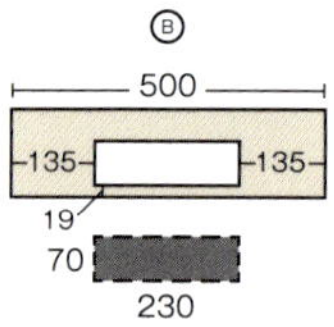

◀カット図 単位：㎜

仕切りをつくる

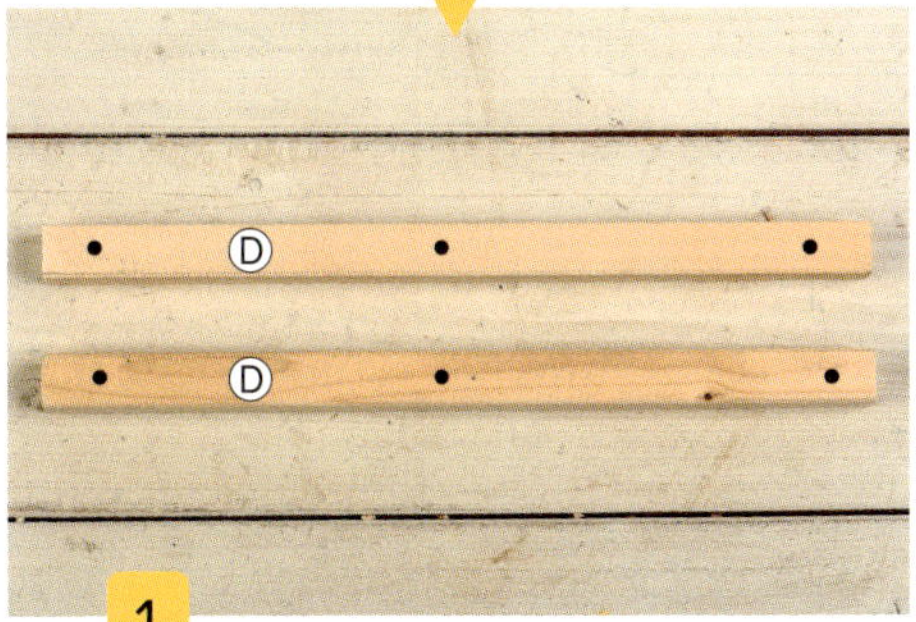

1 桟となるⒹ2本に下穴の印をつけ、貫通穴をあける。貫通穴に35㎜の木ネジを立てておく(ネジ立て→P10)。

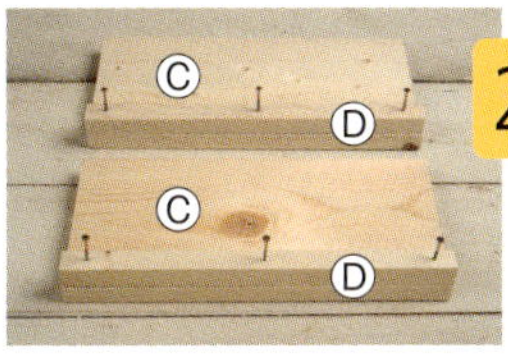

2 仕切り板Ⓒの端に1を接着し、木ネジを打ち込む。もう1枚の仕切りにも同様にして桟をつける。

前板を加工する

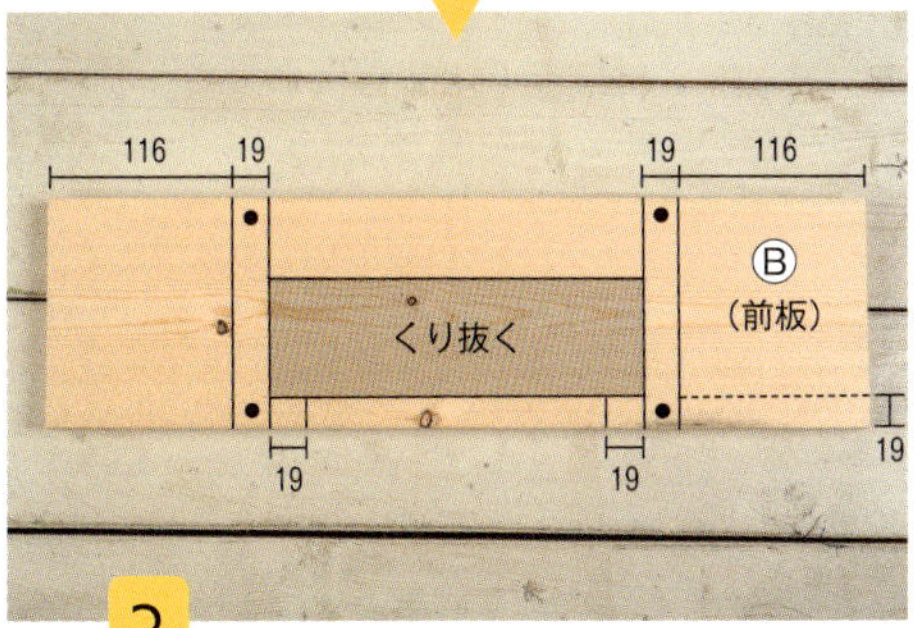

3 前板Ⓑと後板Ⓑそれぞれに印をつける。前板はさらに引き出し用の口(右ページカット図参照)の印をつけ、ジグソーでくり抜いておく(くり抜き→P45)。下穴の印位置に貫通穴をあけ、おもて面にダボ穴をあける。ダボ穴位置に35㎜の木ネジを立てておく。

本体を組み立てる

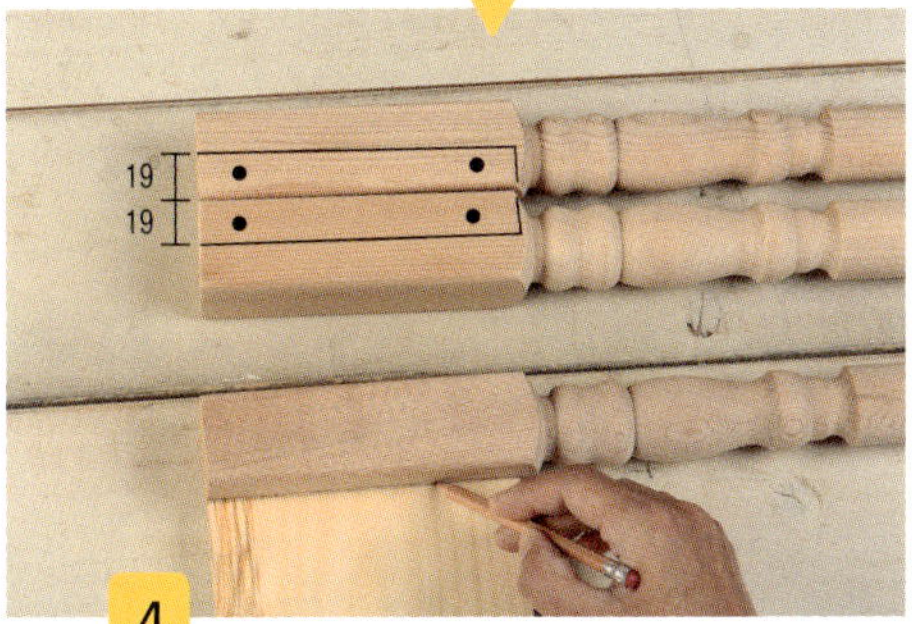

4 側板をろくろ脚の取り付け位置に合わせ印をつける(現物合わせ→P78)。印は2本ずつ、左右対称になるように。下穴の印位置に貫通穴をあけ、おもて面にダボ穴をあける。ダボ穴位置に55㎜の木ネジを立てておく。

5 側板Ⓒ´の木口に接着剤をつけ、脚の印位置に接着し、木ネジを打ち込む。もう1組の脚も同様にしてつくる。

6 5でできた脚に後板Ⓑを合わせ、印をつける。下穴の印位置に貫通穴をあけ、おもて面にダボ穴をあける。ダボ穴位置に55㎜の木ネジを立てておく。

7 前板の木口に接着剤をつけ、脚の印位置に合わせて接着し、木ネジを打ち込む。同様にして背板もつける。

8 2の仕切り板の木口に接着剤をつけ、前板と背板の印位置に接着し、木ネジを打ち込む。もう1枚の仕切り板も同様にしてつける。

引き出しをつくる

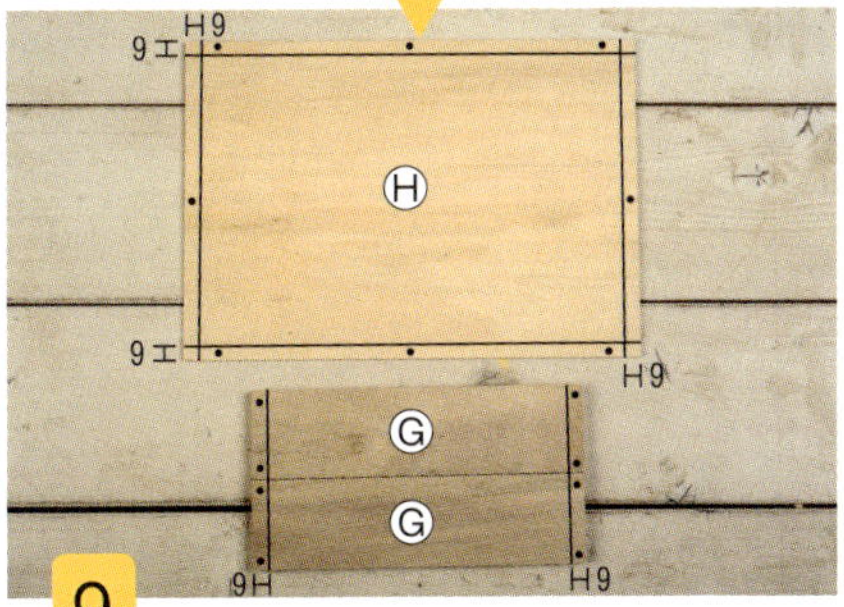

9 引き出しの前板Ⓖと背板Ⓖ、底板Ⓗに印をつける。

10 引き出しのパーツを箱形に組み立て接着する。接着剤が乾くまで、クランプかマスキングテープで固定しておく。

11 接着剤が乾いたら、前板と背板に錐で下穴をあけ、19㎜のこびょうを打ち込む。

12 底板も同様にして19㎜のこびょうを打ち込む。

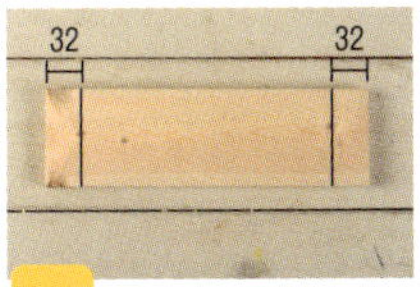

13 飾り板Ⓔの左右32㎜位置に印をつける。

14 12でできた箱の前板部分に両面テープを貼り、8の本体に入れて飾り板をつける位置を確認。印をつけておく。

15 位置が決まったら両面テープをはがし、接着剤をつけ、クランプで固定し乾かす。

本体を仕上げる

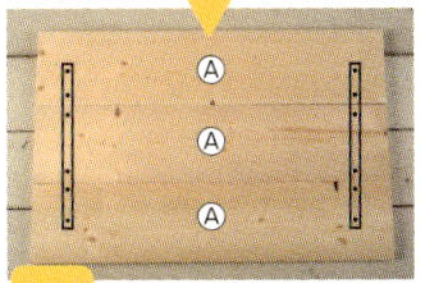

16 天板Ⓐ3枚の裏面を上にして並べ、本体を逆さまにして中心にのせる。側板の内側と外側をなぞるように印をつける。下穴の印位置に貫通穴をあけ、おもて面にダボ穴をあける。ダボ穴位置に35㎜の木ネジを立てておく。

17 天板の印位置に合わせて本体を接着し、木ネジを打ち込む。

18 ダボ仕上げし(→P46)、サンダーをかける。ペイントして、好みで引き出しに引き手をつける。

19 キッズ・デスク

キッズ・チェアとベストカップルになるデスクです。
幼児から小学校低学年くらいまでのお子さまにちょうどいいサイズ。
学習机とは別にサブデスクとしても便利です。

▼道具

差し金、えんぴつ、電動ドリルドライバー、ドライバービット#2、下穴用ドリルビット3㎜、ダボビット8㎜、ジグソー、ダボ引きのこ、クランプ、サンダー、げんのう

▼材料

木材はSPF材（1×4）と30×40㎜の赤松材、9㎜厚のベニヤ板を使用。ほか、直径8㎜の丸棒、接着剤、55㎜の木ネジ12本、35㎜の木ネジ47本

▼仕上げ

〈キッズルームG〉
＊ミルクペイントのスノーホワイトでペイントする（→P86）。

〈キッズルームB〉
＊SPF材と合板にアンティークワックスのラスティックパインを塗り（→P90）、脚をミルクペイントのゴールデンレッドでペイントする（→P86）。

▼木取り図 単位：㎜

グレーの部分は、この作品には不用な端材です。

1×4　SPF

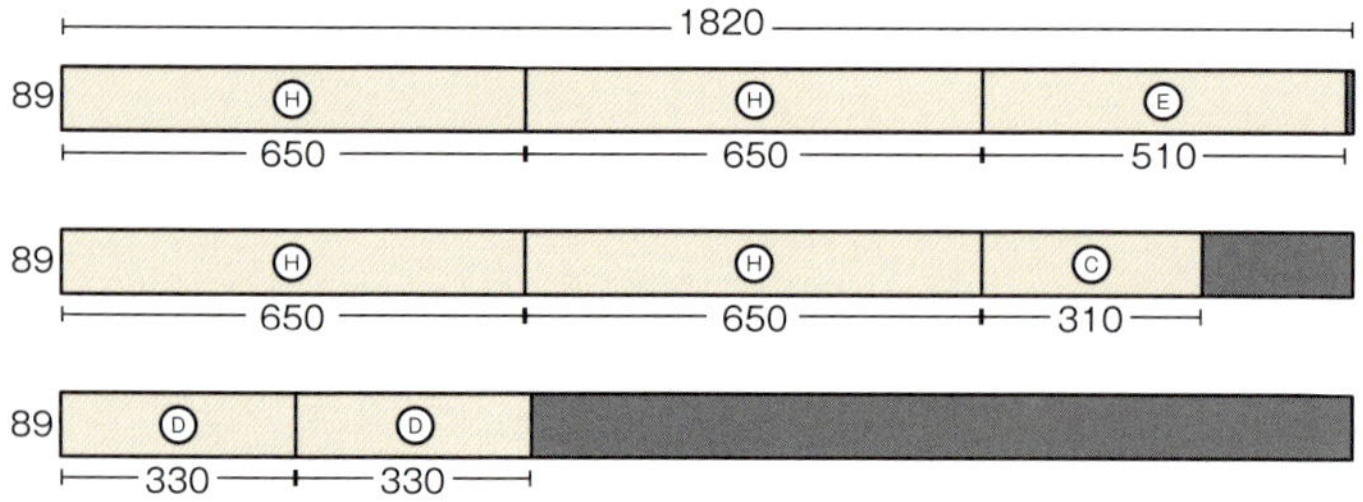

赤松　30×40

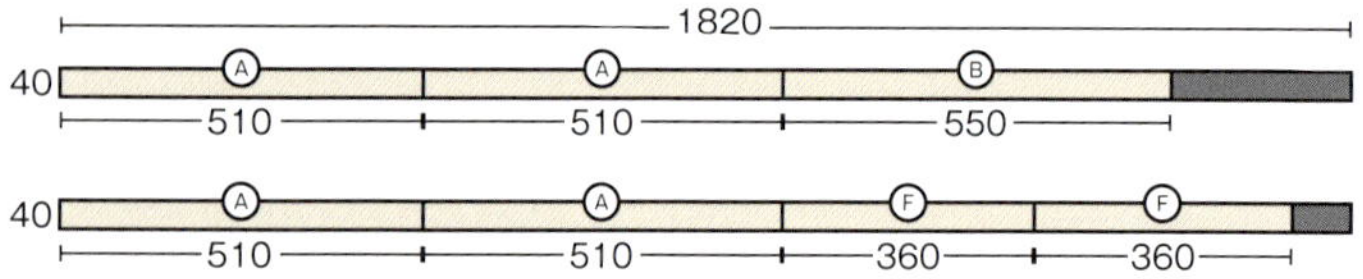

9㎜厚　ベニヤ板（合板）

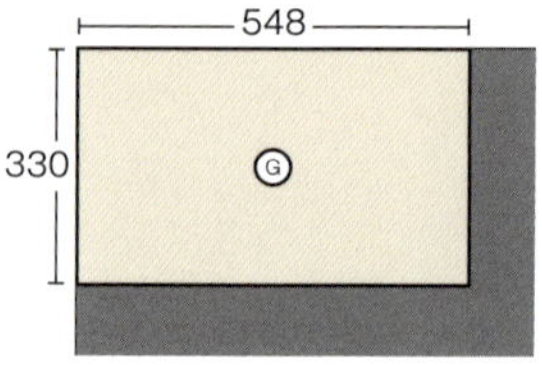

▼カット図 単位：㎜

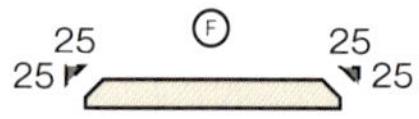

▼組み立て図

・は、この角度から見えるネジ位置です。

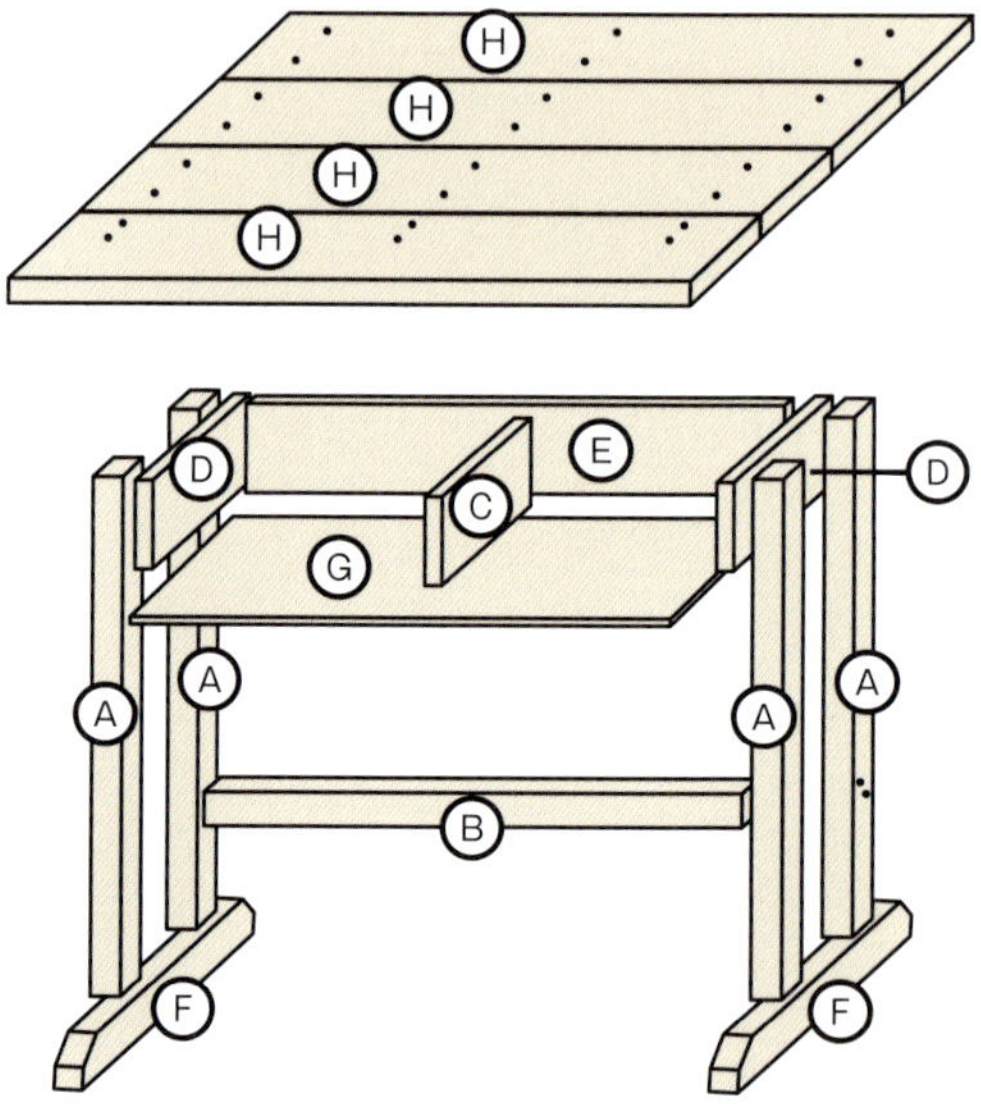

脚をつくる

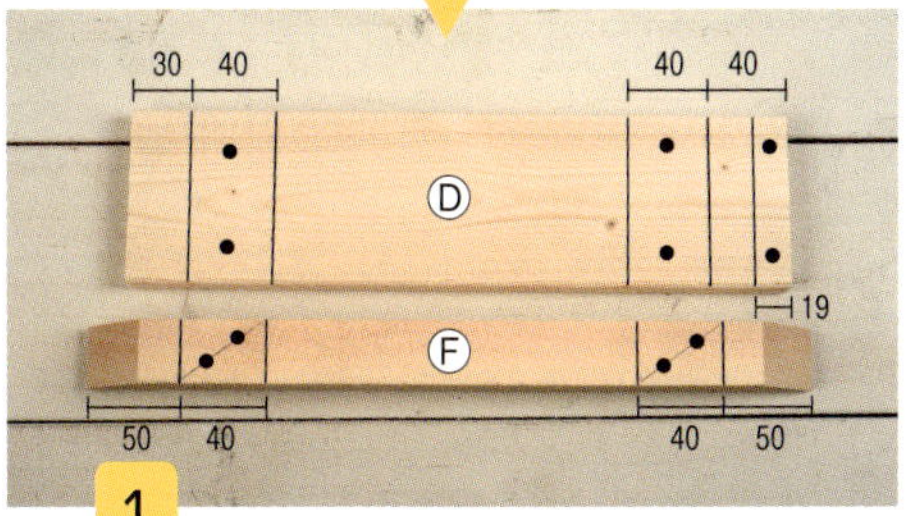

1 Ⓕ2本の角を落とし（右ページカット図参照）、印をつける。側板Ⓓ2枚は左右対称になるように印をつける。印位置に下穴の貫通穴をあけ、Ⓕの裏面に55㎜、Ⓓに35㎜の木ネジを立てておく（ネジ立て→P10）。

2 脚Ⓐ2本の木口に接着剤をつけ、Ⓕの印位置に接着し、木ネジを打ち込む。脚を2本つけたら側板Ⓓの印位置に合わせて接着し、木ネジを打ち込む。もう1組の脚も同様に左右対称になるようつくる。

Point

床に接地する面は、家具を置いたときに床を傷つけないよう、木ネジは深めに打ち込む。

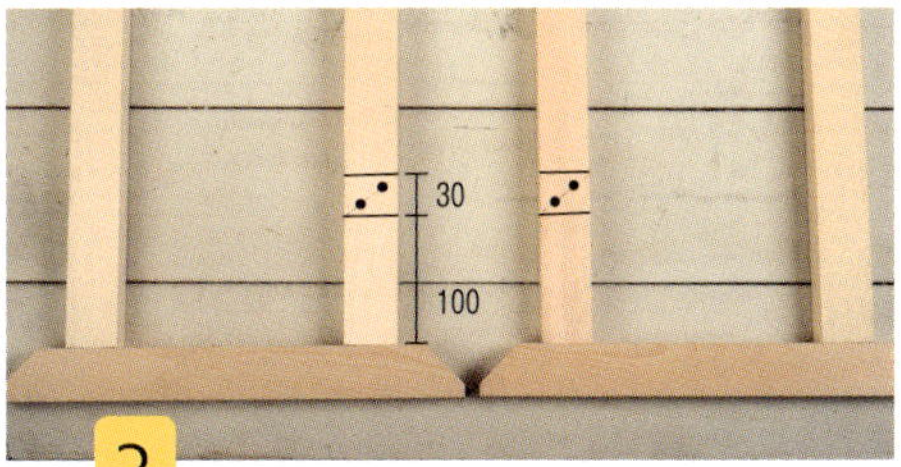

3 後脚の貫Ⓑを取り付ける位置に印をつける。下穴の印位置に貫通穴をあけ、おもて面にダボ穴をあける。ダボ穴位置に55㎜の木ネジを立てておく。

本体を組み立てる

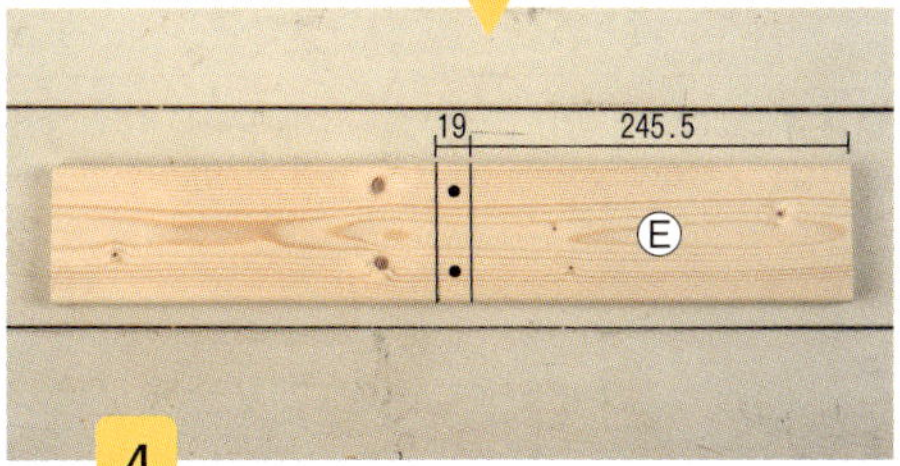

4 背板Ⓔに印をつける。下穴の印位置に下穴をあけ、おもて面にダボ穴をあける。ダボ穴位置に35㎜の木ネジを立てておく。

5 背板の木口に接着剤をつけ、側板の印位置に接着し、木ネジを打ち込む。

6 仕切り板Ⓒの木口に接着剤をつけ、背板の印位置に接着し、木ネジを打ち込む。

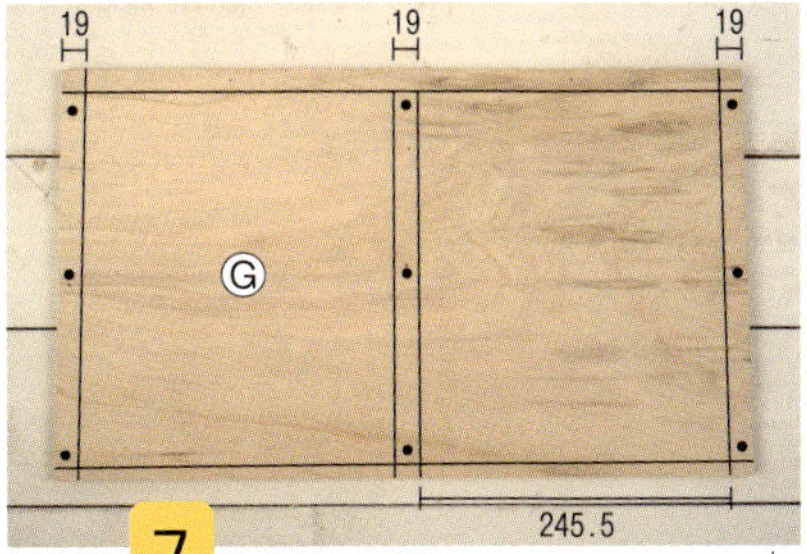

7 底板Ⓖに印をつける。印位置に下穴の貫通穴をあけ、35㎜の木ネジを立てておく。

8 6を底板の印に合わせて接着し、木ネジを打ち込む。

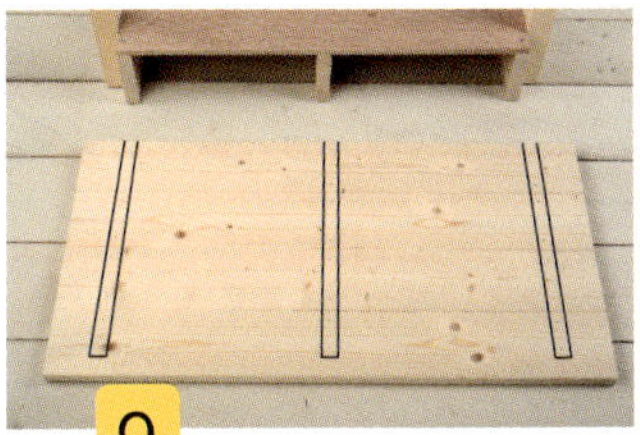

9 天板Ⓗ4枚は裏面を上にして並べて、8の背板と天板の上辺を合わせ、左右20㎜あけて逆さまに置き、側板と仕切り板の内側、外側をなぞるように印をつける。下穴の印位置に貫通穴をあけ、おもて面にダボ穴をあける。ダボ穴位置に35㎜の木ネジを立てておく。

10 本体を天板の印に合わせて接着し、木ネジを打ち込む。

11 貫Ⓑの木口に接着剤をつけ、後脚の印位置に接着し、木ネジを打ち込む。

12 ダボ仕上げし（→P46）、全体にサンダーをかけ、ペイントする。

20 キッズ・チェア

小さなお子さまがいない方にも人気のワークショップ作品です。植木鉢の台に使ったり、玄関先でちょっと靴を履く用に使ったりと、かわいいデザインなので、どこに置いてもなじみます。

▼道具

差し金、えんぴつ、電動ドリルドライバー、ドライバービット#2、下穴用ドリルビット3㎜、ダボビット8㎜、ジグソー、ダボ引きのこ、クランプ、サンダー、げんのう

▼材料

木材はSPF材（1×4）と30×40㎜赤松材、20×40㎜赤松材を使用。ほか、直径8㎜の丸棒、接着剤、55㎜の木ネジ22本、25㎜の木ネジ16本

▼仕上げ

〈キッズルームG〉

＊背もたれをJカラーのベイビーブルーで、そのほかはミルクペイントのスノーホワイトでペイントする（→P86）。

〈キッズルームB〉

＊背もたれと座面はアンティークワックスのラスティックパインを塗り（→P90）、そのほかはミルクペイントのゴールデンレッドでペイントする（→P86）。

▼木取り図 単位：㎜　グレーの部分は、この作品には不用な端材です。

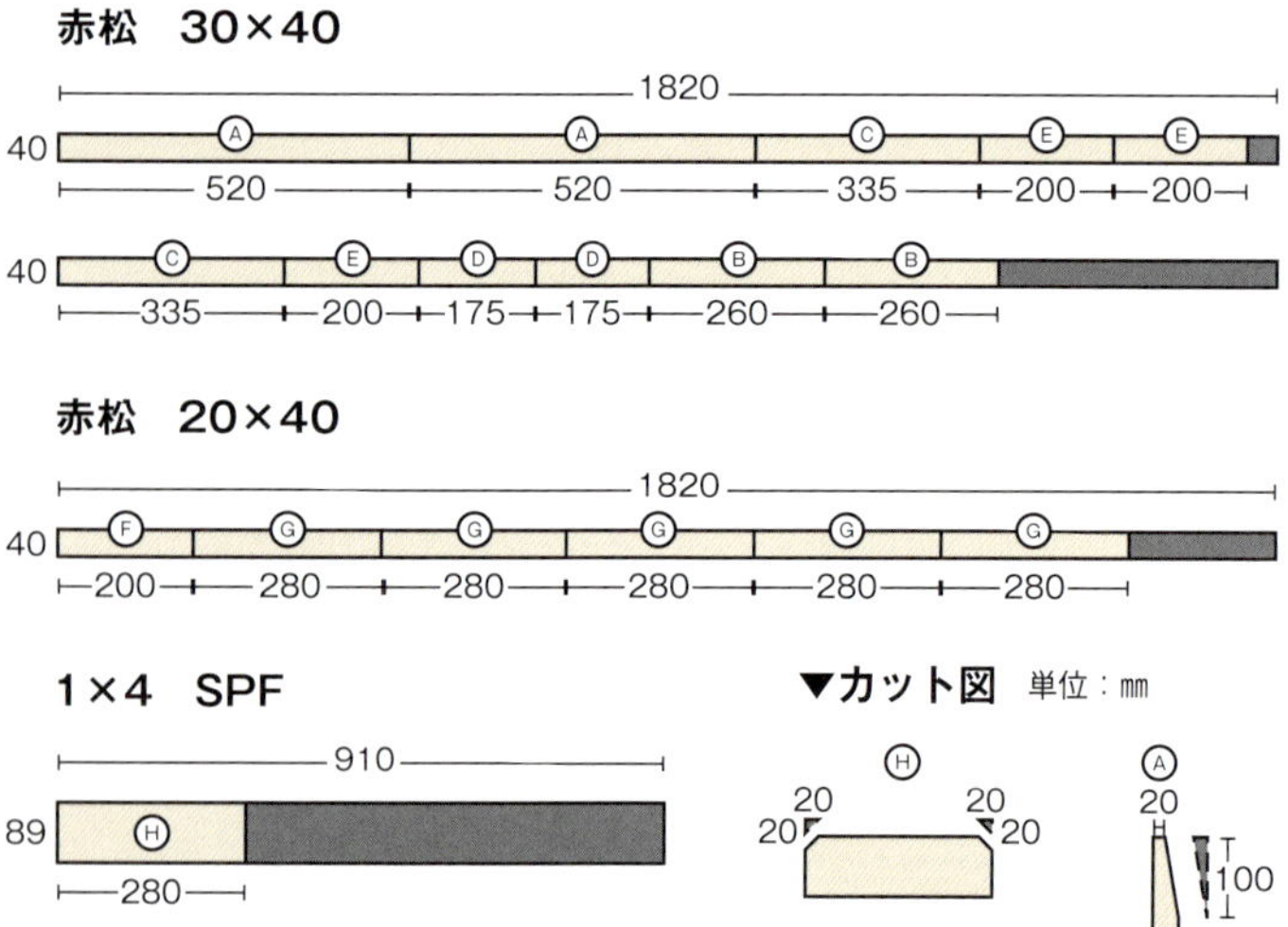

▼カット図 単位：㎜

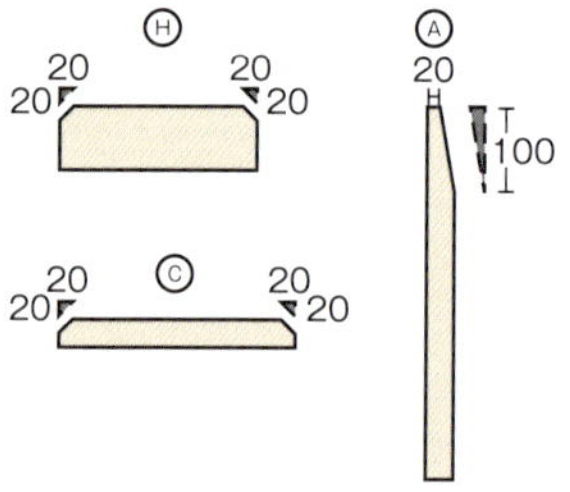

▼組み立て図 ・は、この角度から見えるネジ位置です。

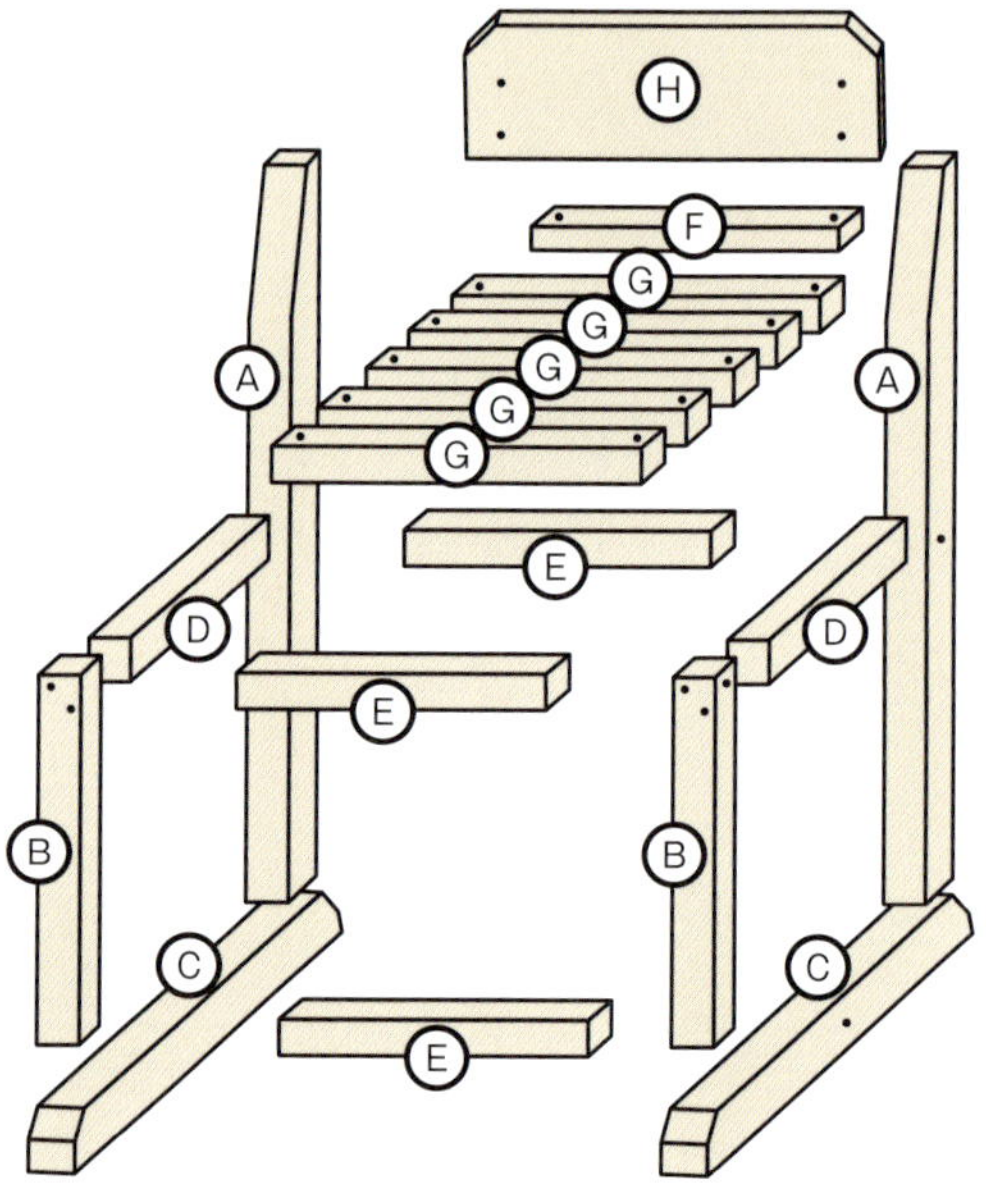

1 後脚となるⒶ2本と貫Ⓒ2本、背もたれⒽをジグソーで斜めにカットしておく（右ページカット図参照）。

脚をつくる

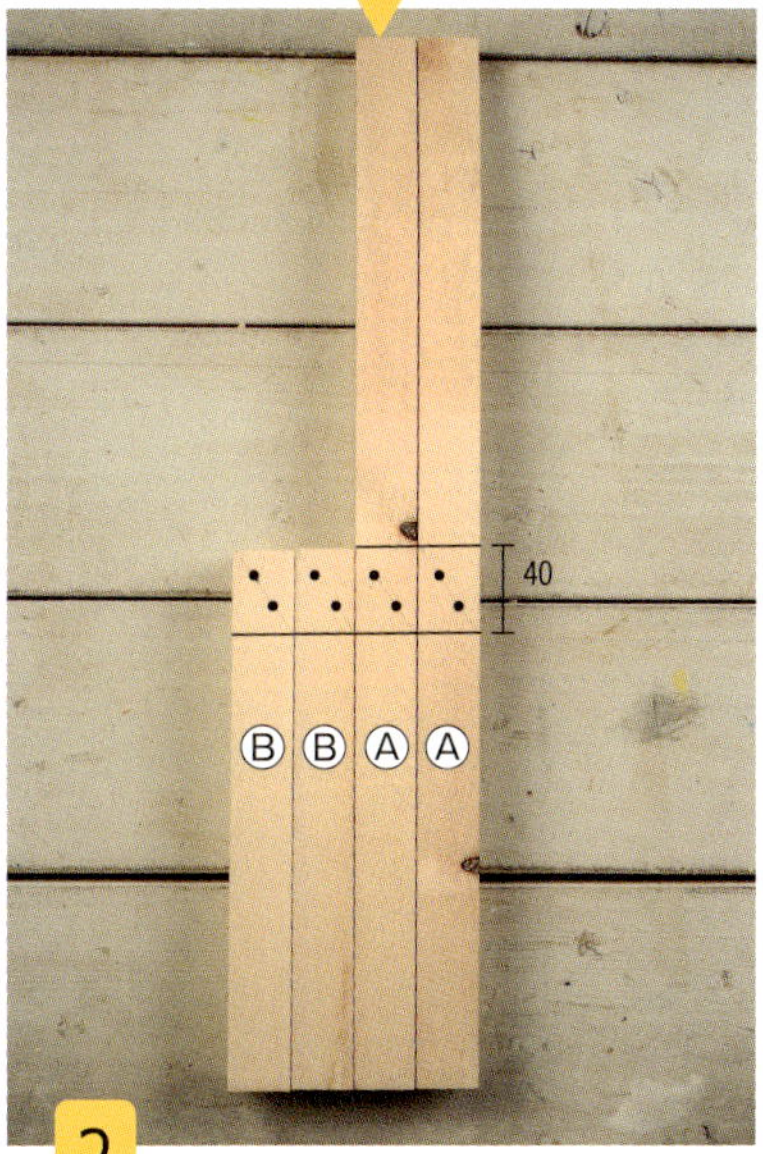

2 後脚Ⓐ2本と前脚Ⓑ2本に印をつける。下穴の印位置に貫通穴をあけ、おもて面にダボ穴をあける。ダボ穴に55㎜の木ネジを立てておく（ネジ立て→P10）。

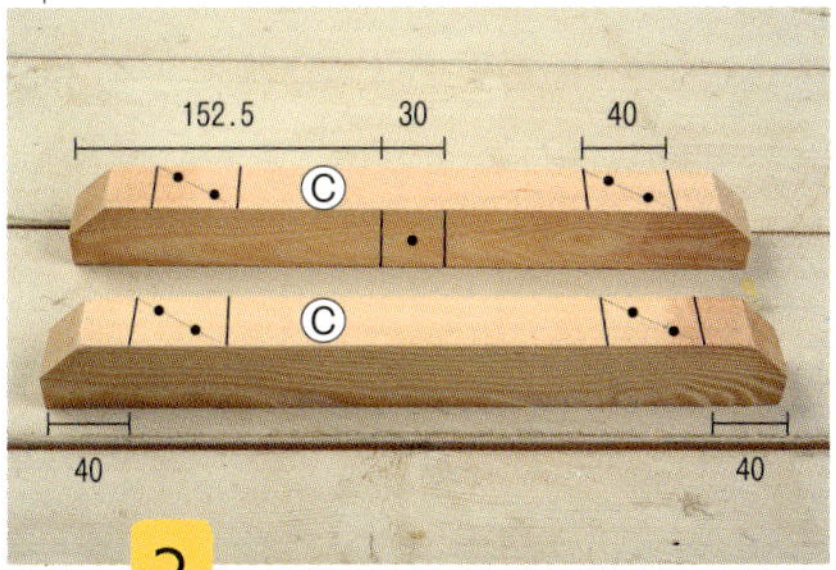

3 脚の支えⒸ2本に印をつける。下穴の印位置に貫通穴をあける。床に接地する面はダボ穴をあけずに、裏面から55㎜の木ネジを立てておく。残りはおもて面にダボ穴をあけておく。

4 前脚と後脚の木口に接着剤をつけ、脚の支えの印位置に合わせ接着し、木ネジを打ち込む。つなぎとなるⒹを後脚の印位置と前脚に接着し、木ネジを打ち込む。もう1組の脚も同様にしてつくる。

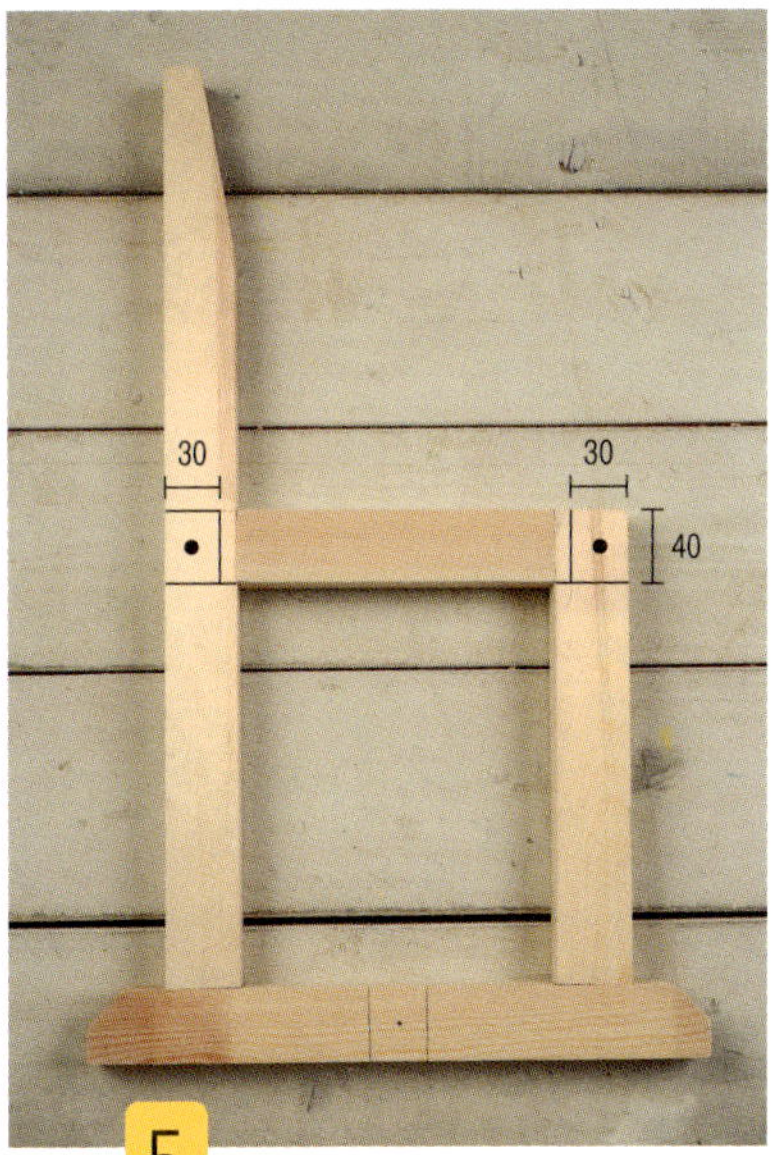

5 **4**でつくった2組の脚に印をつける。このとき、左右対称になるように。下穴の印位置に貫通穴をあけ、おもて面にダボ穴をあける。ダボ穴位置に55㎜の木ネジを立てておく。

6 木材Ⓔの木口に接着剤をつけ、**4**の印位置に接着し、木ネジを打ち込む。もう1本も同様にしてつけたら、もう1組の脚に接着し、木ネジを打ち込む。

7 貫Ⓔの木口に接着剤をつけ、脚の支えの印位置に接着し、木ネジを打ち込む。

仕上げる

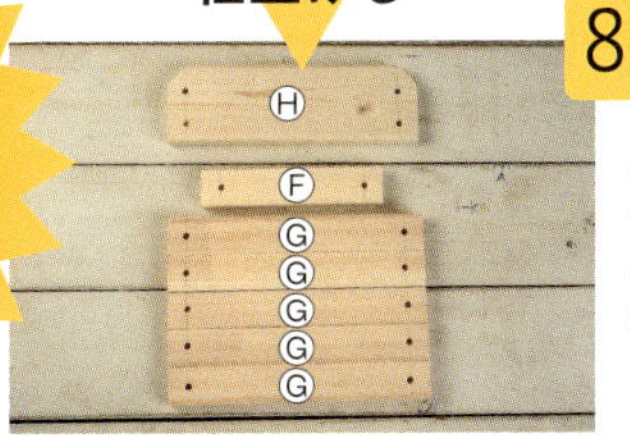

8 背板Ⓗと座面板Ⓖ5枚とⒻ1枚のおもて面の両端20㎜位置に印をつけ、ダボ穴をあける。ダボ穴位置に25㎜の木ネジを立てておく。

9 座面板を1枚、脚の背もたれ側に接着し、木ネジを打ち込む。5㎜あけて2枚目の板を接着し、木ネジを打ち込む。同様にしてすべての座面板をつける。

Point

座面板に5㎜の間隔をあけるため、板と板の間に5㎜厚の端材を差し込んで作業すると楽にできる。

10 背板を、後脚の先が見えない位置に接着し､木ネジを打ち込む。ダボ仕上げし（→P46）、全体にサンダーをかける。

Check!

ペイントをする場合はこの段階で。

21

ままごとキッチン

木材の確かなぬくもりを感じながら知育に役立つ「ままごとキッチン」。ペイントや小物使いでオリジナルデザインに仕上げてください。

▼道具

差し金、えんぴつ、電動ドリルドライバー、ドライバービット#2、下穴用ドリルビット3㎜、ドリルビット10㎜、ダボビット8㎜、げんのう、ジグソー、錐、ドライバー、ダボ引きのこ、クランプ、サンダー

▼材料

木材はSPF材（1×4と1×6）と20×40㎜赤松材、18㎜厚の集成材、3㎜厚のベニヤ板を使用。ほか、直径60㎜×18㎜厚の丸太材、8㎜のダボ木2本、直径8㎜の丸棒、接着剤、55㎜の木ネジ8本、35㎜の木ネジ52本、25㎜の木ネジ12本、19㎜のこびょう16本、蝶番4個、フック3個、直径約18㎝のボウル

▼仕上げ

背板とスイッチはJカラーのベイビーブルーで、天板以外の本体はミルクペイントのスノーホワイトでペイントする（→P86）。

▼木取り図　単位：㎜　グレーの部分は、この作品には不用な端材です。

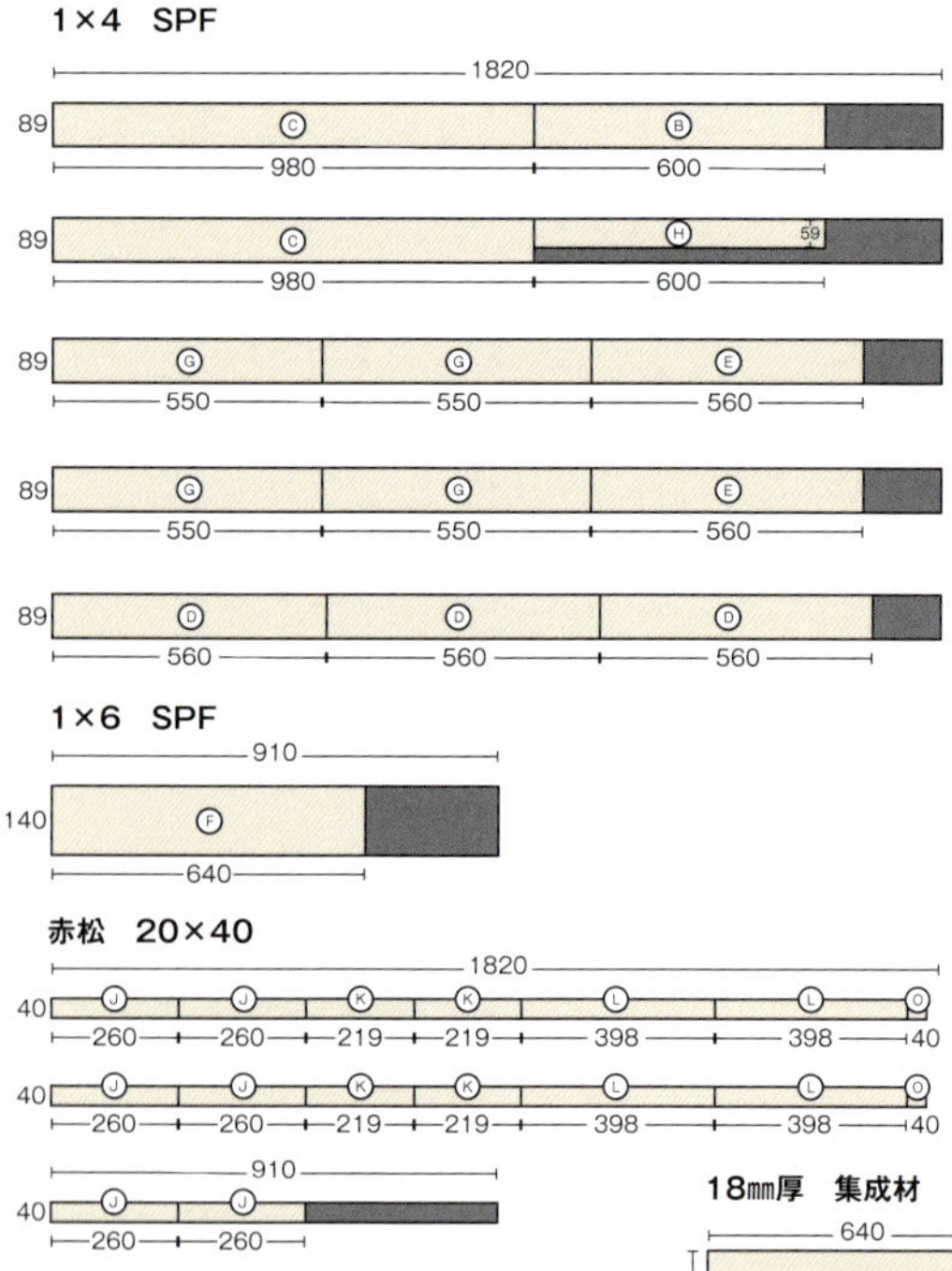

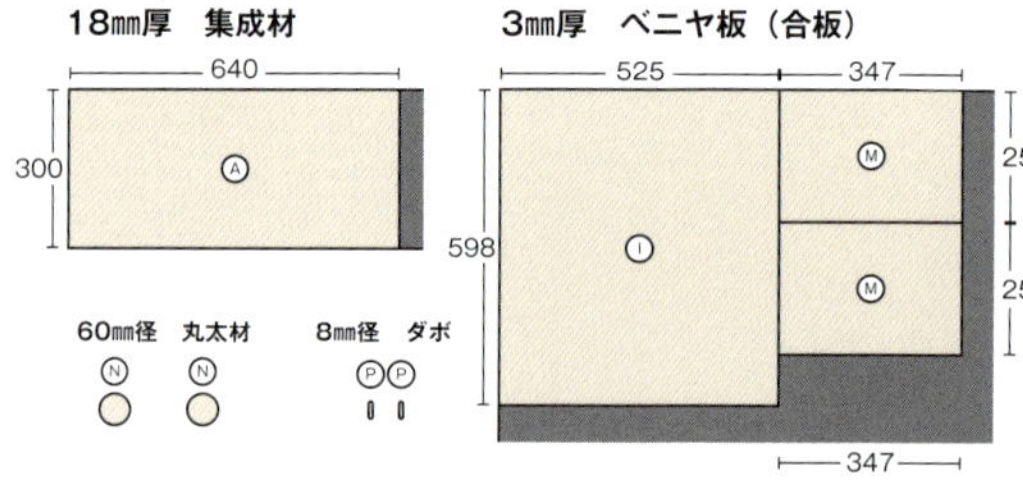

▼組み立て図　・は、この角度から見えるネジ位置です。

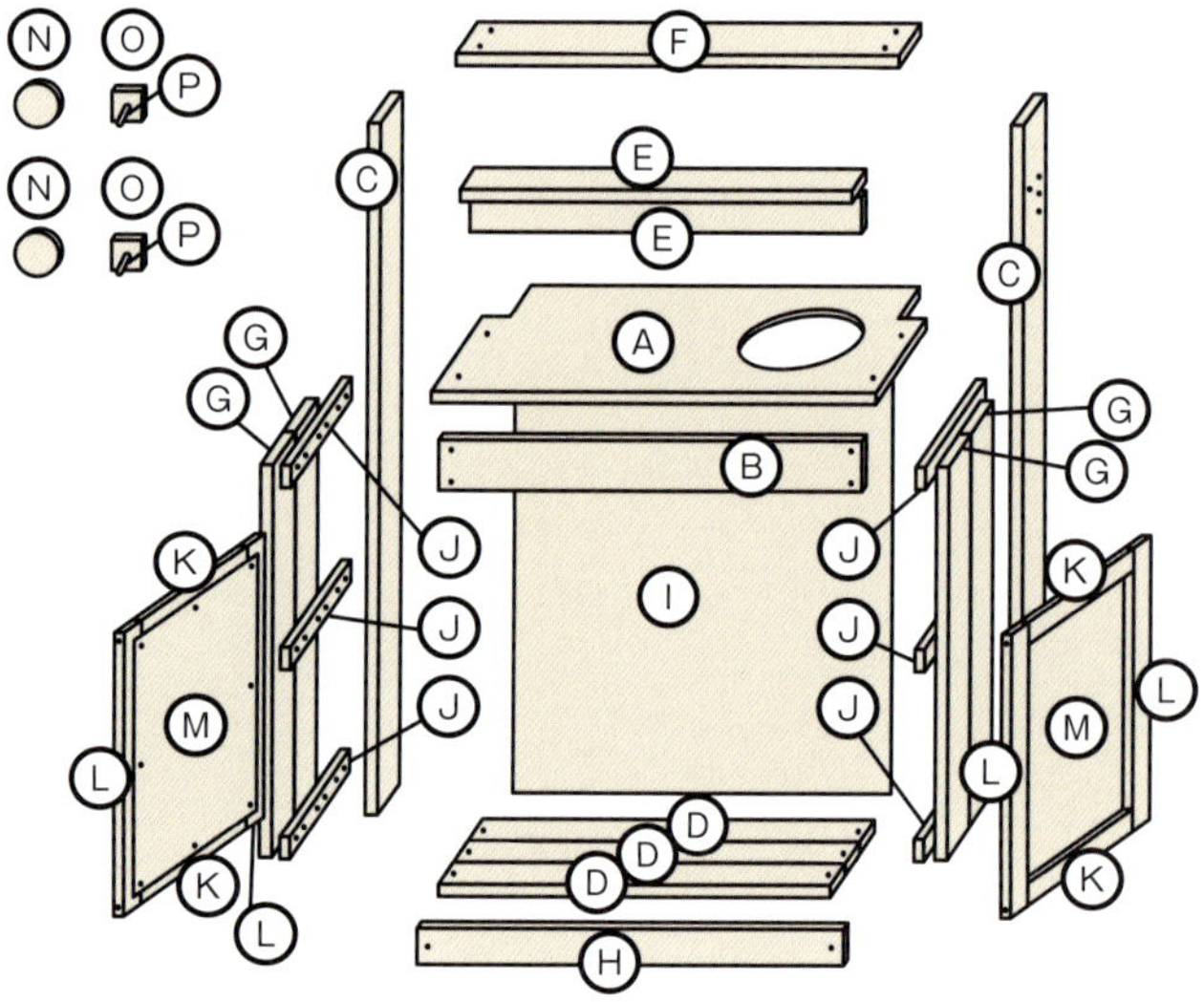

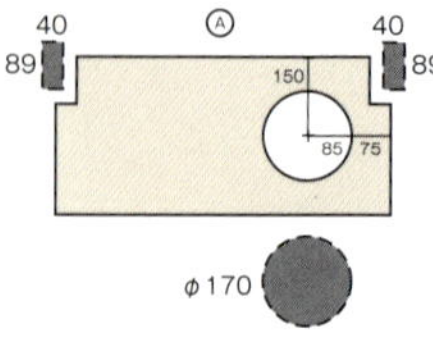

◀カット図
単位：㎜

※有孔（ゆうこう）ボードをつけたり、扉を棚に変更してデスク調にすると、ツールステーション（キッズルームB参照）にできます。

枠組みをつくる

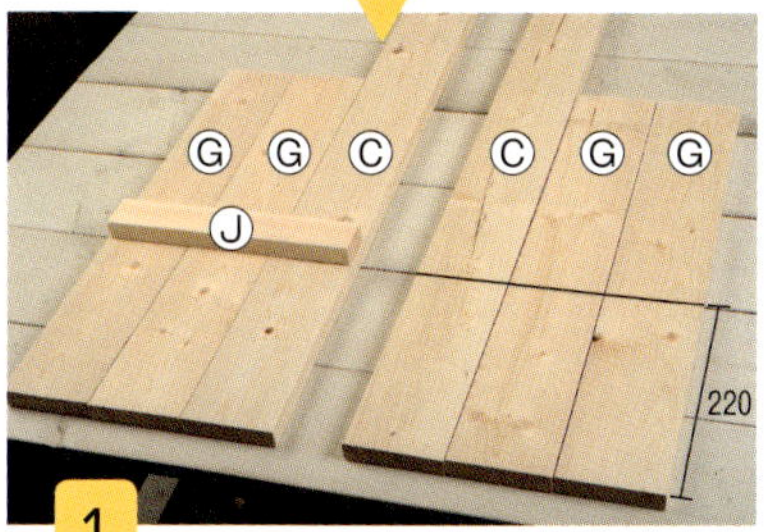

1 側板Ⓒ2枚と側板Ⓖ4枚に印をつける。このときできあがる側板が左右対称になるように。

2 桟Ⓙ6本に下穴用の印をつけ、貫通穴をあける。35㎜の木ネジを立てておく（ネジ立て→P10）。桟に接着剤をつけ、3枚並べた側板の上下それぞれと印位置に合わせて接着し、木ネジを打ち込む。もう1組も同様に。

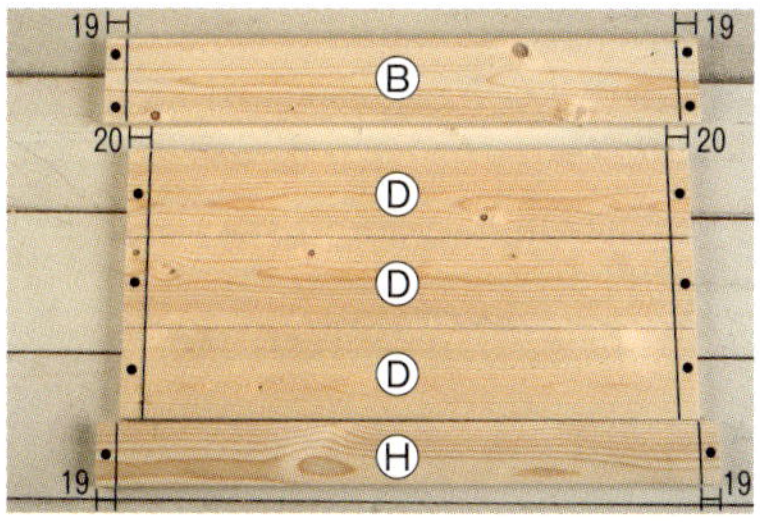

3 底板Ⓓ3枚と前板Ⓑ（上）・Ⓗ（下）各1枚に印をつける。底板は下穴用の印位置に貫通穴をあけ、35㎜の木ネジを立てておく。前板ⒷⒽには貫通穴をあけ、おもて面にダボ穴をあける。ダボ穴位置に35㎜の木ネジを立てておく。

4 **2**でつくった側板の桟に底板Ⓓを接着し、木ネジを打ち込む。残りの2枚も同様にしてつける。

5 **4**に前板ⒷⒽを接着し、木ネジを打ち込む。

天板を加工する

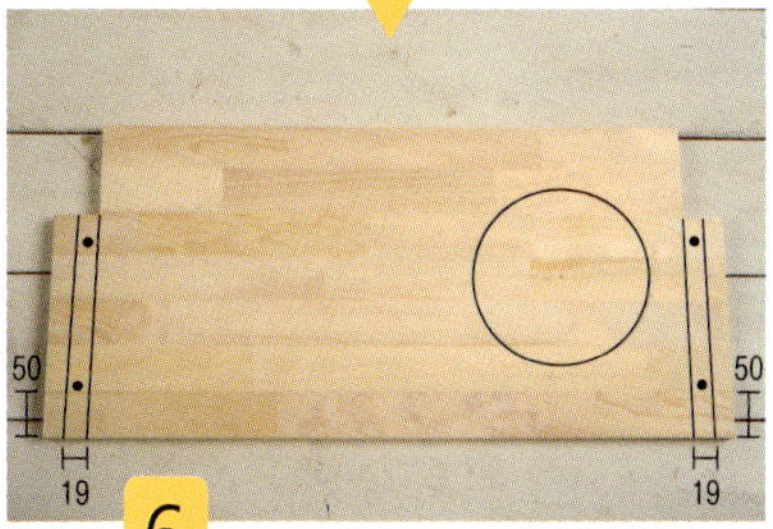

6 天板Ⓐの角は2ヵ所落とし、印をつける（右ページカット図参照）。ボウルを入れる部分は10㎜のドリルビットで足がかりをつけてからジグソーでくり抜いておく。

Point

円の大きさはボウルの直径より5㎜程度小さく描く（ボウルの縁が穴にかかる程度）。端材に描きたい円の半径の長さで貫通穴をあけ、片方を木ネジで固定すればコンパスの役目を果たす。ボウルの大きさに合わせて調節を。

扉をつくる

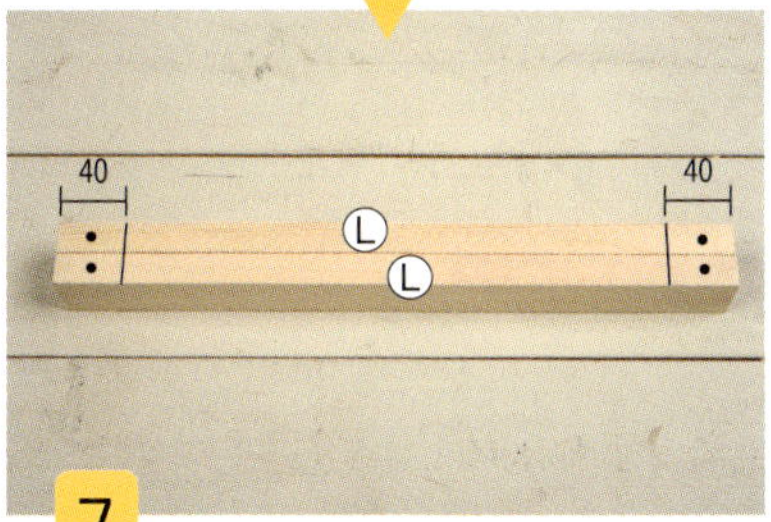

7 扉の枠となるⓁ2本に印をつける。下穴の印位置に貫通穴をあけ、反対の面にダボ穴をあける。ダボ穴位置に55㎜の木ネジを立てておく。

8 扉の枠Ⓚの木口に接着剤をつけ、**7**に接着し、木ネジを打ち込む。

Point

直角に接合したいときは、差し金をあてながらやるとよい。

9 **8**の木枠と扉板Ⓜ2枚に印をつける。扉板の下穴の印位置に錐で下穴をあけておく。

10 扉板を木枠の印位置に接着し、下穴に19㎜のこびょうを打ち込む。もう1組の扉も同様にしてつくる。

Check!

スイッチや本体にペイントをする場合はこの段階で。天板、棚板、背板を先に取り付け、ダボ仕上げする（→P46）。全体にサンダーをかけて、ペイントしておく。その後、スイッチ、扉の順につけていく。

スイッチをつける

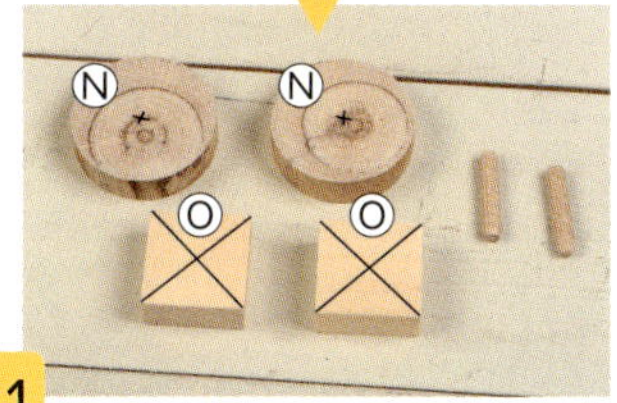

11 スイッチのパーツⓄ2つとⓃ2つの中心に印をつける。

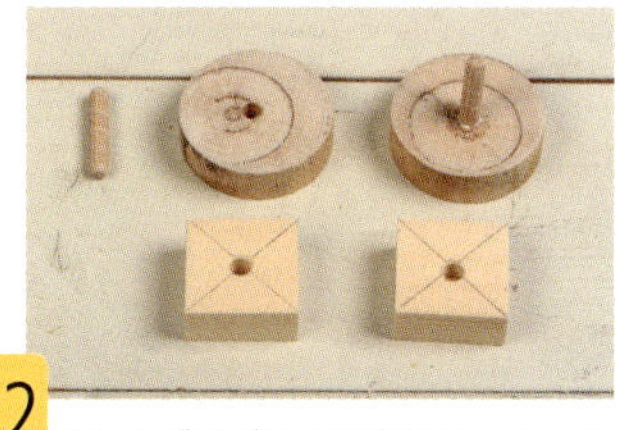

12 8㎜のダボビットで穴をあける。スイッチパーツⓃの穴に接着剤を流し入れ、8㎜のダボ木を打ち込み乾かす。

蝶番の取り付け方

扉やフタなどに取りつける金具が蝶番です。取り付け方を覚えておくと作品の幅が広がります。

▶道具

・マスキングテープ・錐・ドライバー

Step-1

蝶番を取り付ける位置を決めたら、マスキングテープで仮留めする。

Step-2

蝶番のビス位置にマスキングテープの上から錐で下穴をあける。ビスを差し込み、ドライバーで締める。

Step-3

ビスを締めたらマスキングテープをはがす。

One Point Advice!

扉やフタを本体に取り付けるときは、間に厚紙（牛乳パック2つ折り程度の厚さ）を挟んでおくと「遊び」ができて開閉がスムーズに。

13 **5**の上部前板の左端から110㎜、220㎜位置に印をつける。印位置に10㎜のドリルビットで貫通穴をあける。※スイッチをつける位置は好みで変えてOK。

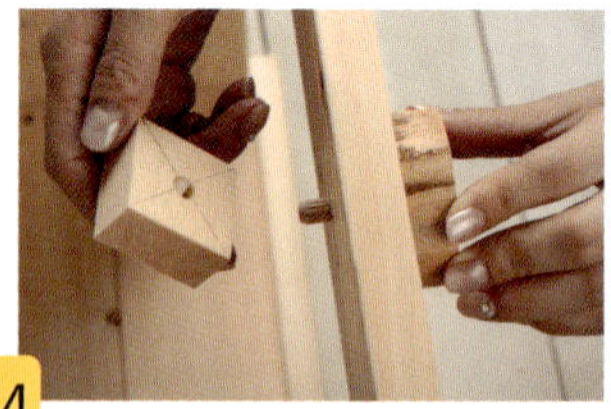

14 スイッチパーツⓄの穴に接着剤を流し入れておき、**12**でつくったパーツをおもてから差し入れ、裏側でキャッチする。

本体を組み立てる

15 **6**で加工した天板を本体に接着し、35㎜の木ネジで固定して、ダボ仕上げ（→P46）する。側板Ⓒに棚板Ⓔと背板Ⓔの取り付け位置の印をつける。

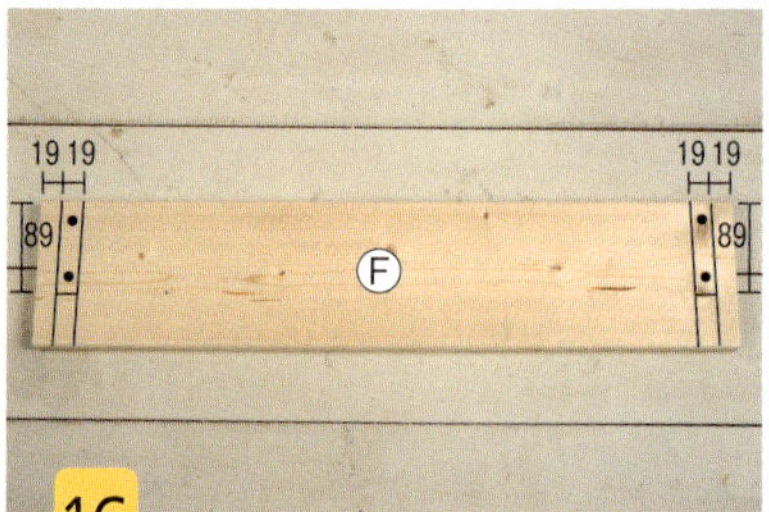

16 天板Ⓕに印をつける。下穴の印位置に貫通穴をあけ、おもて面にダボ穴をあける。ダボ穴位置に35㎜の木ネジを立てておく。

17 棚板Ⓔと背板Ⓔの木口に接着剤をつけ、**15**の印位置に接着し、木ネジを打ち込む。天板Ⓕも同様にしてつける。

扉をつける

18 全体にサンダーをかける（※先にペイントした場合は不要）。扉の上下から指2本分の位置に蝶番をつける。もう1枚の扉にも同様にして蝶番をつける。

19 本体に2枚の扉をのせ、蝶番の位置に錐で下穴をあける。ドライバーですべてのネジを締めていく（左の取り付け方参照）。

仕上げる

20 背板Ⓘの周囲19㎜位置に印をつける。四隅と間2ヵ所ずつに錐で下穴をあけ、本体に接着し、25㎜の木ネジを打ち込む。

21 先にペイントしない場合は、ダボ仕上げし（→P46）、全体にサンダーをかける。好みで背板にフックをつけたり、扉にノブをつける。

木工コラム

留める金具いろいろ

金具の使い方も知れば、自分でデザインする幅が広がります。釘や木ネジは、レシピ指定数より予備を足して用意しましょう。

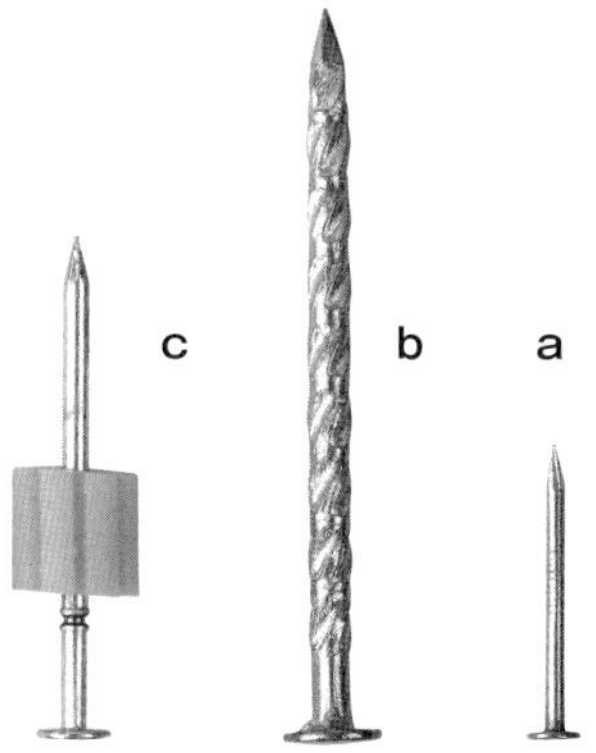

〈釘〉

a：こびょう
割れやすいベニヤ板などに使用します。

b：スクリュー釘
ネジ状に加工されており、一般的な丸釘などより固定力があります。

c：隠し釘
打ち込んだあとに頭を落とすことができる釘です。やすりでこすると釘穴もあまり目立たなくなるため、仕上がりがきれいに。

〈木《もく》ネジ〉

家具づくりには、釘よりも固定力が増す木ネジが一般的。本書では主に25㎜、30㎜、35㎜、55㎜を使用します。

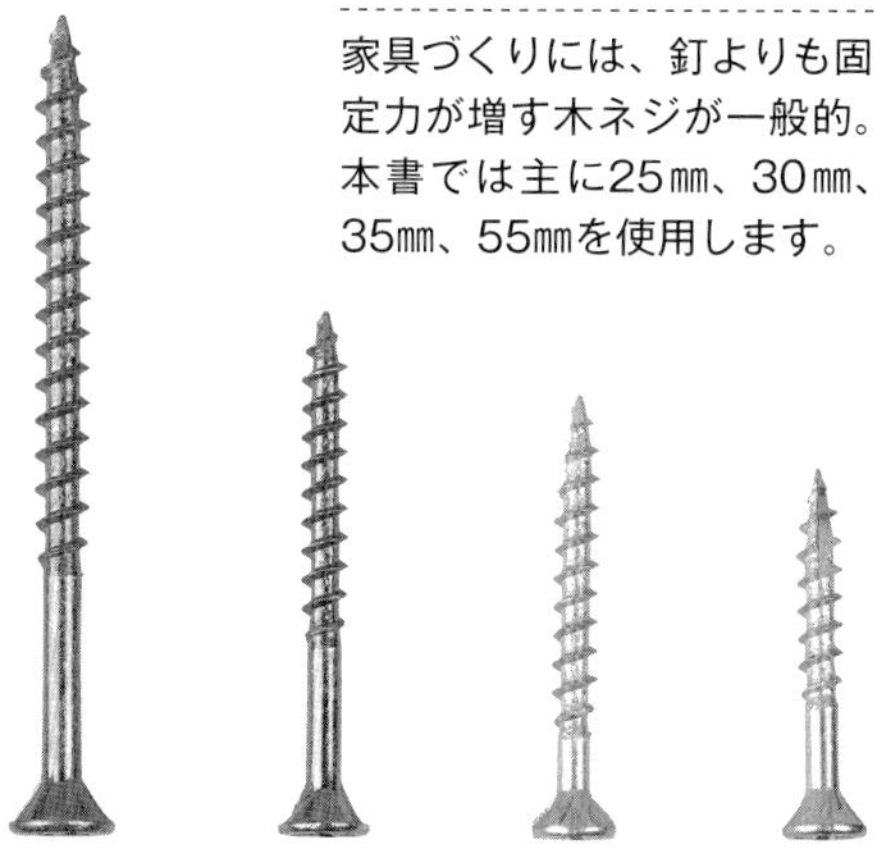

〈一文字金具〉

板同士を継ぐ場合や、箱と箱を組み合わせて付なぐときにも使えます。

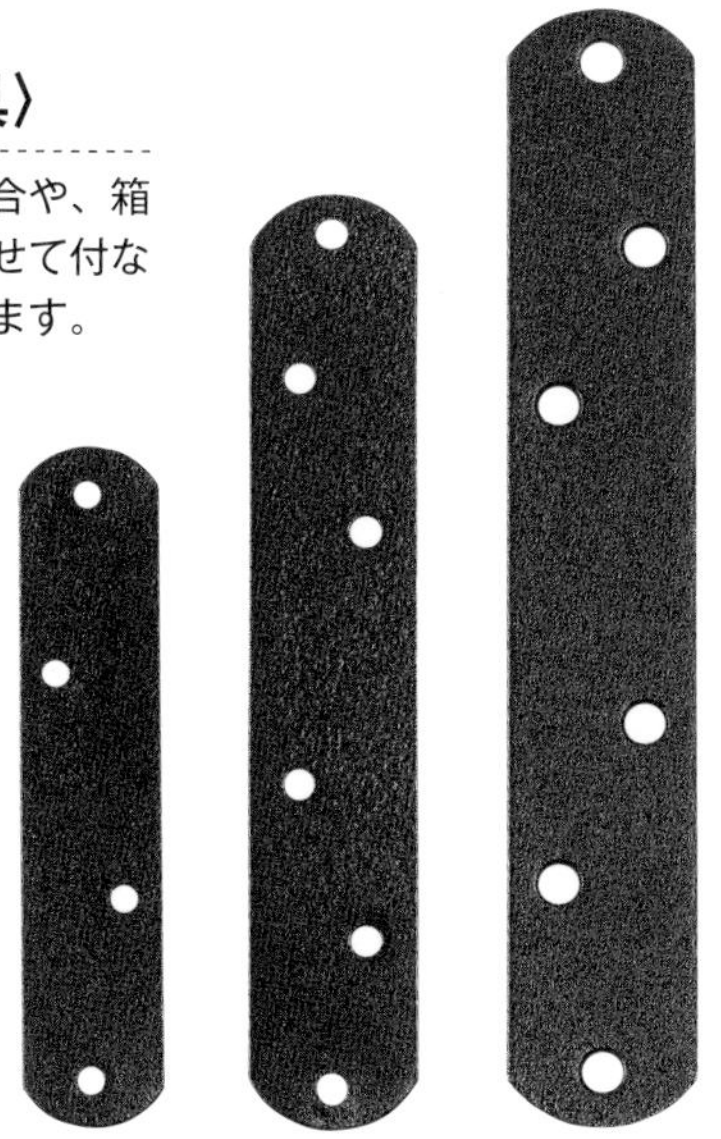

〈蝶番〉

「ちょうつがい」または丁番の字をあて「ちょうばん」ともいいます。シンプルなものならホームセンターや100円ショップでも入手可能。

〈L字金具〉

主に棚板を支える補強として使います。デザイン性の高いものを選べば、コーナーに取り付けて飾りにしても。

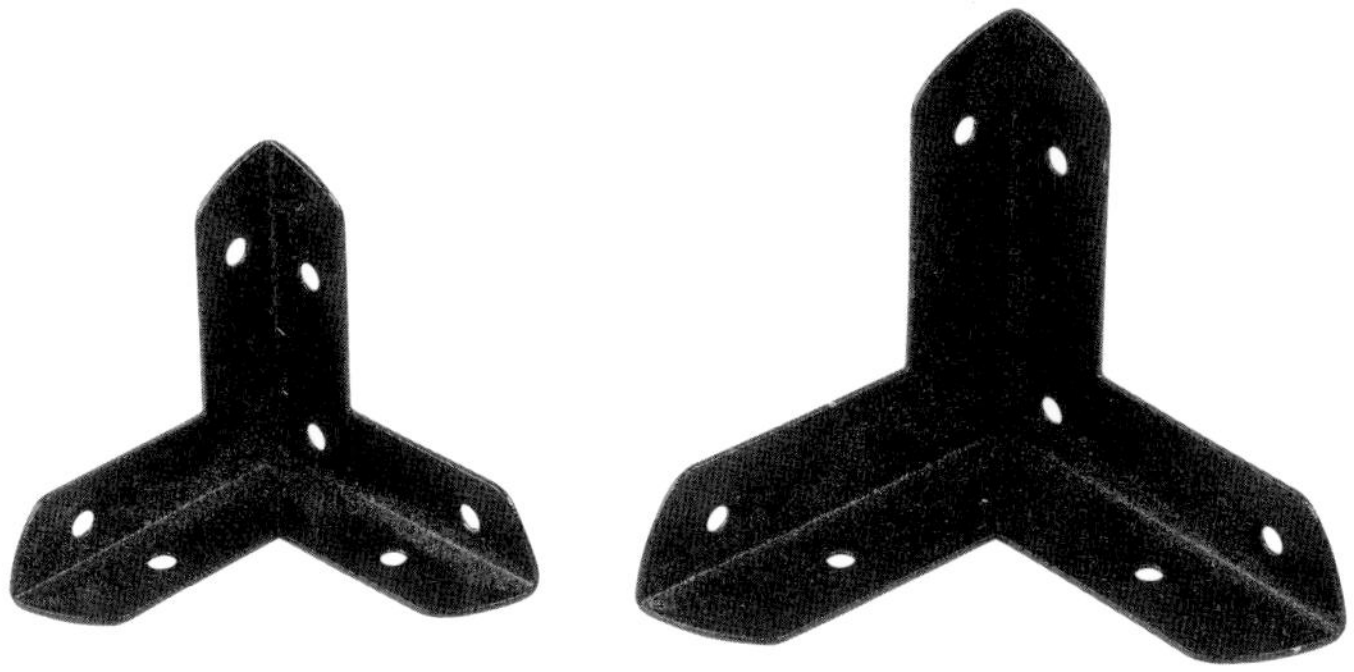

〈コーナー金具〉

箱形家具のコーナーに取り付ける補強金具です。デザイン性の高いものを選べば、家具の飾りとして一役買ってくれます。

22 踏み台

つくるのは簡単、あれば便利な踏み台。使うお部屋のインテリアに合わせて、仕上げをデザインしてみてください。ネジ部分はダボ仕上げをしますが、練習としてちょうどいい感じ。

▼道具

差し金、えんぴつ、電動ドリルドライバー、ドライバービット#2、下穴用ドリルビット3㎜、ダボビット8㎜、ジグソー、ダボ引きのこ、クランプ、サンダー、げんのう

▼材料

木材は18㎜厚のメルクシパイン材とSPF材（1×4）、20×40赤松材を使用。ほか、直径8㎜の丸棒、接着剤、35㎜の木ネジ24本

▼仕上げ

踏み板はミルクペイントのスノーホワイトで、本体はJカラーのベイビーブルーでペイントする（→P86）。

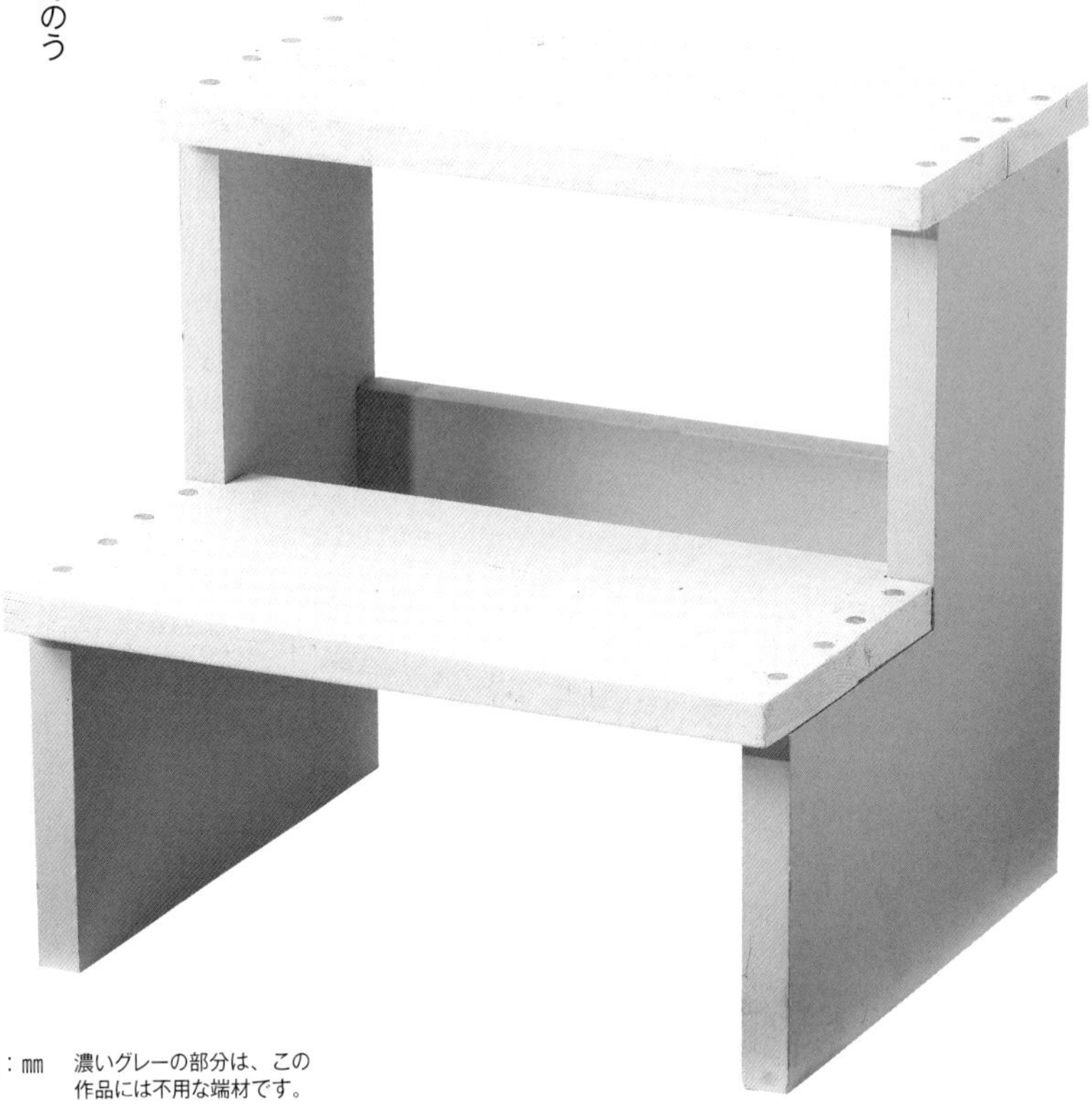

▼木取り図 単位：㎜ 濃いグレーの部分は、この作品には不用な端材です。

18㎜厚　メルクシパイン

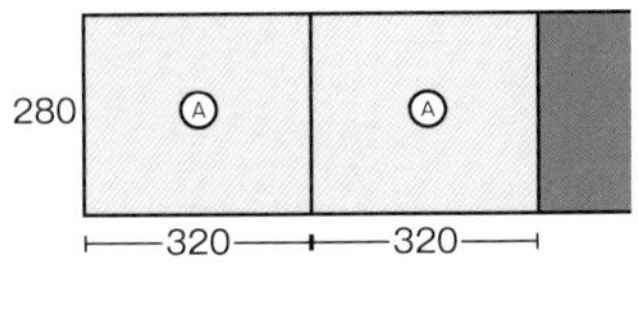

1×4　SPF

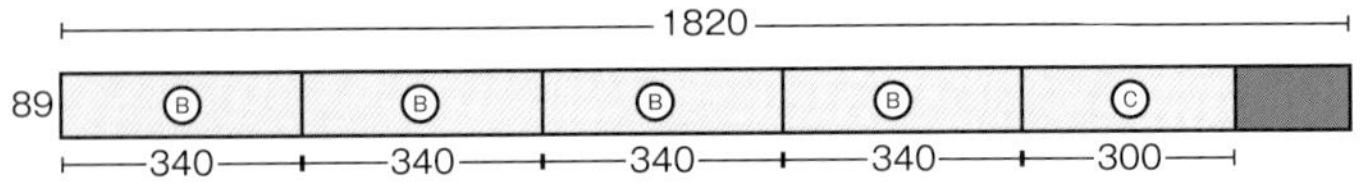

赤松　20×40

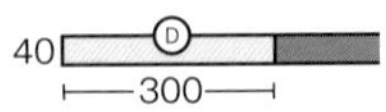

▼カット図 単位：㎜

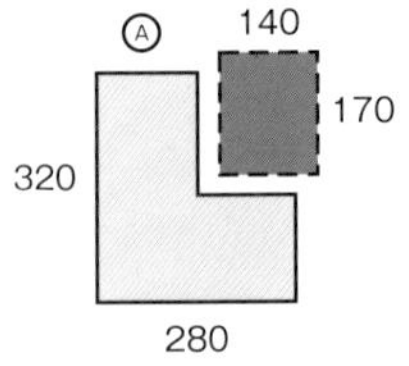

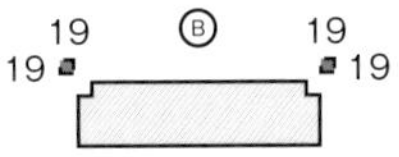

▼組み立て図 ・は、この角度から見えるネジ位置です。

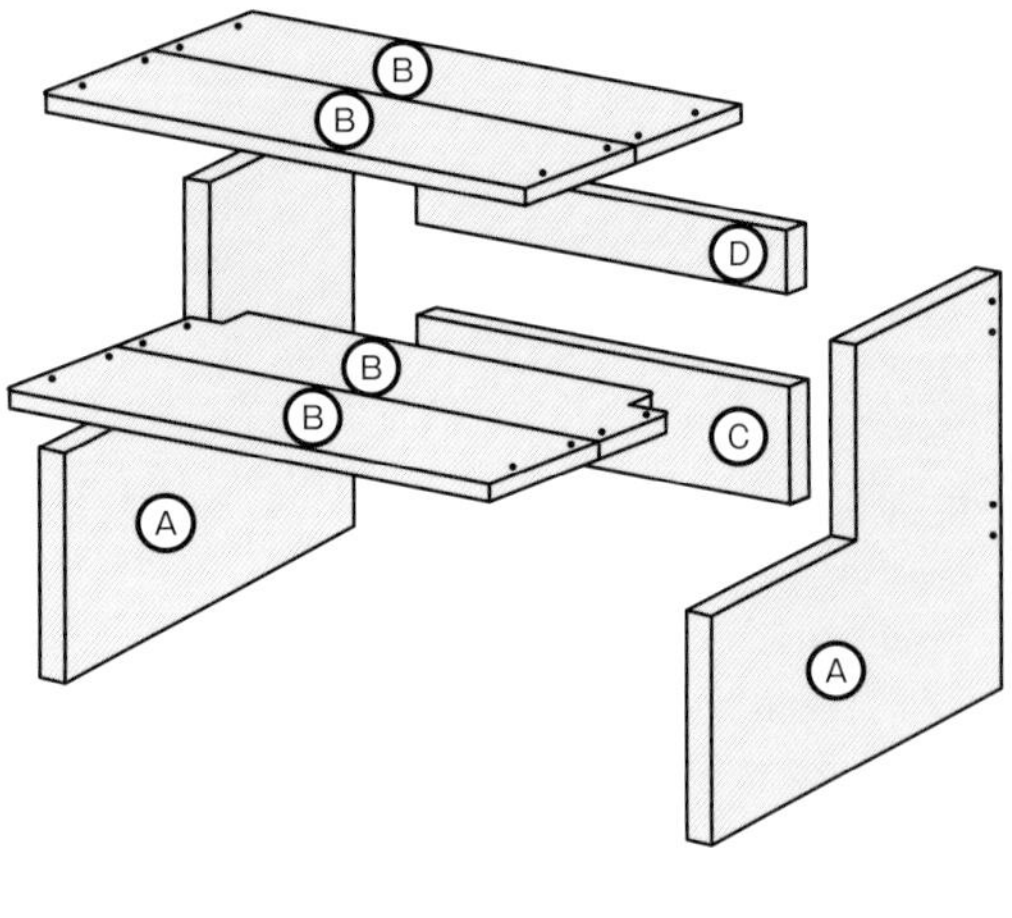

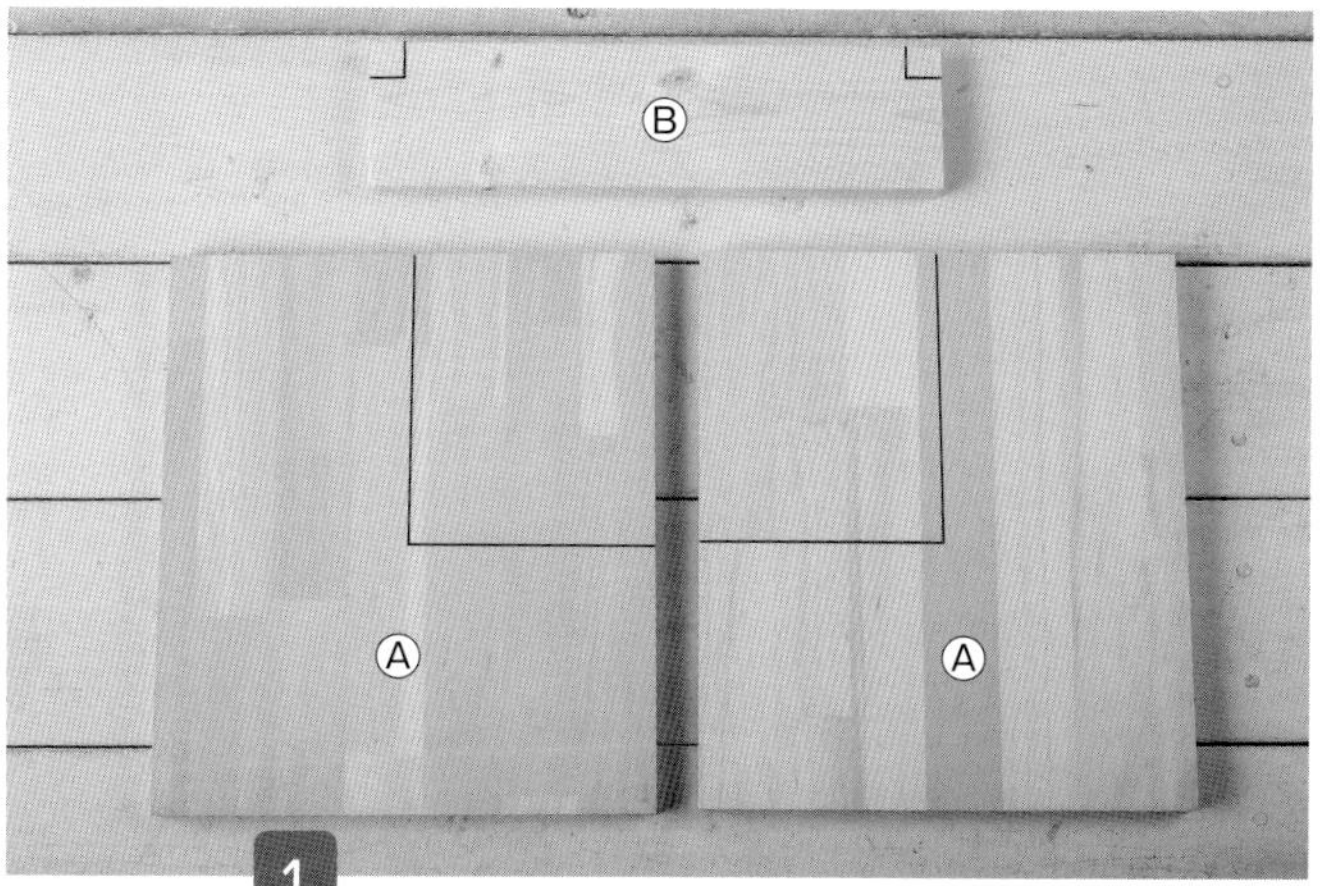

1 側板Ⓐ２枚と踏み板Ⓑ１枚に印をつけ、印に沿ってジグソー（またはのこぎり）でカットする（右ページカット図参照）。

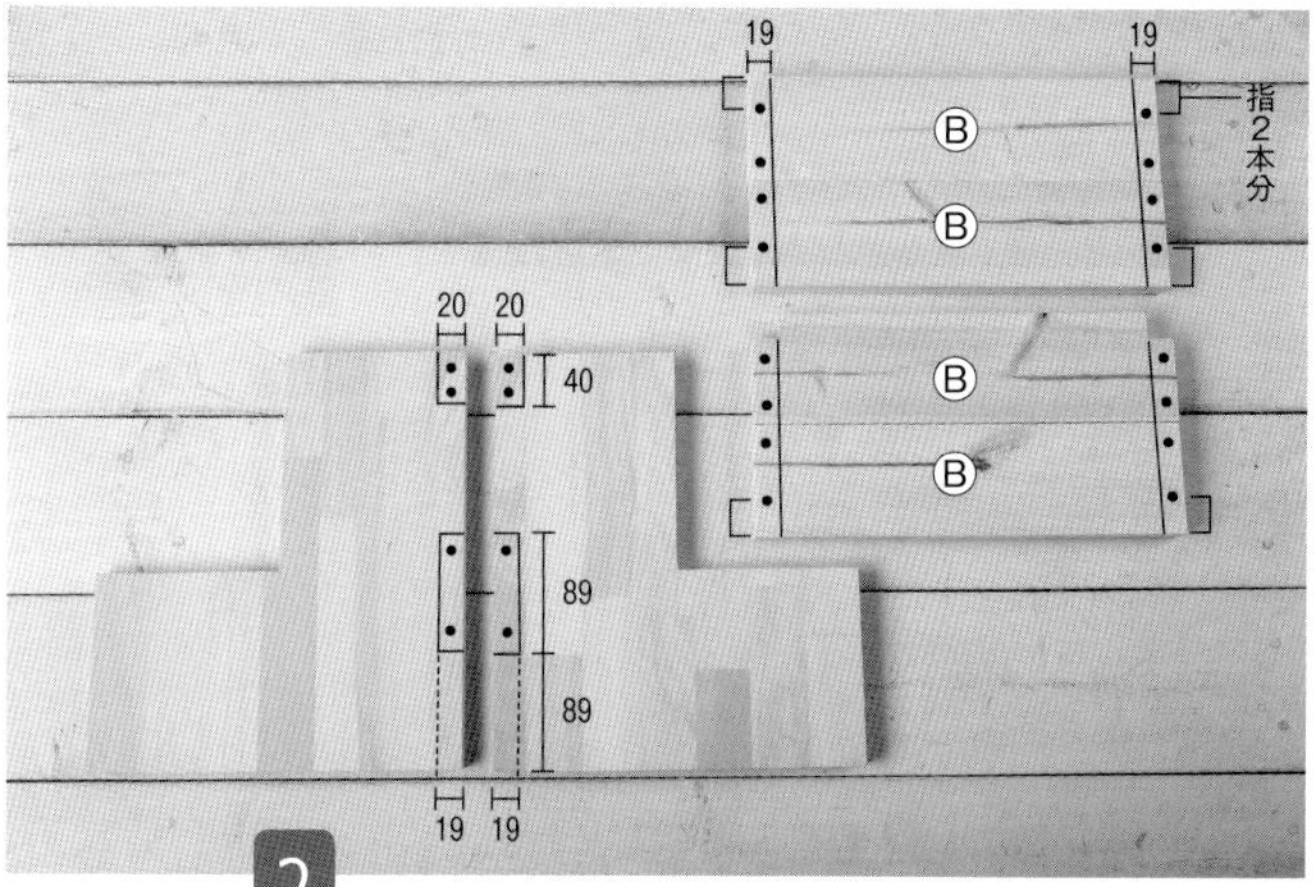

2 側板２枚と踏み板Ⓑ４枚に印をつける。下穴の印位置に貫通穴をあけ、おもて面にダボ穴をあける。ダボ穴位置に35㎜の木ネジを立てておく（ネジ立て→P10）。

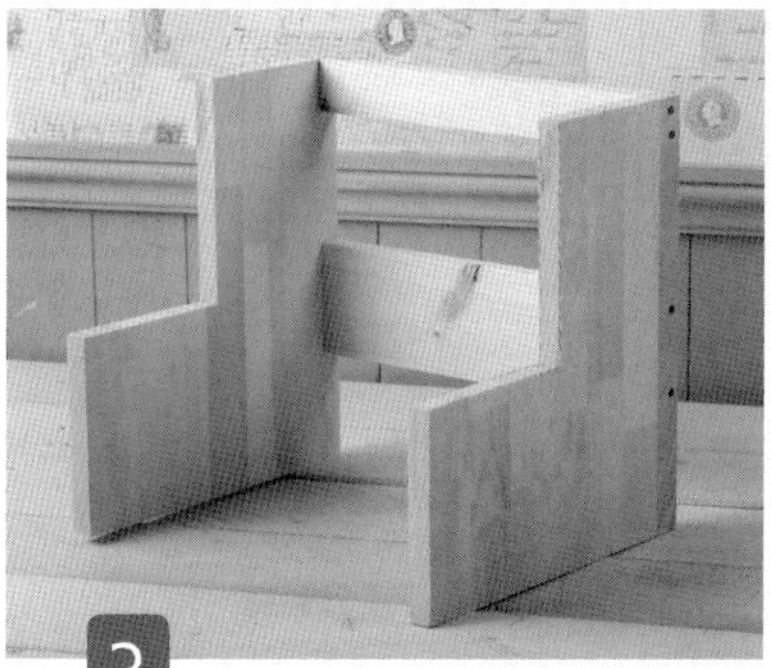

3 背板Ⓒと Ⓓの木口に接着剤をつけ、側板の印位置に接着し、木ネジを打ち込む。

Check!

踏み板と本体を別の色でペイントをするならこの段階で。本体のダボ仕上げをし（→P46）、全体にサンダーをかける。踏み台と本体をそれぞれペイントし、最後に踏み板をつけ、踏み板のダボ仕上げをする。

4 3に踏み板の印位置を合わせて接着し、木ネジを打ち込む。ダボ仕上げし（→P46）、全体にサンダーをかける。1色でペイントする場合は、この段階でペイントする。

木工コラム

のこぎりのお手入れとしまい方

のこぎりで木材を切ったあとは、あさり（目と目の間）に木屑《くず》が溜まっています。この木屑をそのままにしておくと、目詰まりを起こして切れ味が落ちてしまうので、しまう前にお手入れしましょう。

1：まずは、硬めのブラシを用意し、目に詰まった木屑を、目方向に沿っていねいに落とします。

2：錆《さび》予防のため刃に機械油などを塗ります。

3：新聞紙で包んで保管します（新聞紙のインクが錆止めになります）。商品パッケージを捨てずにおいて再封入で保管してもOK。

※油は、空気と刃を遮断させる役割があります。ノミ、錐、かんなの刃などにもお使いください。ミシン油など、身近なもので構いません。

アドバイス／角利産業株式会社

23 フレーム

フレームは女子DIYにとってお手軽お気軽な第一歩。木材4枚による「追い回し」、つくりやすさナンバーワンは「サンドイッチ」、合わせは少し難しいけれど人気ナンバーワンの「45度カット」。

▼道具
差し金、えんぴつ、錐、タッカー、げんのう、ジグソー、ドライバー、サンダー

▼材料
木材は13㎜厚の杉材と、3㎜厚と9㎜厚のベニヤ板を使用。ほか、接着剤
※裏板をフォトフレームタイプにする場合は10×15㎜の工作材と9㎜厚のベニヤ板、19㎜のこびょう8本とトンボ4個を。パネルタイプにする場合は19㎜のこびょう8～10本

A 〈追い回し〉
パネルタイプ

▼木取り図 単位：㎜ 濃いグレーの部分は、この作品には不用な端材です。

13㎜厚 杉材

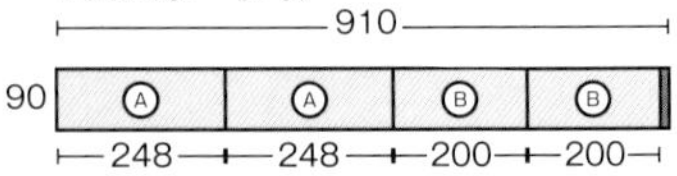

3㎜厚 ベニヤ板（合板）

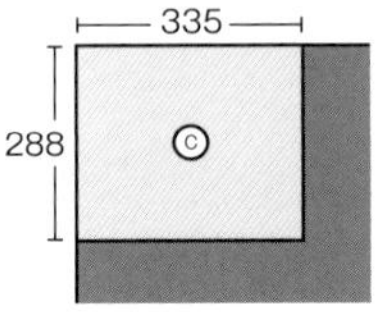

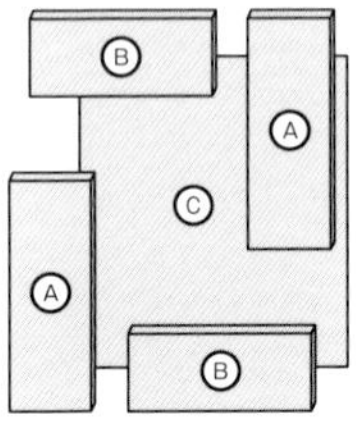

▲組み立て図

B 〈サンドイッチ〉
フォトフレームタイプ

▼木取り図 単位：㎜ 濃いグレーの部分は、この作品には不用な端材です。

13㎜厚 杉材

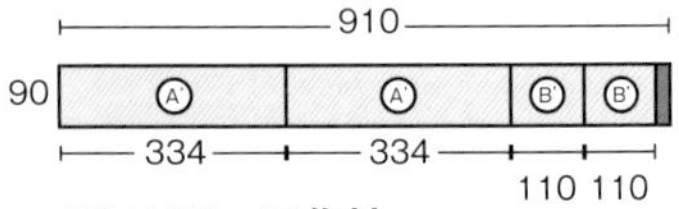

10×15 工作材

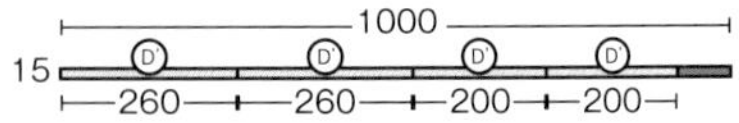

9㎜厚
ベニヤ板（合板）

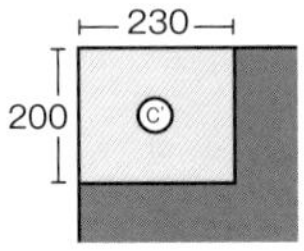

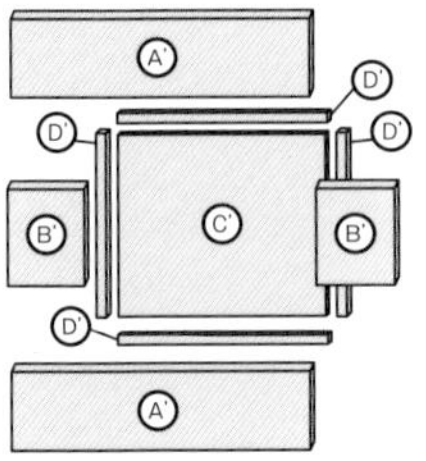

▲組み立て図

C 〈45度カット〉
パネルタイプ

▼木取り図 単位：㎜ 濃いグレーの部分は、この作品には不用な端材です。

13㎜厚 杉材

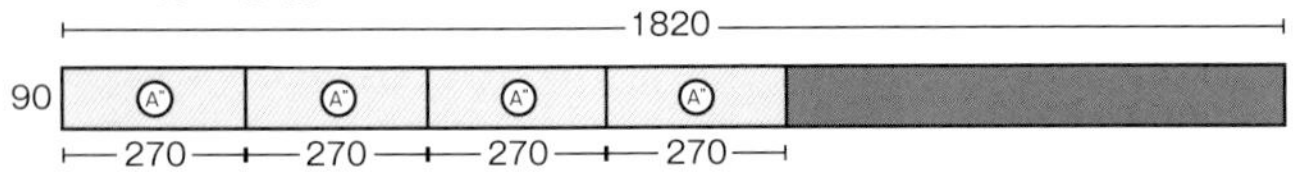

▼カット図 単位：㎜

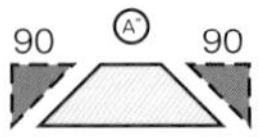

3㎜厚 ベニヤ板（合板）

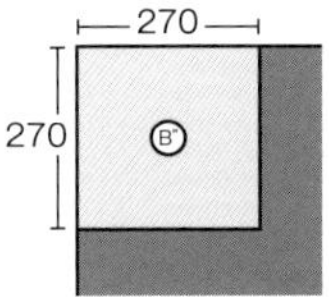

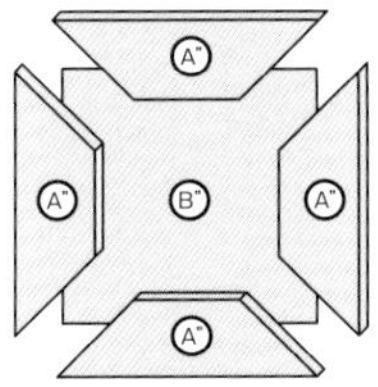

▲組み立て図

Cのカット方法

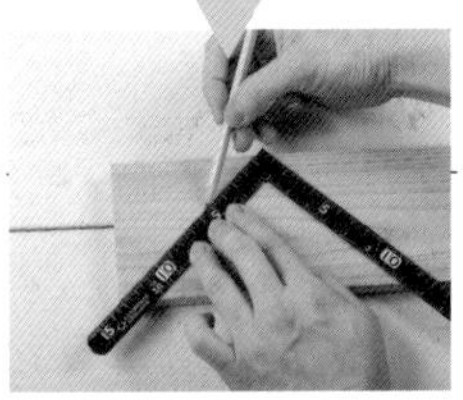

斜め45度を測る場合、差し金を直角二等辺三角形になるようにあて線を引けばOK。

木枠をつくる（A、B、C共通）

木口に接着剤をつけ、スクエア状に組み、裏面の接地位置に各3ヵ所ずつ、タッカーで留める。留める位置は右下の写真参照。

A 留める位置

B 留める位置

C 留める位置

裏板をつける

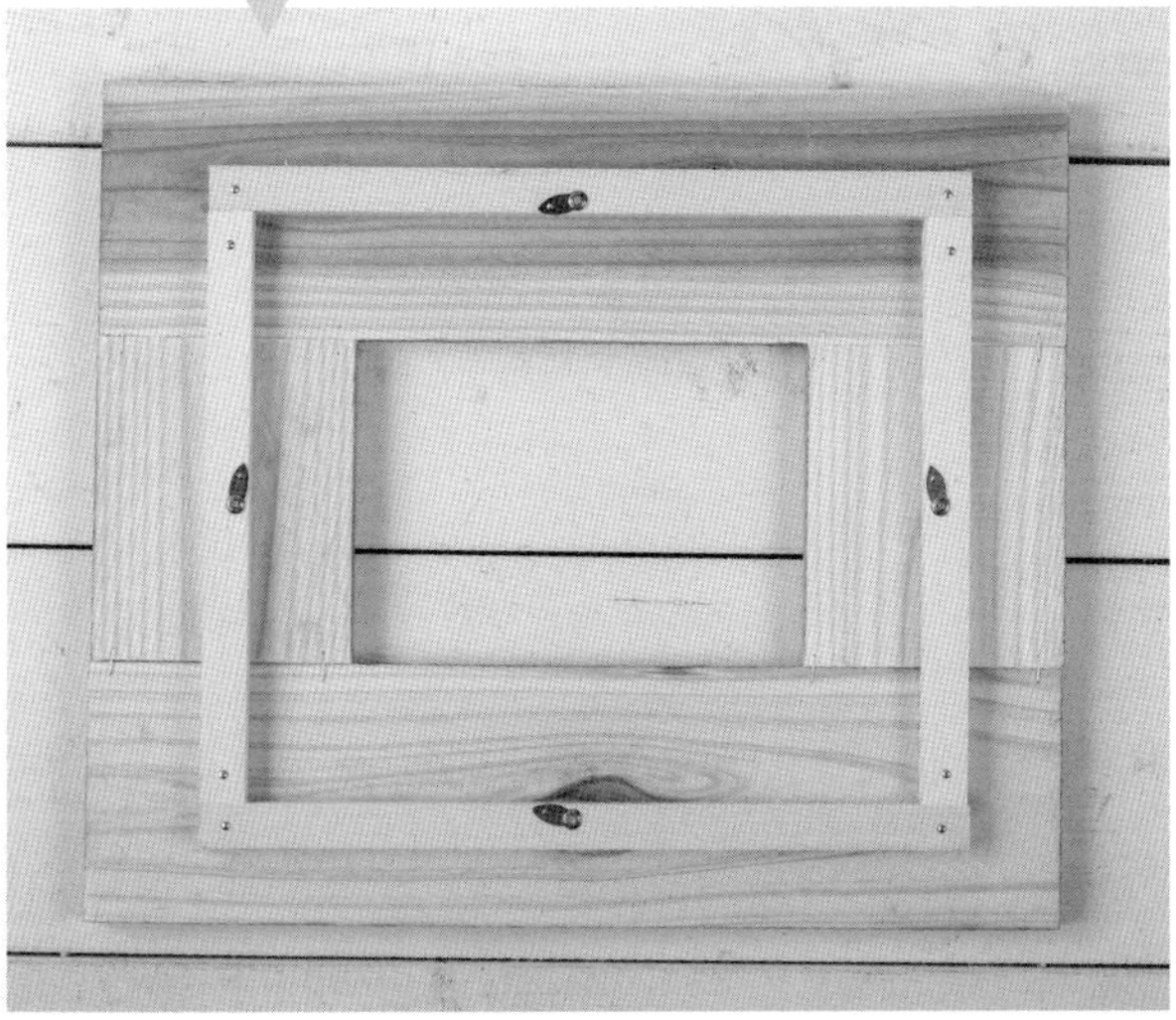

〈フォトフレームタイプ〉

工作材をスクエア状に組み、木枠の裏面に接着したら、錐で下穴をあけ、19㎜のこびょうを打ち込む。4ヵ所にトンボをつける。

〈パネルタイプ〉

木枠の裏面に接着剤をつけ、裏板を接着する。接着剤が乾いたら錐で下穴をあけ、19㎜のこびょうを打ち込む。

Ⓒをパネルタイプにする場合、四隅は木枠の接合部分にあたらないよう、ずらしてこびょうを打ち込む。

Arrange Advice!

裏板にあらかじめお気に入りのファブリックや壁紙を貼ってから取り付けても。

アイデア次第で使い方いろいろ

用途アレンジ集

ベジタブルボックス

（つくり方は28ページ）

★重ね収納

そのまま上に重ねて収納ボックスとして。ランダムに重ねてもOK。子ども部屋のおもちゃ箱にも。

★ボックスシェルフに

横に倒してスタッキングしてシェルフに。ブックシェルフやオープン収納としての機能も。

★グリーンオアシスに

観葉植物や多肉植物などのインドアグリーンを飾って、部屋のグリーンオアシスとして。お庭やベランダでの使用もOK。

A形シェルフ

（つくり方は22ページ）

フック付き多目的棚

（つくり方は24ページ）

★キッチン整理棚に

提げて、入れて、のせて、と、収納力の高い棚。瓶や缶、タイマーやキッチンツールをおしゃれに収納。

ツールボックス

（つくり方は18ページ）

★スパイスケースに

小さな瓶に詰まったスパイス類の収納に。仕切りがあるから収納らくらく。そのままテーブルに持っていくことも。

★アクセサリーケースに

お気に入りのアクセサリーを並べて「見せる収納」に。いつでも眺められて、使いたいものが一目瞭然。

コレクションボックス

（つくり方は16ページ）

★コレクションボックスに

趣味で集めたサングラスの収納に。内ブタに小さなフックをつけると見せる収納も可能に。

ウッドトランク

（つくり方は54ページ）

★メモリーズボックスに

旅の思い出を詰め込んで。トランクを開けば、いつでも楽しい気分が鮮明に蘇《よみがえ》る！

仕上げ
テクニック

ダメージ&エイジング加工

近年、古材をリメイクしてつくる家具が人気を集めていますが、古材を集めるのはなかなか難しいもの。そこで、購入したての木材をアンティークな風合いに仕上げるテクニックを紹介します。

道具

〈かなづち（箱《はこ》屋《や》槌《づち》）〉

片方が釘抜きになっているものがダメージ加工におすすめ。両口のげんのうでもOK。

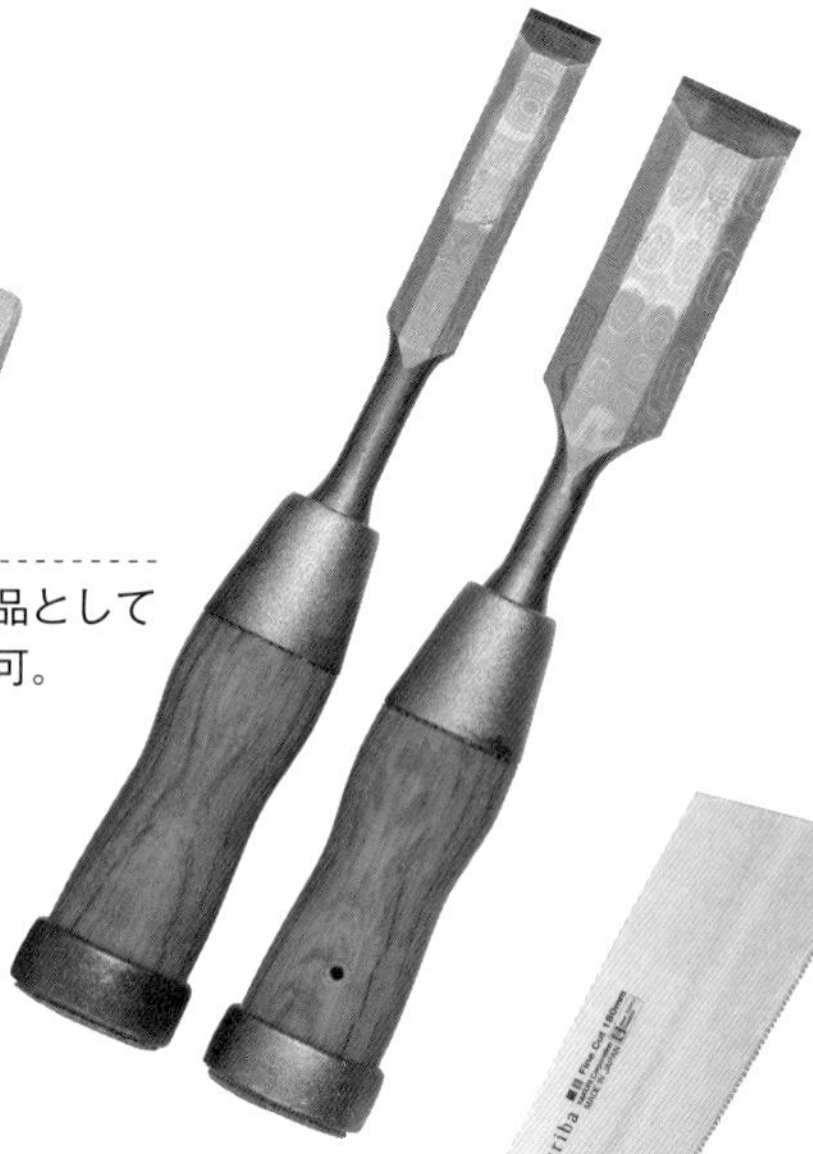

〈ノミ〉

ノミの代用品として彫刻刀でも可。

〈錐《きり》〉

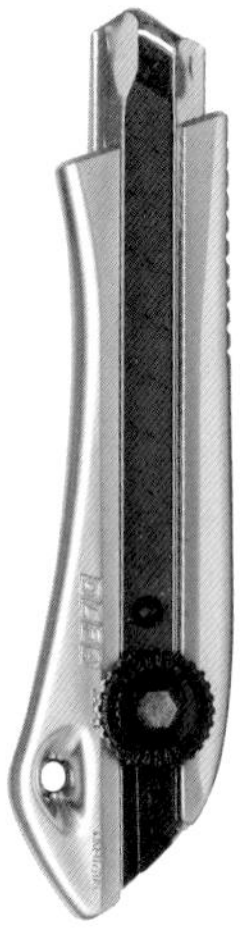

〈カッターナイフ〉

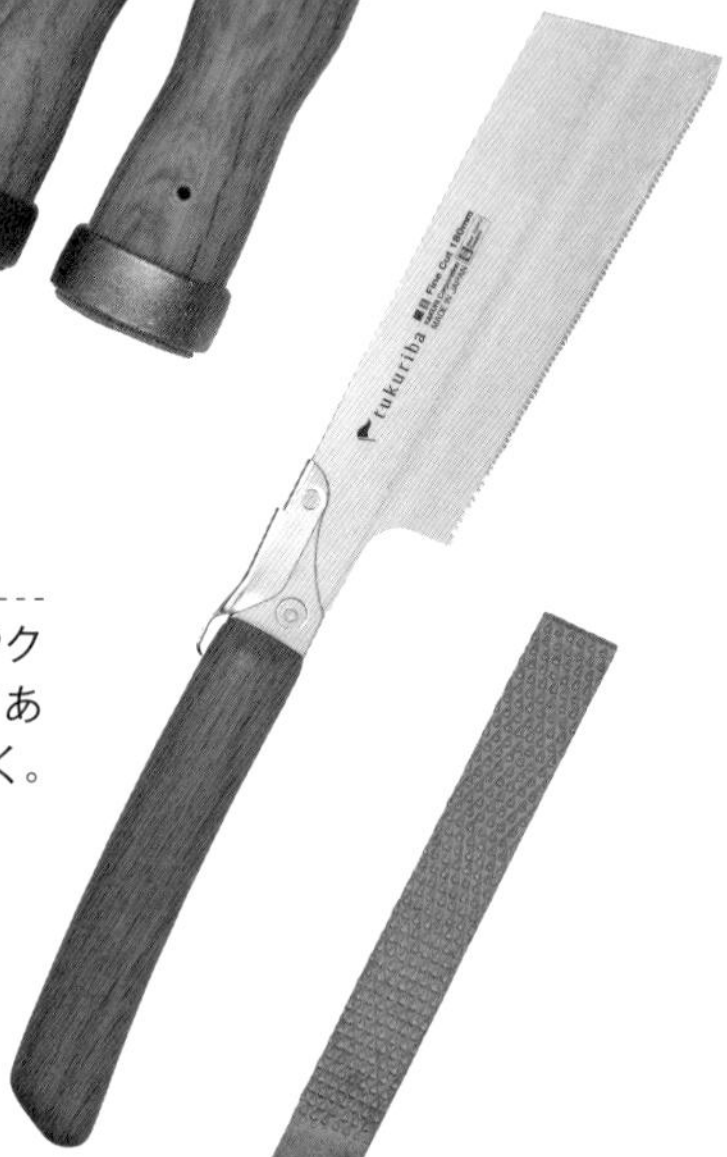

〈のこぎり〉

ダボ引きのこぎりやクラフトのこより、「あさり」のある刃が向く。

〈やすり〉

目の粗い鬼目やすりが向く。

こんな道具も使える

〈インテリアバール〉

使用する道具や方法はアイデア次第。「この道具、この方法でなくてはだめ！」というセオリーはありません。たとえば、わざわざ道具を用意しなくても、砂利敷きの場所で木材を踏みつけるだけでも味のあるダメージ加工ができます。自由な発想でいろいろ試してみましょう。

やってみよう

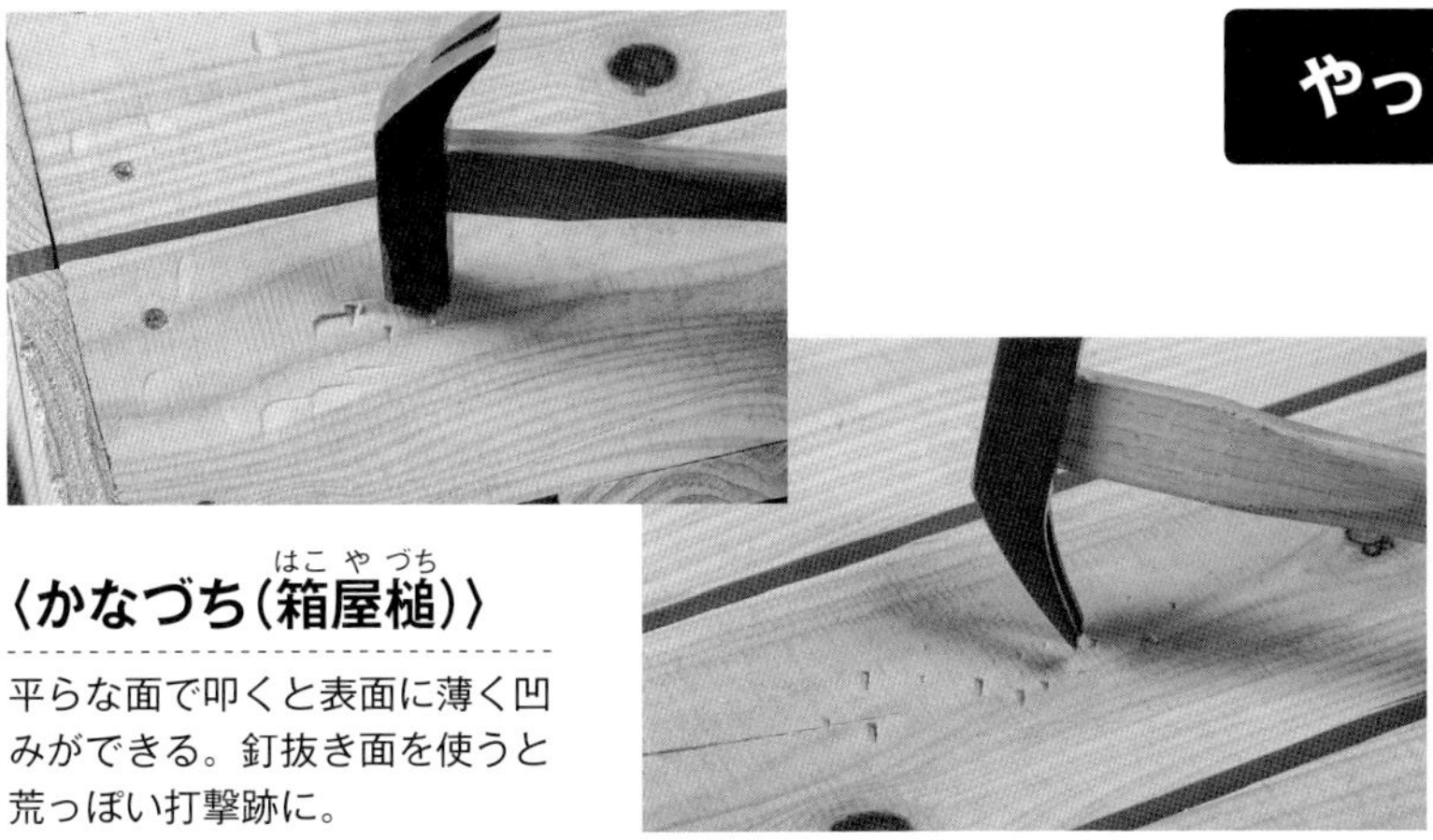

〈かなづち（箱《はこ》屋《や》槌《づち》）〉

平らな面で叩くと表面に薄く凹みができる。釘抜き面を使うと荒っぽい打撃跡に。

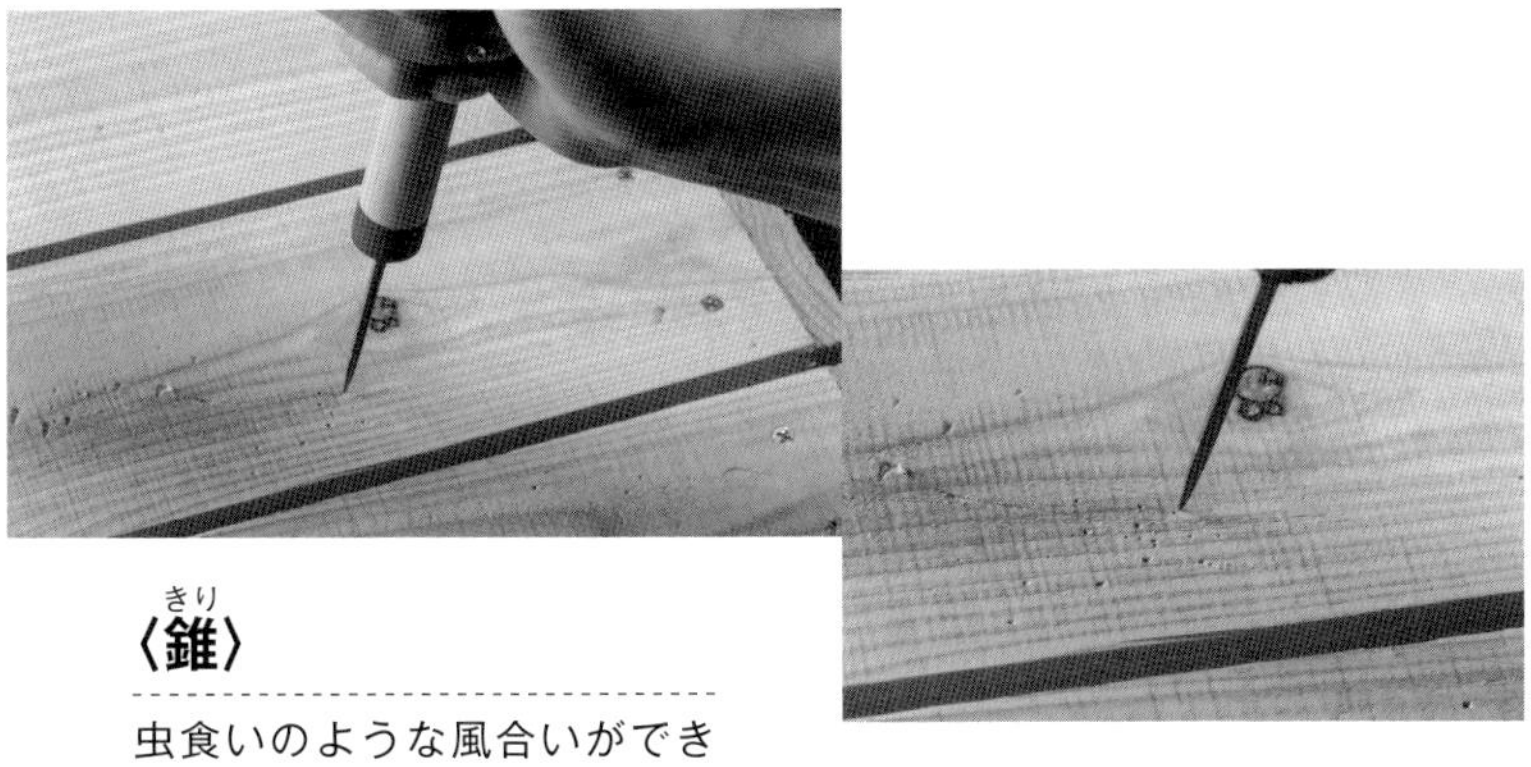

〈錐《きり》〉

虫食いのような風合いができる。力の入れ具合によって大きさが変わるのでランダムに。

できあがり！

木材にダメージを与えたあと、アンティークワックスを塗るだけで使い込まれたような風合いに仕上がります。
＊このエイジングテクニックは90ページを参照。

〈ノミ〉

角をランダムに削り取るイメージで、経年によりすり減ったような風合いを。

〈のこぎり〉

あさりの凹凸を利用して、木材の表面に粗い傷をつける。刃を寝かせるのがポイント。

〈やすり〉

本来、切り口を整えるやすりの役目を逆手にとり、粗目でバリ（けば立ち）をつくる。

〈カッターナイフ〉

刃を寝かせてざっくりと木材の表面を削り取る。刃を立てて引っかくようにしても。

仕上げテクニック

アンティーク調に仕上げたい！

流行のプロヴァンス風や英国アンティークなど、ヴィンテージの趣のあるインテリアにDIYでチャレンジしてみましょう。

ペイントでアンティーク調に

作品例：チェスト（つくり方は30ページ）
白いペイントでプロヴァンス風に仕上げる

★こすれ感をプラス

ペイント仕上げ後、紙やすりで塗装を削って古びたこすれ感を。

★ダメージ感をプラス

ペイント仕上げの前に、木材にダメージ加工を施して使用感を。

ほかにこんな方法も

★汚れ感をプラス

ペイント仕上げ後、アンティークメディウムを重ねて使い込んだ汚れ感を。

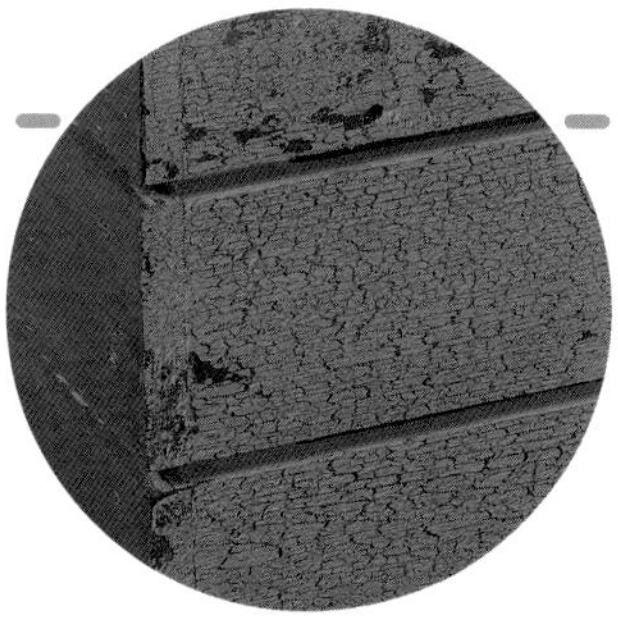

★ひび割れ感をプラス

クラッキングメディウムでひび割れ感を。

パーツでアンティーク調に

アンティーク調パーツコレクション

ノブ・引き手

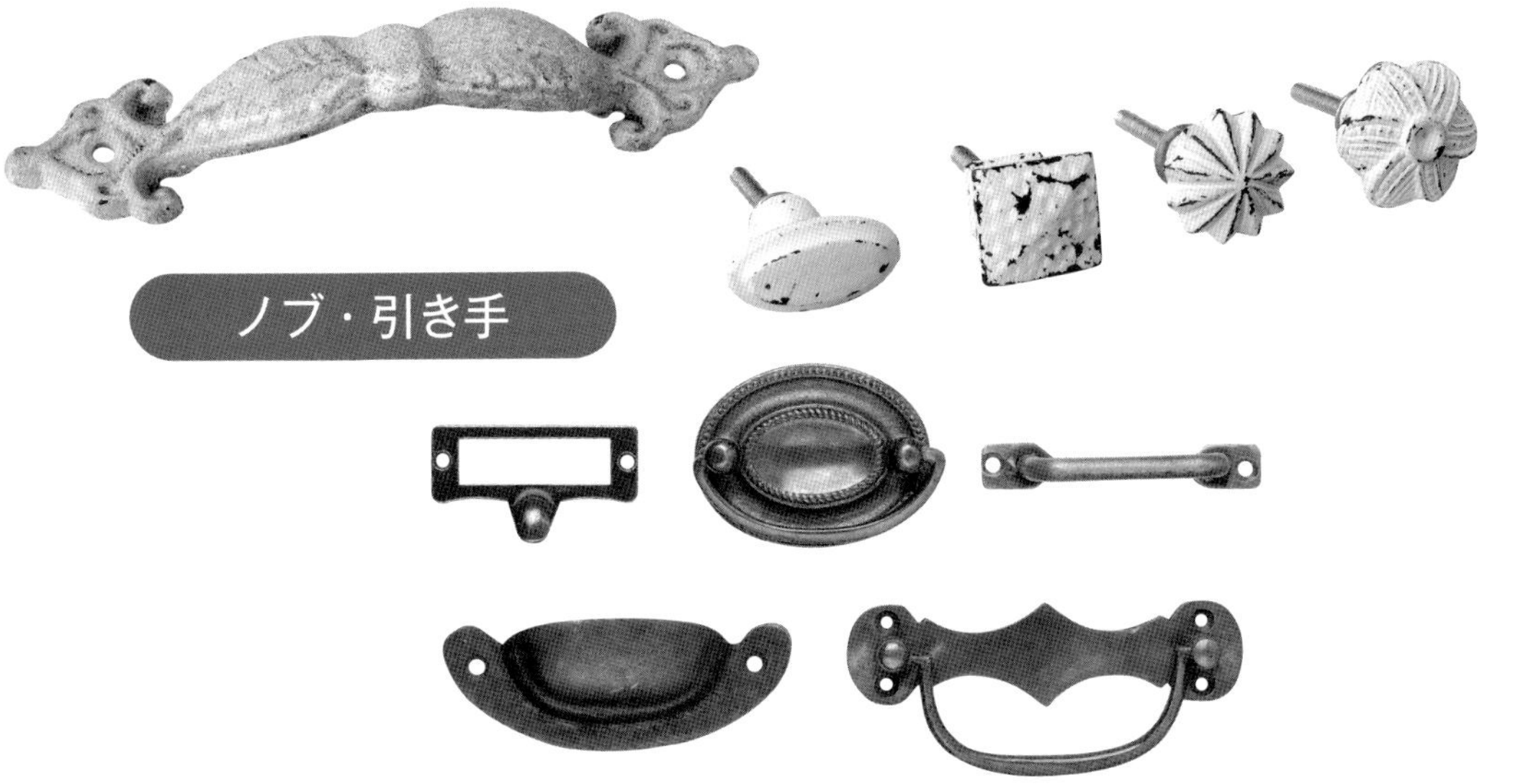

フック

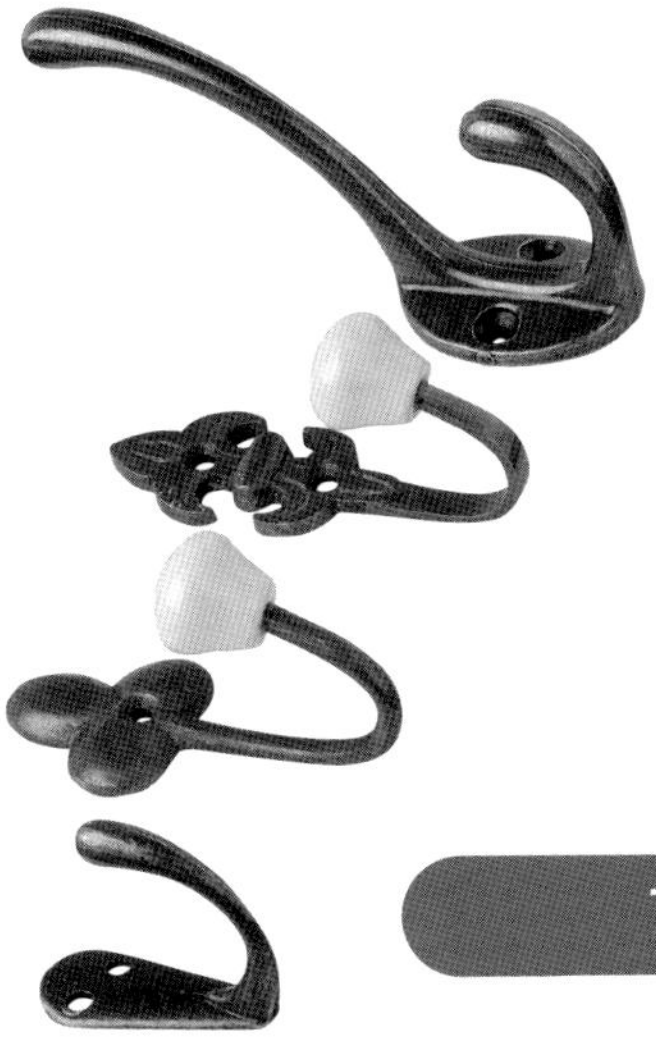

蝶番

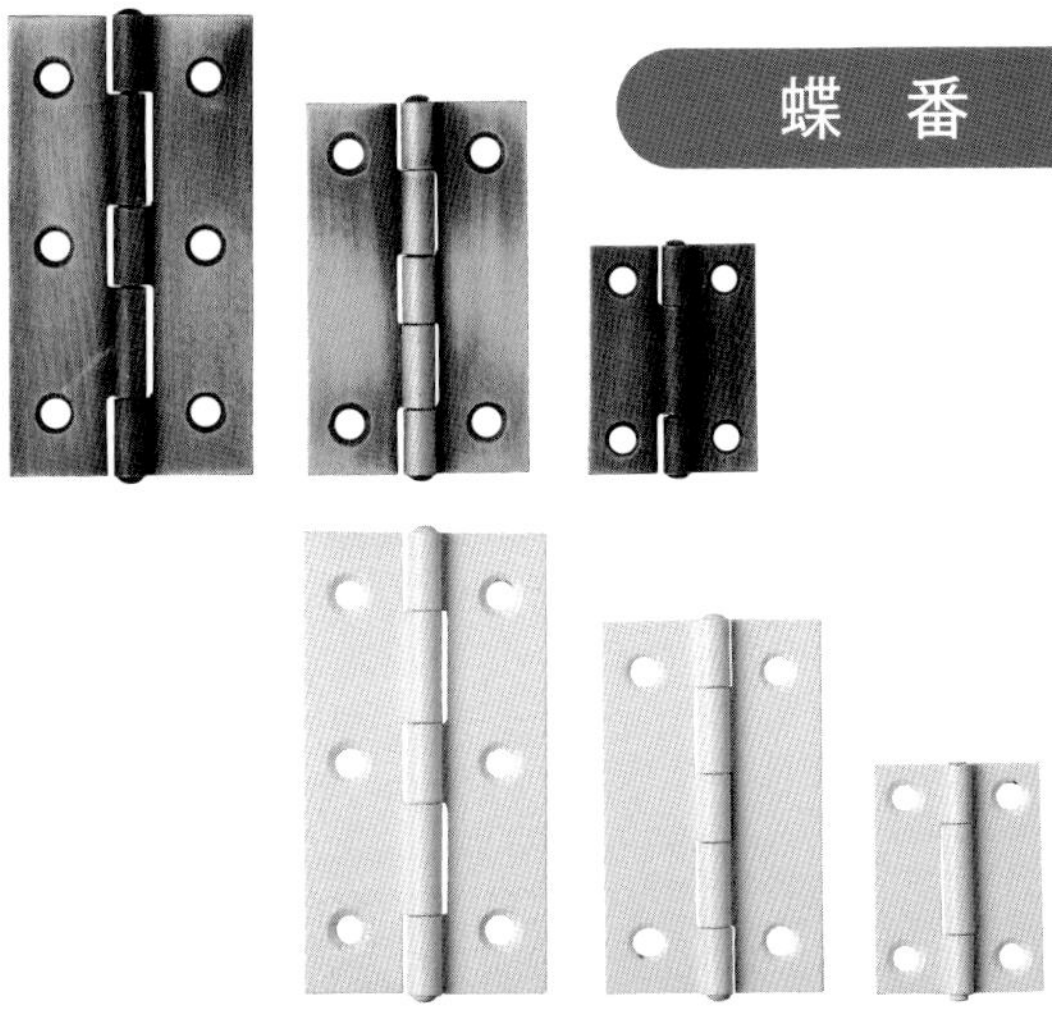

モール

棚受け

仕上げテクニック

男前に仕上げたい！

ジャンクテイストだったり、アメリカンな雰囲気だったり。男女問わず人気の男前インテリアにＤＩＹで挑戦してみましょう。

ペイントで男前に

作品例：キャビネット（つくり方は80ページ）
アンティークワックス×黒ペイントで男前に仕上げる

★かすれ感をプラス

アンティークワックスに黒いペイントを重ねて仕上げ、紙やすりで塗料を削ってかすれ感を。

★アンティーク感をプラス

木材にダメージ加工を施してからアンティークワックスで仕上げ、使い込んだこなれ感を。

ほかにこんな方法も

★シャビー感をプラス

ダークカラーでペイント仕上げ後、ダストメディウムでシャビー感を。

★スタイリッシュ感をプラス

ペイント仕上げ後、黒ステンシルを加えてカフェ風のスタイリッシュ感を。

パーツで男前に

男前パーツコレクション

引き手

クラシカルラッチ

フック

蝶　番

アイアンブラケット

アイアン脚

アイアン飾り

いまさら聞けないDIYの基礎知識から、知っておくと便利な小ワザまで。
困ったときには読んでみてください。

Q&A

Q ◎準備編 「木取《きど》り図《ず》」って何?

A：木取り図とは、どの木材からどの部材を何本とるのか（どのくらいのサイズにカットするのか）を記した設計図のようなもの。ホームセンターなどで木材をカットしてもらうときには必要になりますし、自分でカットする場合でも木材を無駄なく効率的にカットするのに役立ちます。初心者には聞き覚えのない言葉ですが、DIYには必須なので覚えておきましょう。また、本書では、すべての作品に木取り図を掲載していますので、カットサービスを利用するときなど、活用してください。

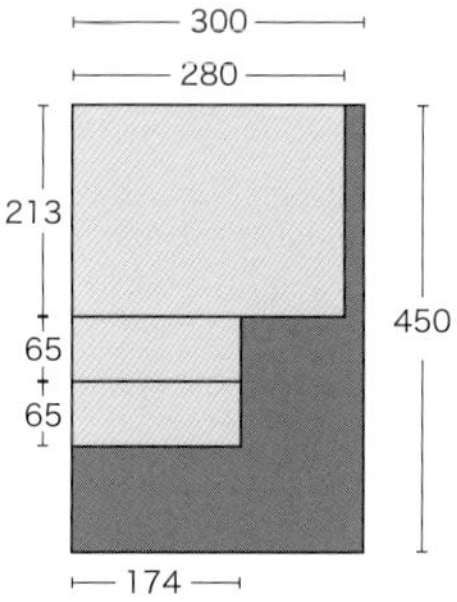

Q ホームセンターで買う木材はどんなものを選べばいいの?

A：作品によって、使用する木材を決めましょう。木材の種類と特性については32ページに詳細を記載しています。木材が決まったら、実際に購入する材を自分で選ぶことになります。ここで重要なのが、なるべく反りが少ない板を選ぶこと。板に反りがあると、わずかに寸法が狂ってしまい、うまく組み立てられない原因になります。必ず平らな場所に置いてみて、反りがないか確認してから購入しましょう。

Q ◎実践編 その1（印つけ） 「現物合わせ」ってどういうこと?

A：ワークショップに参加すると「現物合わせで印つけします」という言い方を耳にすることがあります。現物合わせとは、差し金やメジャーで寸法を測るのではなく、実際に継ぐ（組み立てる）木材を使用して印をつける（スミ出しする）こと。たとえば、本棚の側板に厚さ19㎜の棚板を取り付けるとします。このとき、取り付ける位置を側板にマークしますが、棚板の厚さ19㎜を差し金で測るより、実際に取り付ける木材を使用したほうが素早く印がつけられ、狂いも少なくなります。19㎜や30×40㎜の角材など、よく使用する木材は、現物合わせ用の端材を用意しておくと便利。

Q 「指1本」、「指2本」って何のこと?

A：木ネジ（釘）を打つ位置をマークするときに使う言葉です。木材の端に人差し指をあてて印をつけます。基本は指1本分、組み立てたときに木ネジが交差する場合などは、指2本分で測ります。

指1本

指2本

Q ◎実践編 その2（組み立て） のこぎりで切ると曲がっちゃう。まっすぐ切るいい方法ない?

A：印をつけるとき、木材の上面だけでなく側面にも印をつけるようにしましょう。切るときは、その印線を真上から見るのがポイント。それでもうまくいかない場合は、ソーガイドなど、正確にカットするための「のこぎり補助道具」を使用するのもひとつの方法です。

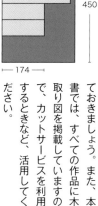

Q 組み立てのとき接着剤をつけるのが面倒。つけないとダメ?

A：木ネジや釘だけでは、強度が万全ではありません。しっかり木ネジを打っていても、時間の経過とともに板が反り、ネジが浮いてきてしまうことも。作品の強度を保つためにも、接着剤をつけて接合するのがベターなのです。

Q げんのうで釘を打つとき、指も一緒に打ちそうで怖い！

A：釘打ちのときは、釘をまっすぐに立てて指で支えておかなくてはいけません。初心者のうちは、指まで一緒に打ちつけてケガをする場合も。そんなときは、洗濯ばさみを使ってみてください。向いているのは、先にギザギザの溝があるタイプの洗濯ばさみです。まずは板に下穴をあけ、そこへ釘をまっすぐに差し、洗濯ばさみの溝に沿わせるように挟みます。洗濯ばさみを押さえながらげんのうで打ちつけ、洗濯ばさみに当たったところでストップ。ここからは曲がることも少ないので、洗濯ばさみを外し、最後まで打ち込みます。

Q 釘を打ったら板が割れた！あきらめるしかないの？

A：薄い板や木幅の細い木材に木ネジを打ち込むと、板にヒビが入ったり、裂けてしまうことがあります。板が割れてしまった場合、接着剤で補修する方法もあるのですが、とても手間がかかる上、仕上がりに影響が出てしまうことも。本書では、板の割れを防ぐため、下穴用ドリルビットや錐で下穴をあけてから木ネジや釘を打つようにしています。めんどうなように思われますが、このひと手間がきれいにつくるコツです。

◎仕上げ編

Q ペイントがムラになってうまく塗れない！

A：本書で使用している水性塗料は、比較的伸びがよく、きれいにペイントできます。が、ムラにならないように塗るためにはコツが必要です。一度で完璧に塗ろうとせずに、二度塗りで仕上げるのがポイント。このひと手間で仕上がりに差が出ます。また、広い面を塗るときは、ローラー刷毛《ばけ》を使用するとムラが少なく仕上げられます。

Q ペイントは塗ってからどれくらい乾かせばいいの？

A：その日の湿度や場所の状況によりますが、一般的な水性塗料なら20～60分程度が目安です。完全に乾燥するには1～2日かかります。使用する塗料により乾燥時間は異なるので、パッケージを確認しましょう。また、時間短縮のため、ドライヤーを使用してもOKです。

Q 使いかけの塗料はとっておける？

A：フタをしっかり閉めて、日の当たらない涼しい場所で保管すれば大丈夫。次回は、しっかりフタが閉まった状態でよく振ってから使用しましょう。

◎その他

Q 不器用だから、最後までちゃんとつくれるか心配……。

A：つくりはじめる前に、すべての材料と道具をそろえておくこと。あとは印つけをしっかりやれば大丈夫です。DIYの「D」は「どうにかなる！」のDだと思って、慌てず、急がずに進めれば完成は見えてきます。どうしても心配なら、人の手を借りるというのもひとつの方法です。tukuribaでは、そんな方のためのワークショップも多数開催していますので、ぜひ参加してみてください。

〈植物のある暮らし〉

tukuriba本店内に窓口のあるniwa-kura（にわくら）を紹介させてください。

いま、グリーンを室内に取り込むインテリアが注目されています。この本の巻頭ページでもDIY作品にグリーンを取り入れたことで癒やしの空間となっています。そんな植物のある生活空間のリノベーションや提案や庭づくりなど、「植物のある暮らし」のサポートをしているチームです。お気軽にお問い合わせください。

niwa-kura　http://www.niwa-kura.com/

卒業制作級 24

いつかはチャレンジしたい！

憧れのキャビネット

一見難しそうな大型家具も、じっくり向き合えば本書のテクニックだけでつくれちゃいます。卒業制作のつもりでチャレンジしてみては。

▼木取り図（上段） 単位：mm 濃いグレーの部分は、この作品には不用な端材です。

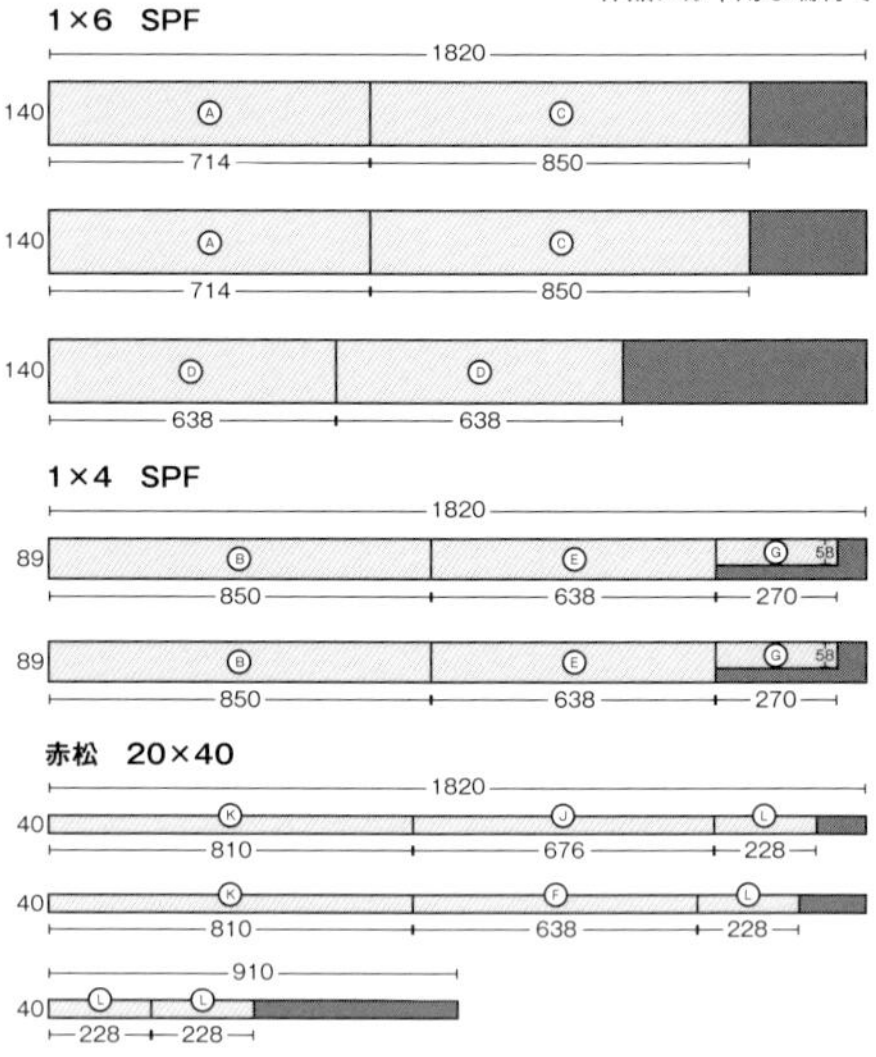

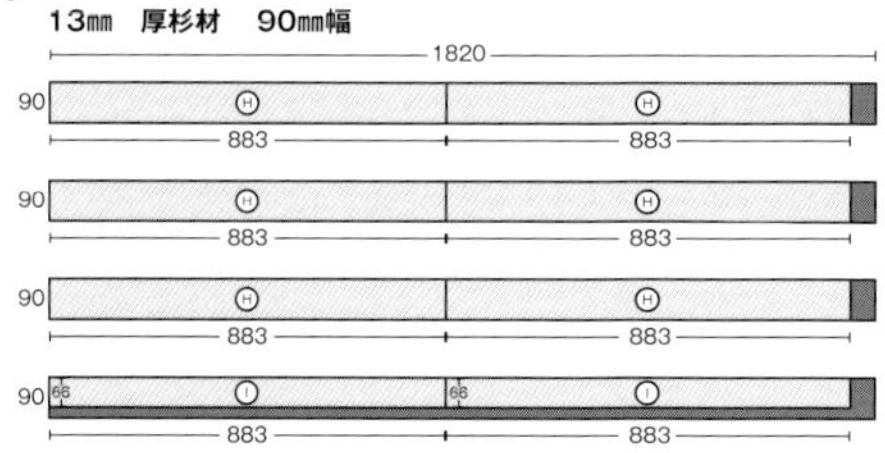

▼カット図 単位：mm

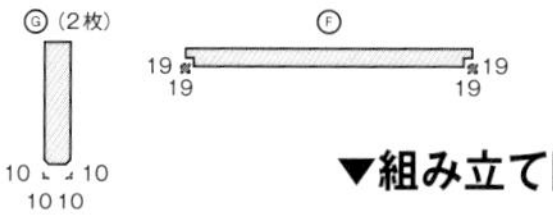

▼組み立て図 ・は、この角度から見えるネジ位置です。

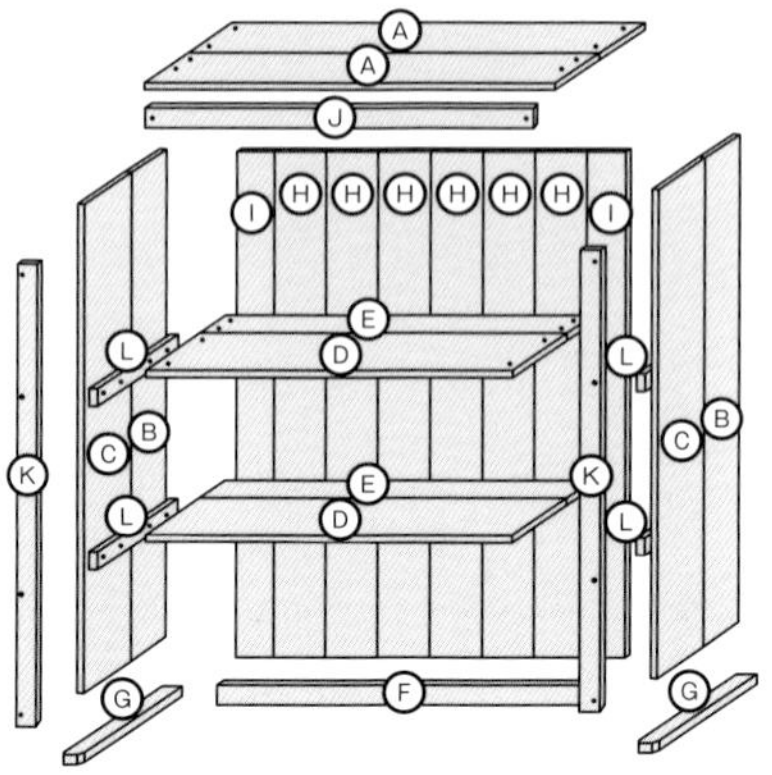

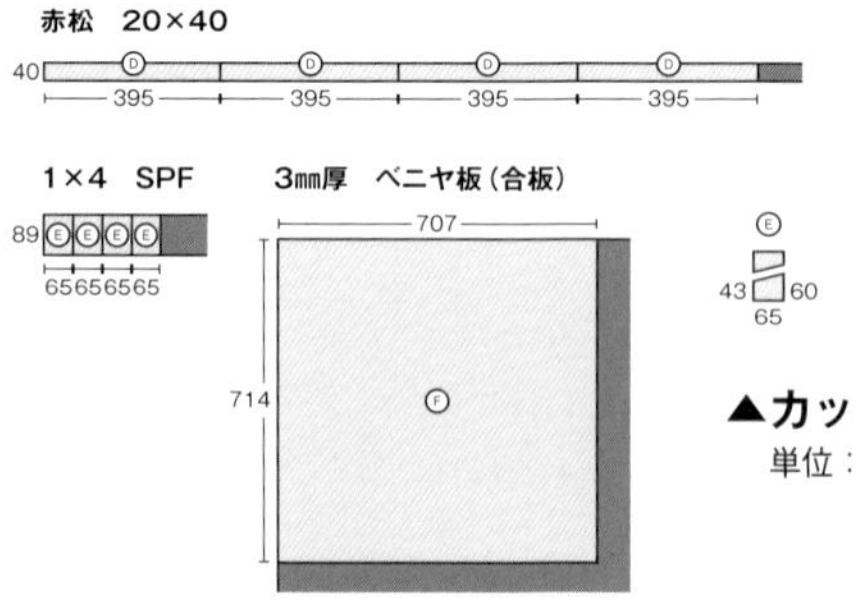

▲カット図
単位：mm

▼木取り図（下段） 単位：mm 濃いグレーの部分は、この作品には不用な端材です。

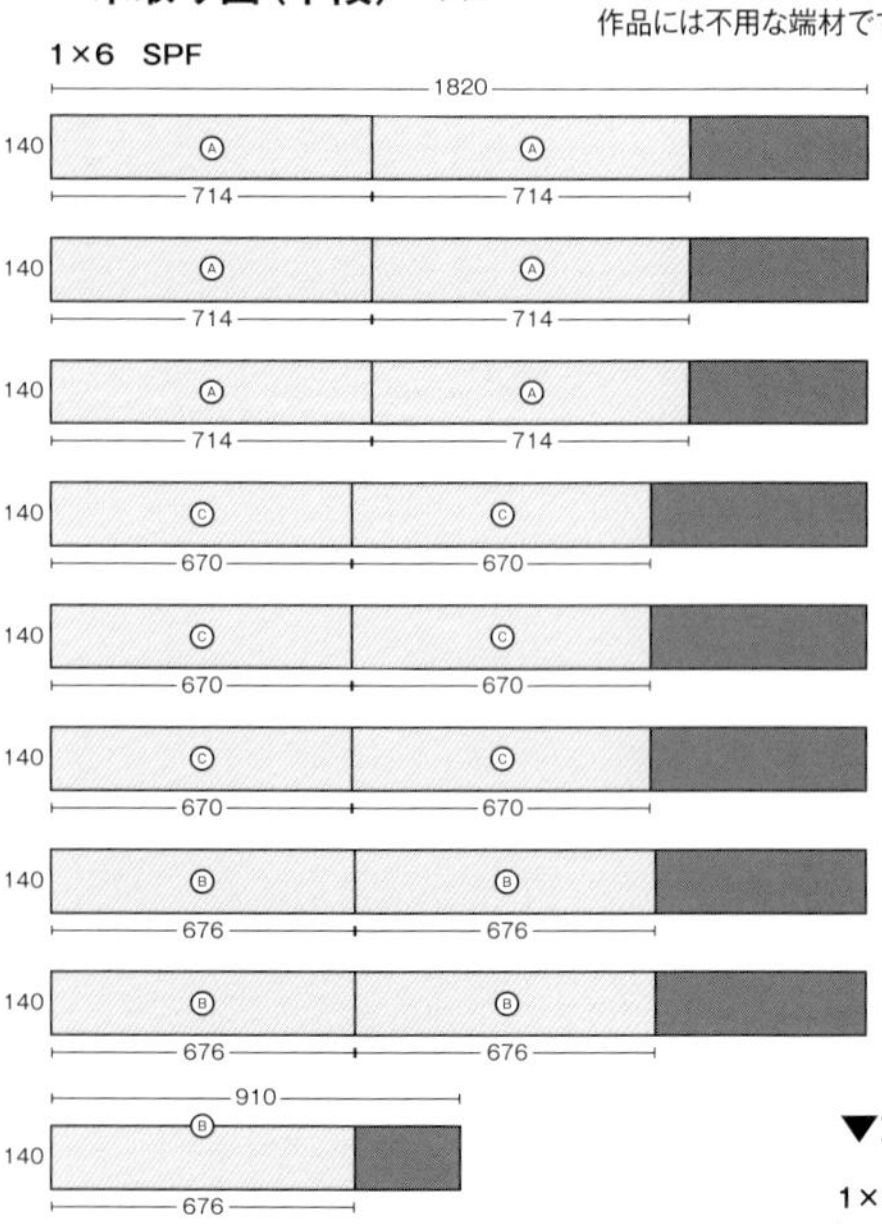

▼組み立て図 ・は、この角度から見えるネジ位置です。

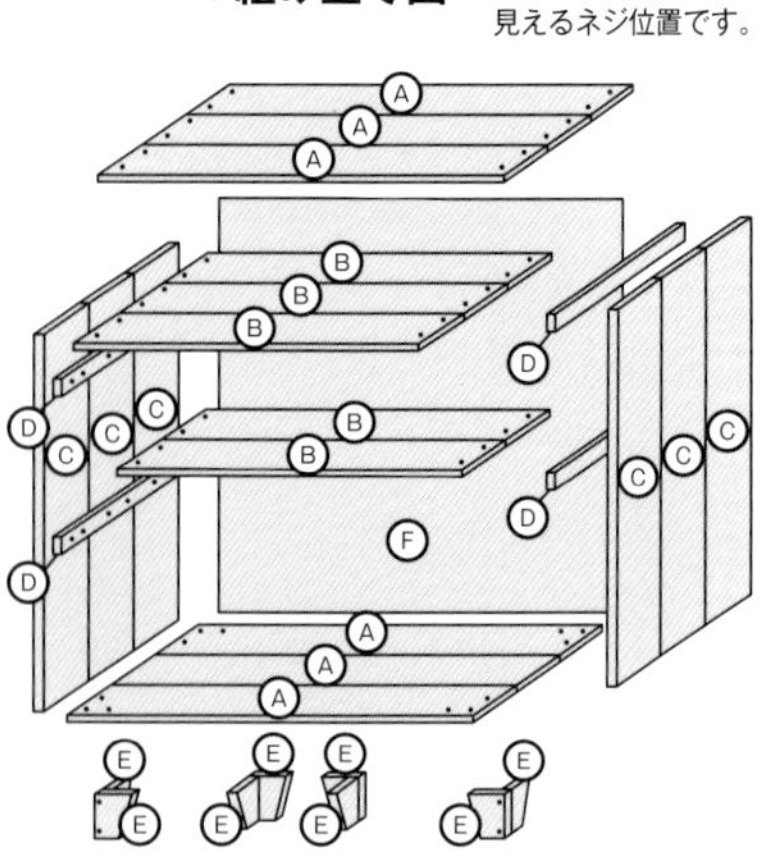

▼木取り図（引き出し） 単位：mm 濃いグレーの部分は、この作品には不用な端材です。

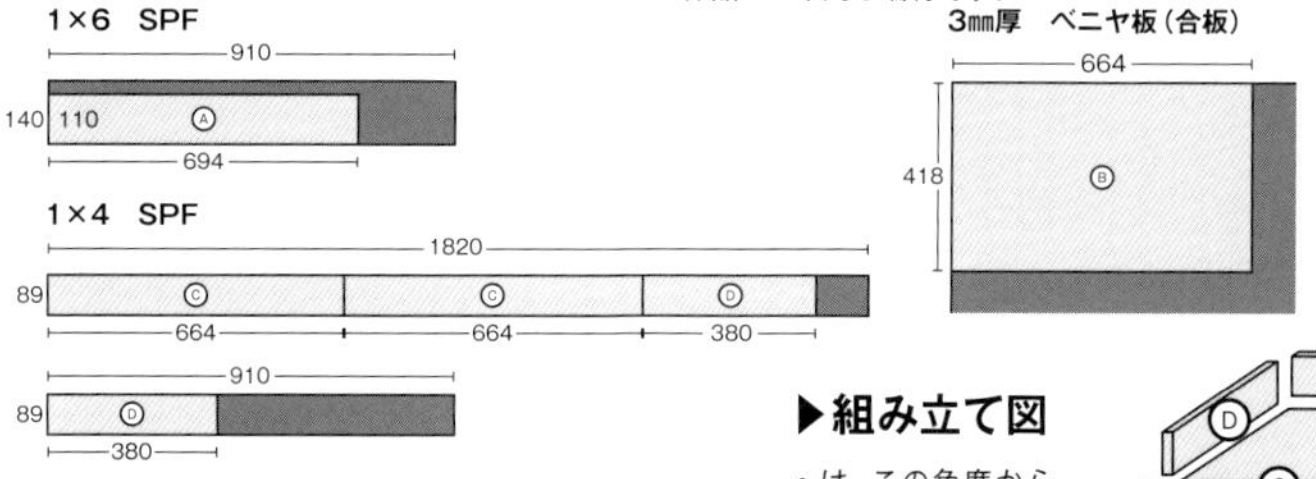

▶組み立て図 ・は、この角度から見えるネジ位置です。

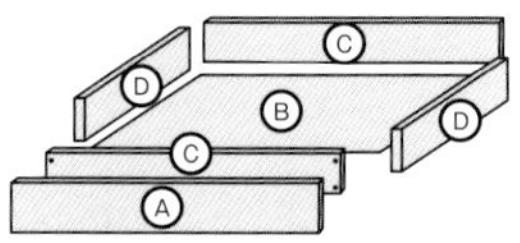

▼木取り図（扉） 単位：mm 濃いグレーの部分は、この作品には不用な端材です。

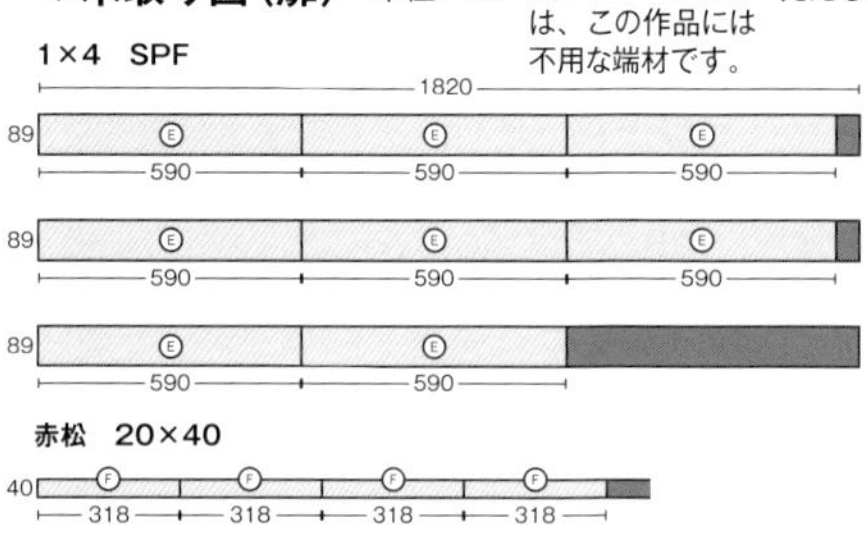

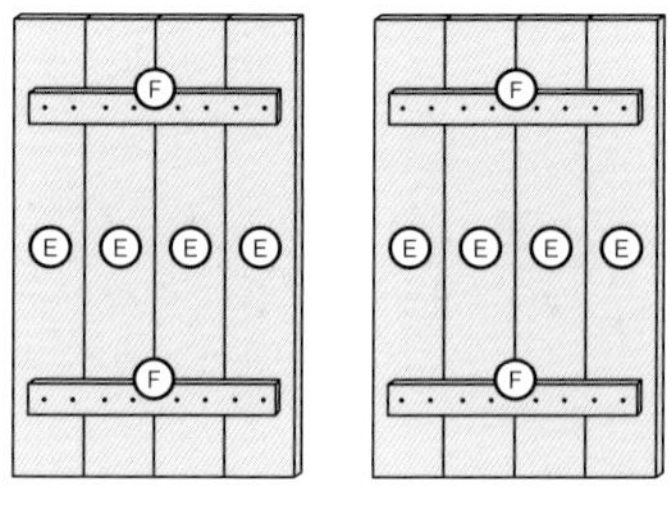

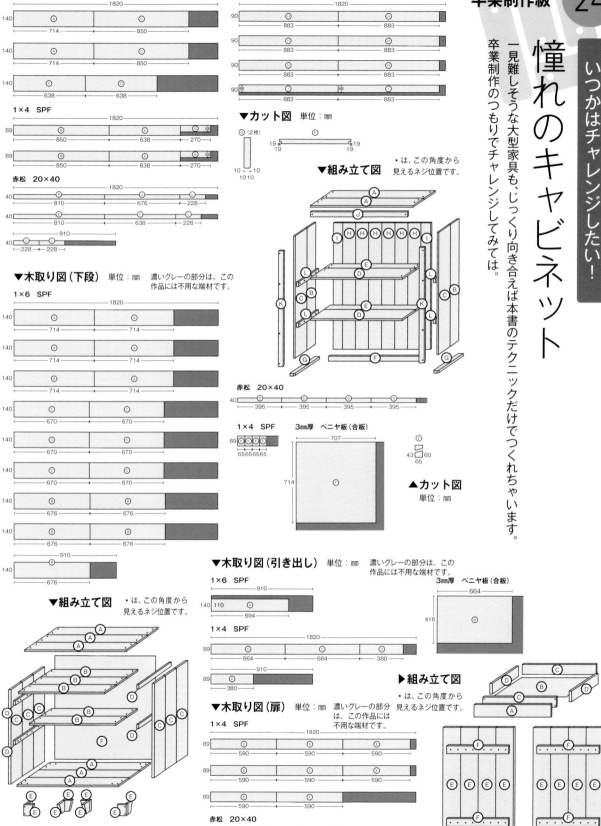

▼道具

差し金、えんぴつ、電動ドリルドライバー、ドライバービット#2、下穴用ドリルビット3㎜、ダボビット8㎜、ジグソー、ダボ引きのこ、クランプ、サンダー、ドライバー

▼材料

木材はSPF材（1×4と1×6）、20×40㎜赤松材、13㎜厚の杉材、3㎜厚のベニヤ板を使用。ほか、直径8㎜の丸棒、接着剤、25㎜の木ネジ22本、35㎜の木ネジ226本、引き出しの引き手2個、扉の留め具1対、蝶番4個

▼仕上げ

全体をアンティークワックスのチューダーオークで塗り（→P90）、引き出しと扉以外をミルクペイントのインクブラックでペイントする（→P86）。

扉や引き出しをアレンジして、
白いアンティーク調に仕上げたものが
こちら。ミルクペイントのスノーホワイトを
全体に塗ってから、アンティークワックスの
ジャコビーンで汚しをかけました。

キャビネット(下段)をつくる

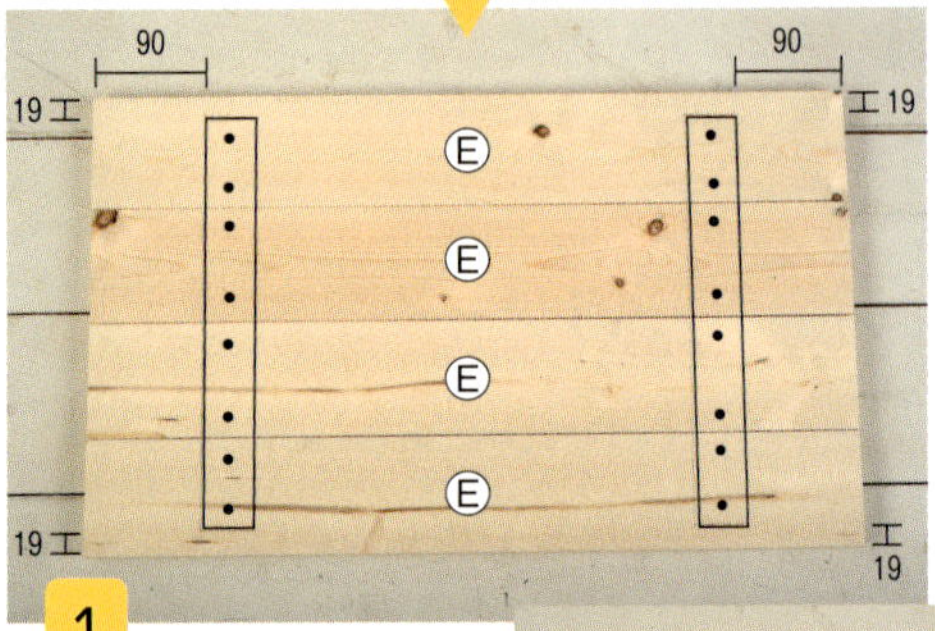

1 扉Ⓔ4枚のおもて面に印をつけ、下穴の印位置に貫通穴をあける。印位置に木材Ⓕを接着し、裏から35㎜の木ネジを打ち込む。

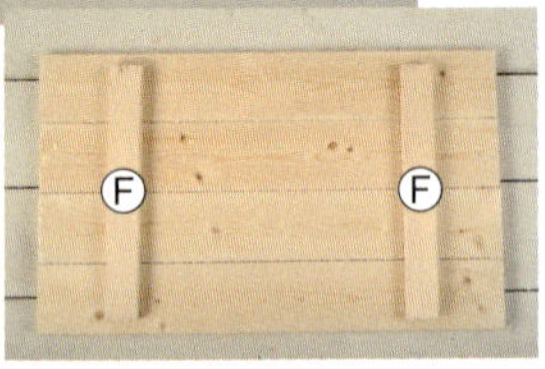

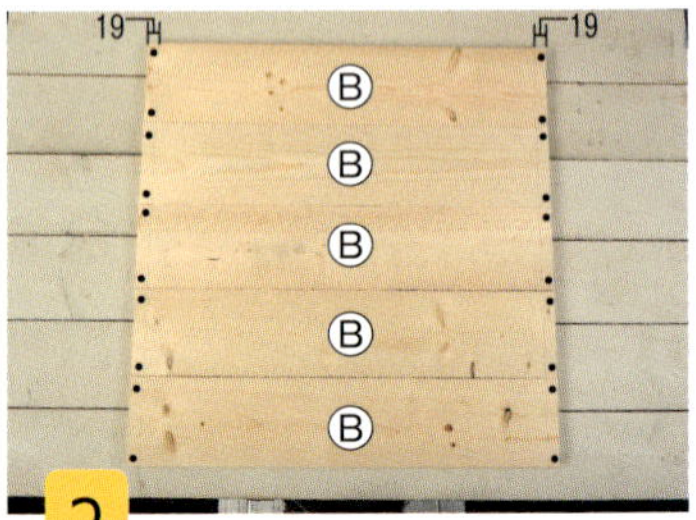

2 棚板Ⓑ5枚の両端19㎜位置に印をつけ、下穴の印もつける。印位置には下穴の貫通穴をあけ、おもて面に35㎜の木ネジを立てておく(ネジ立て→P10)。

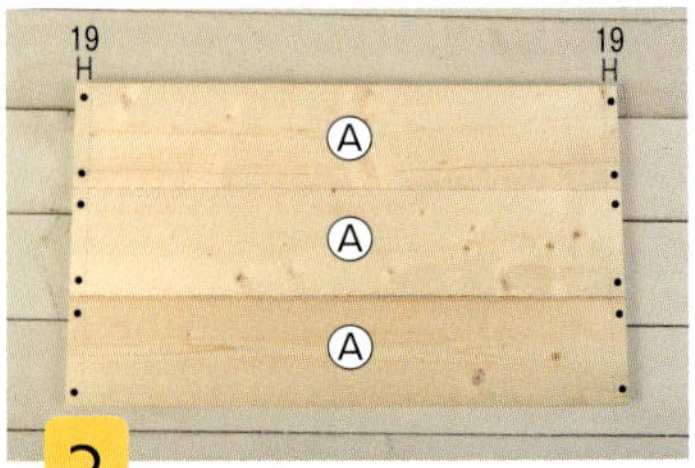

3 天板Ⓐ3枚の両端19㎜位置に印をつけ、下穴の印もつける。下穴の印位置に貫通穴をあけ、おもて面にダボ穴をあける。ダボ穴位置に35㎜の木ネジを立てておく。

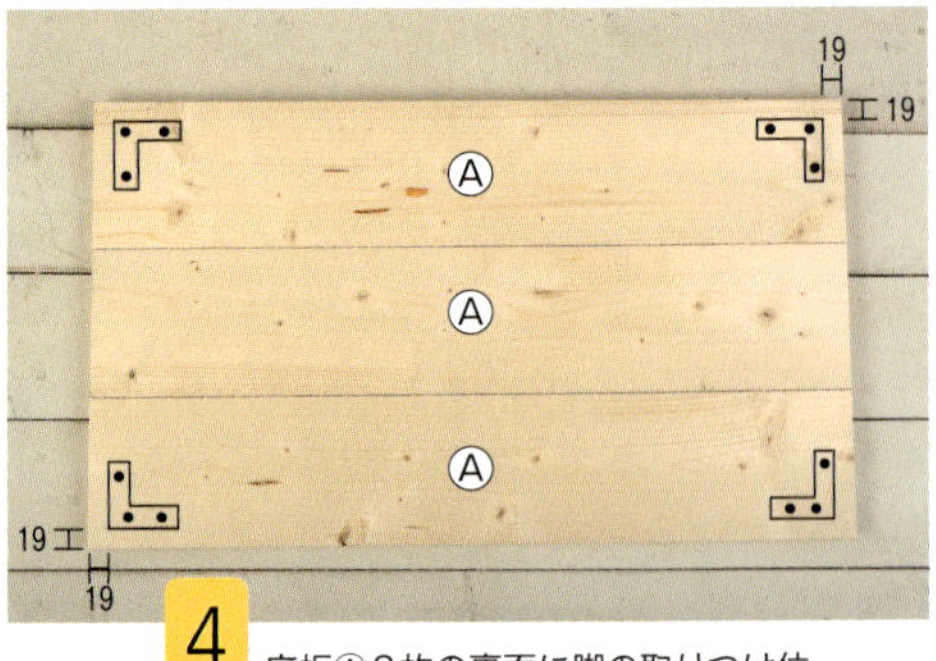

4 底板Ⓐ3枚の裏面に脚の取りつけ位置の印をつける。下穴の印位置に貫通穴をあける。

5 脚となる木材Ⓔをカットし(80ページのカット図参照)、印をつける。下穴の印位置に貫通穴をあけ、おもて面にダボ穴をあける。ダボ穴位置に35㎜の木ネジを立てておく。

6 カットした木材を組み合わせて接着し、木ネジを打ち込み、ダボ仕上げする(→P46)。同じものをもう1組つくり、残り2組は左右対称になるようにつくる。

7 底板の印位置に6でつくった脚を接着する。おもて面の下穴位置に35㎜の木ネジを打ち込む。

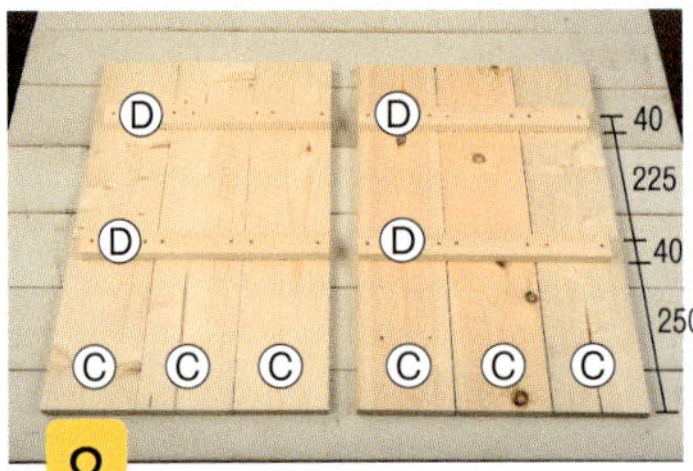

8 側板Ⓒ3枚に印をつけ、桟となる木材Ⓓ2本に下穴の印をつける。Ⓓの印位置に貫通穴をあけ、35㎜の木ネジを立てておく。Ⓓを側板3枚に接着し、木ネジを打ち込む。もう1組の側板は左右対称になるようにつくる。

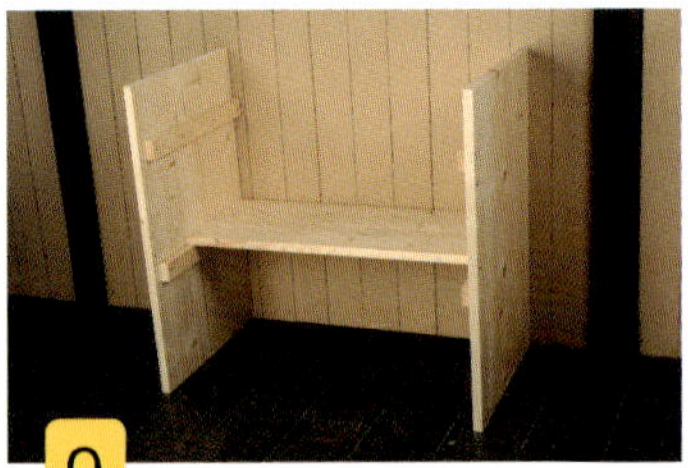

9 側板に棚板2枚を背板側に合わせて接着し、木ネジを打ち込む。同様にして上段の棚板3枚と天板、底板もつける。

10 背板Ⓕの周囲19㎜位置に印をつける。下穴の印もつけ、貫通穴をあけたら、9の背面側に接着し、25㎜の木ネジを打ち込む。

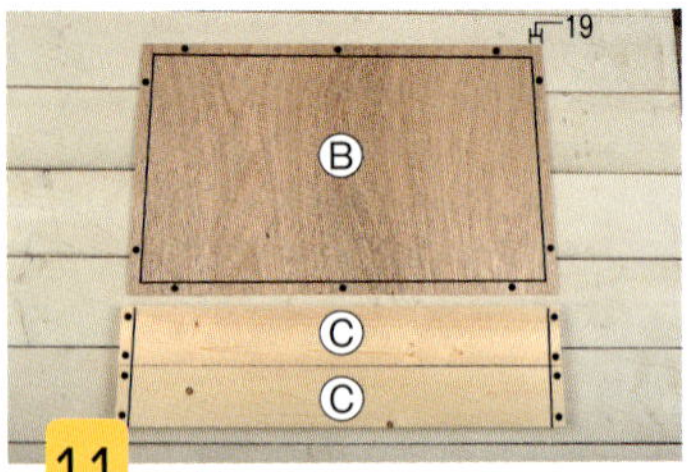

11 引き出しの底板Ⓑの周囲19㎜位置に印をつける。前板Ⓒと後板Ⓒは両端19㎜位置に印をつける。どちらも下穴の貫通穴をあけたら、おもて面に25㎜の木ネジを立てておく。

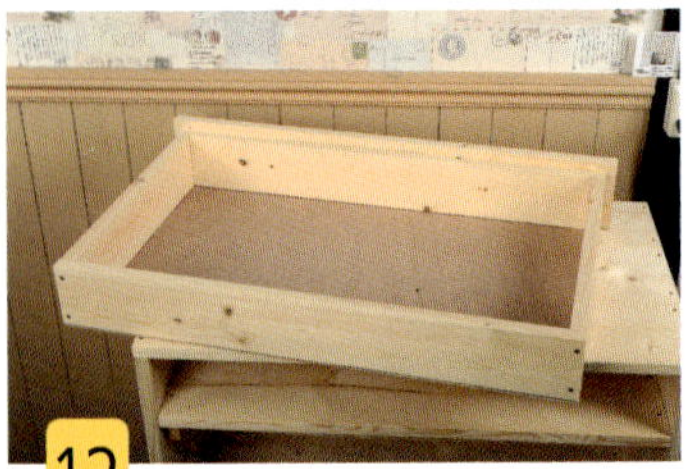

12 引き出しの部材ⒸⒹで木枠を組み、接着剤を併用し木ネジを打ち込む。底板も接着し、25㎜の木ネジを打ち込む。前板Ⓒに飾り板Ⓐを接着し、引き出しの内側から35㎜の木ネジを2ヵ所打ち込み固定する。

13 本体に扉をつける(蝶番の取り付け方は64ページ参照)。

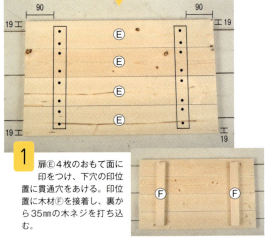

カップボード(上段)をつくる

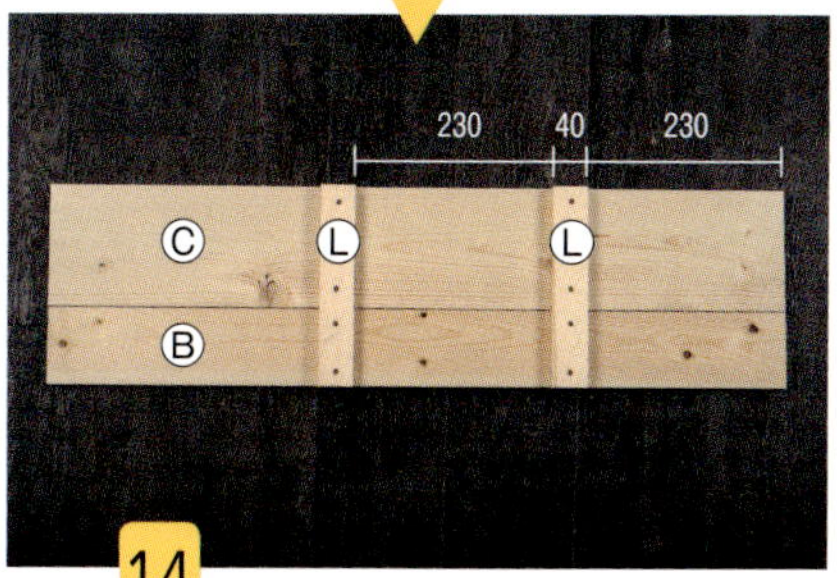

14 側板Ⓑとⓒの裏面に印をつける。桟となるⓁ2本には下穴の印をつけ、貫通穴をあける。側板の印位置に桟を接着し、35㎜の木ネジを打ち込む。

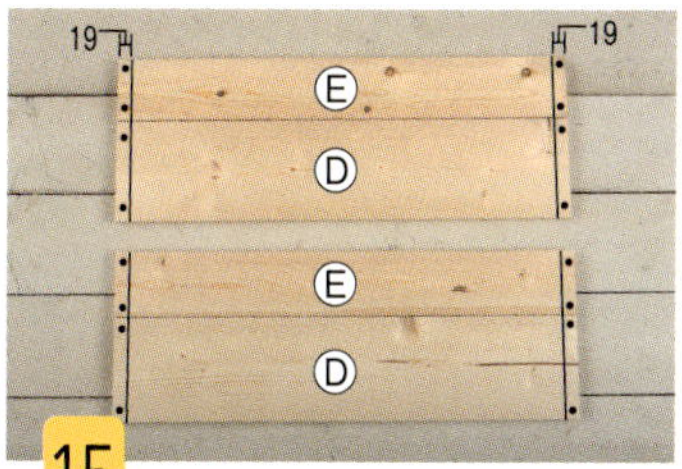

15 棚板Ⓓ2枚とⒺ2枚の両端19㎜位置に印をつける。下穴の印もつけ、貫通穴をあけ、おもて面に35㎜の木ネジを立てておく。

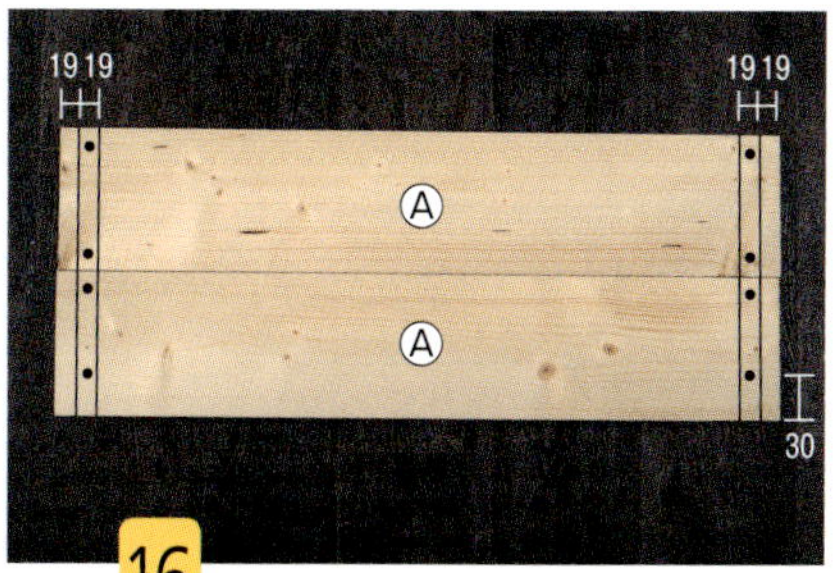

16 天板Ⓐ2枚に印をつける。下穴の印位置に貫通穴をあけ、おもて面にダボ穴をあける。ダボ穴位置に35㎜の木ネジを立てておく。

17 **14**でつくった側板に下段の棚板2枚を接着し、木ネジを打ち込む。同様にして上段の棚板2枚、天板2枚の順につける。

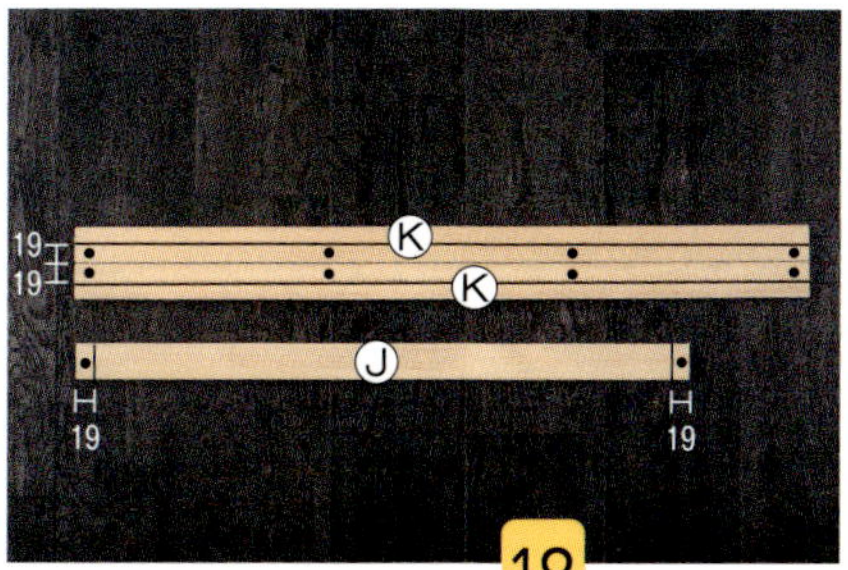

18 飾り板Ⓚ2本とⒿ1本に印をつけ、下穴の印位置に貫通穴をあける。おもて面にダボ穴をあけ、35㎜の木ネジを立てておく。

19 **17**に飾り板を印位置に合わせて接着し、木ネジを打ち込む。

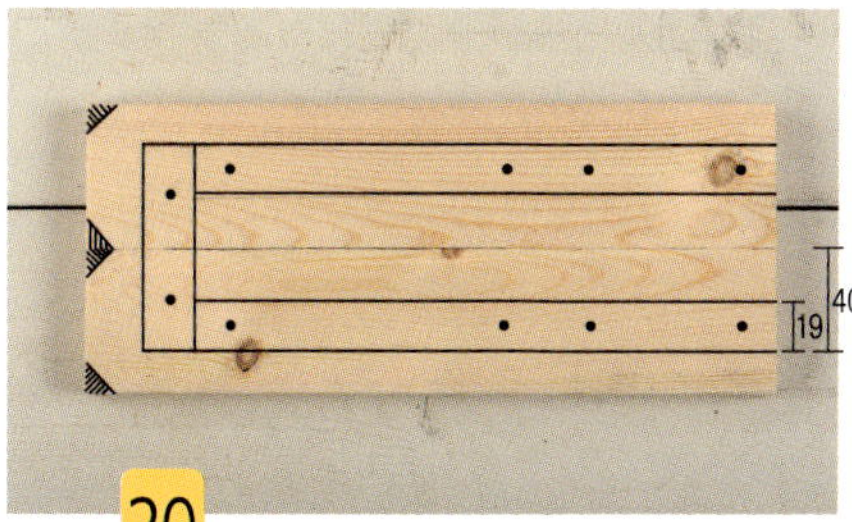

20 脚Ⓖ2枚は角を落とし(80ページのカット図参照)、おもて面に印をつける。下穴の印位置に貫通穴をあけ、裏面に35㎜の木ネジを立てておく。

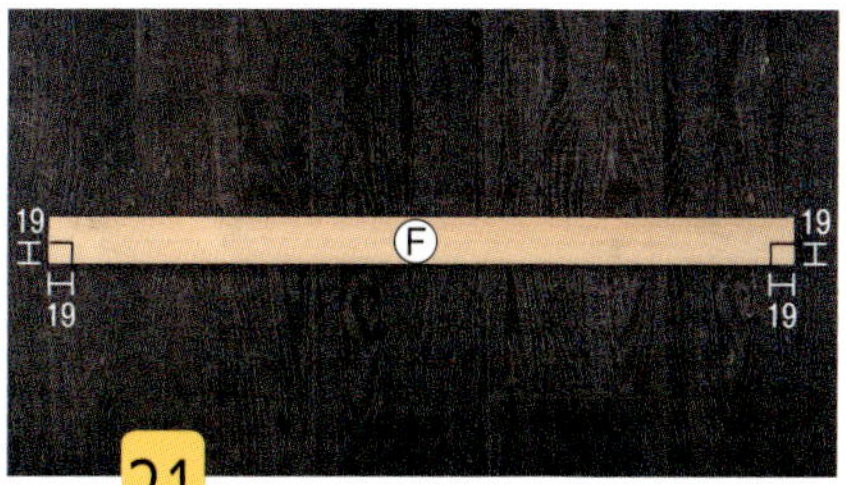

21 補強材Ⓕに印をつけ、角をカットしておく。

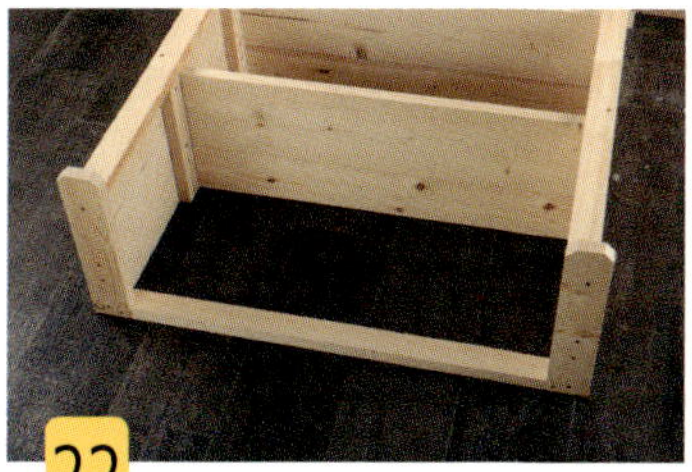

22 脚の印位置に合わせ、本体を接着し、木ネジを打ち込む。**21**の補強材Ⓕを背面側に接着し、下から35㎜の木ネジを打ち込む。

23 背板Ⓗ6枚とⒾ2枚に印をつける。下穴の印位置に貫通穴をあけ、35㎜の木ネジを立てておく。

24 本体に背板を接着し、木ネジを打ち込む。

総仕上げ

すべてのダボ仕上げをし(→P46)、全体にサンダーをかけ、ペイントする。好みで引き出しや扉に金具を取り付ける。

ペイント

ペイントは作品の仕上がりを左右する大事な行程です。まずは基本の塗り方をマスターして、慣れてきたらエイジングやシャビーなどペイントのアレンジ方法を覚えましょう。

〈スポンジ刷毛〉

塗ったときに跡が残らず、塗りムラも出にくい。黒板ペイントに向く。ただし、オイル系ワックスや油性塗料には使用できない。

〈刷毛〉

刷毛にもさまざまな種類があるが、本書で使用する水性塗料には、塗料の含みがいい山羊毛やナイロン毛の水性塗料用の刷毛がおすすめ。

〈バケツ〉

塗料を入れる容器は、水洗いができ、サビにも強い素材のものがベター。容量が大きいので、同じ塗料で広い面を塗るときに役立つ。余分な塗料を落とすためのネットがついているものも便利。

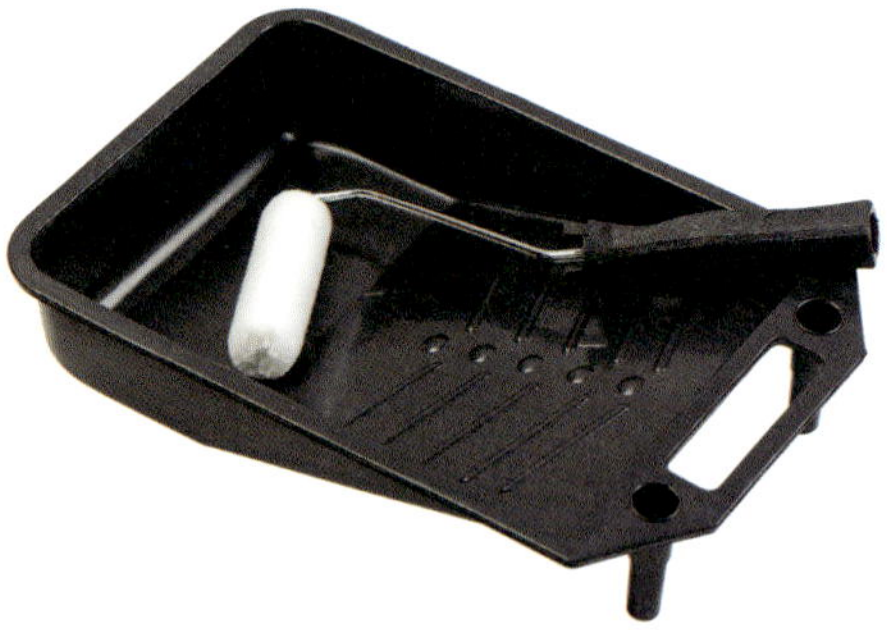

〈ローラーバケ&トレイ〉

コロコロと転がして塗るローラーバケは、広い平面をスピーディに塗ることができて便利。受け皿となるトレイには傾斜がついているので、ローラーバケに塗料を均一につけることができる。

〈ウエス(布)〉

アンティークワックスを塗るときや、汚し加工に使用。ループやけば立ちのないメリヤス生地などがベスト。

〈ペインティングナイフ〉

油絵具に使用するペインティングナイフのほか、バターナイフや木ベラなどで代用してもOK。

〈マスキングテープ&マスカー〉

ペイントしたくない部分の養生として使用。マスカーは、マスキングテープにポリエチレン製のシートがついたもので、壁などの広い面を塗るときや作業台の汚れ防止にも使用できる。

〈手袋〉

塗料汚れから手をガードする。ビニール製の使い捨てでOKなので、ペイント時には必ず着用する。

tukuriba おすすめ

塗料いろいろ

塗料にもいろいろな種類がありますが、おすすめは水性塗料です。刷毛にとってそのまま塗るだけでよく、使い終わった刷毛は水洗いできるのでとても簡単。

★プラスターメディウム

微小球のセラミックバルーンが入ったベース塗料。ペインティングナイフで塗装すれば、漆喰のような質感を表現できる。
→詳しいペイント方法は91ページへ

★ミルクペイント

天然由来の水性塗料。森永乳業のミルク原料を使用しており、安全・安心。伸びがよく塗りやすいのが特徴。アメリカントラッドの色調で全16色展開。
→詳しいペイント方法は86ページへ

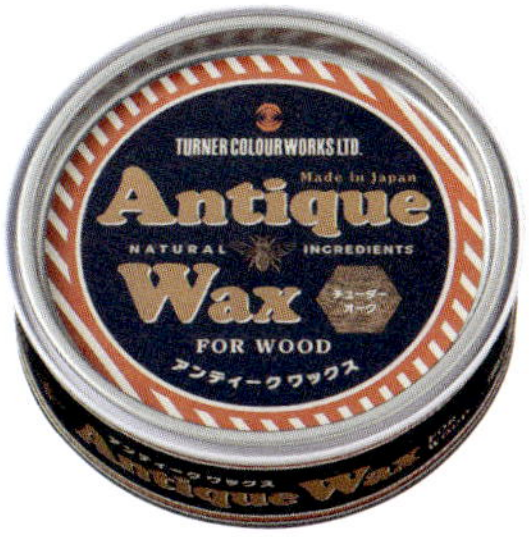

★アンティークワックス

天然のミツロウを主原料とした安全性の高いワックス。気になる臭いも少なく、ウエスやスポンジで簡単に塗装できる伸びのよさと、木材の保護と着色を同時におこなえる手軽さがおすすめポイント。
→詳しいペイント方法は90ページへ

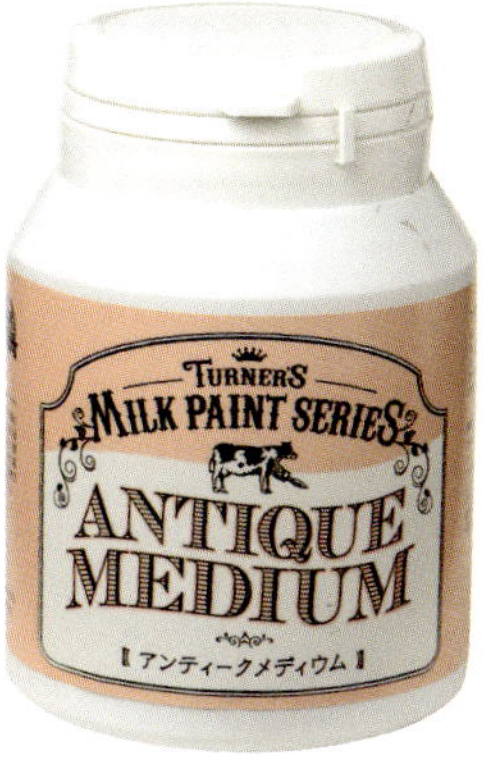

★アンティークメディウム

濃い茶色をしたとろみのある塗料。主に汚し加工に使用。完全に乾燥したミルクペイントの上に重ねて塗装することで、アンティーク調の風合いに。
→詳しいペイント方法は87ページへ

★チョークボードペイント

塗装した面が黒板として使用できる塗料。木材のほか、段ボールやガラス、金属などのさまざまな素材に使用可能。仕上げ後はチョークで書いて、消して、ができる。カラーバリエーションも12色と豊富。
→詳しいペイント方法は92ページへ

★ダストメディウム

ホワイトベージュ色をしたとろみのある塗料。主に汚し加工に使用。完全に乾燥したミルクペイントの上に重ねて塗装することで、ホコリをかぶったような雰囲気に。
→詳しいペイント方法は88ページへ

塗料が使えるのは木材だけ？

「バケツやガラス瓶などにもペイントできたら…」そんなときに便利なのがマルチプライマーです。そのままではうまくペイントできない金属やプラスチック、ガラスなどに使用するベース塗料で、乾くと透明になり、ミルクペイントののりが向上。使い方も刷毛で薄く均一に塗り、しっかり（2時間以上）乾かすだけと簡単です。木材以外にもペイントできるようになれば、ちょっとしたリメイクも楽しくなり、作品の幅が広がります。（→92ページ）

★クラッキングメディウム

透明のベース塗料。下塗りして完全に乾燥したミルクペイントに重ねて塗装し、さらにミルクペイントを塗ることで、塗料がひび割れを起こし、経年劣化のような独特の風合いに。
→詳しいペイント方法は89ページへ

基本ペイント

まずはペイントの基本である1色塗りの方法を覚えましょう。

紙やすりをかけ、ステンシルでワンポイント。

簡単エイジング加工に挑戦！

二度塗りしたあと、完全に乾いてから紙やすりでところどころペイントを削り取ると、擦れ感が出てエイジング効果が。ひと手間かけると印象ががらりと変わっておもしろいものです。

二度塗りで仕上げたあと、粗目の紙やすりで表面をランダムに削る

ペイントが剝がれ、使い込んだようなエイジング風に

Step-1

使用する前にしっかりキャップを閉め、容器をよく振る。

Step-2

ミルクペイントを原液のまま刷毛に含ませる。

Step-3

木目に沿って同じ方向にペイントしていく。よく伸びる塗料なので、一度にボテッと厚く塗りすぎないよう注意。

使用したのはこれ

ミルクペイント
（グリーンアーミー）

＊補足＊

ミルクペイントと同様に使える水性塗料のJカラーシリーズもおすすめ。カラーバリエーションが200種類と豊富で、壁紙の上からもペイントできる優れもの。本書では、キッズルームGの水色に「ベイビーブルー」を使用。

ペイントはマニキュアと一緒で、完全に乾くまでは放置が鉄則。二度塗りするときは、一度目のペイントが完全に乾いてから。

tukuri-ba 人気色best5

1 スノーホワイト
ホワイト系は常に人気。差し色にはパステル系カラーが相性よし。プレーンに塗るのはもちろん、アンティーク風にも使えて万能。

2 クリームバニラ
こちらも万能タイプ。ほんのり黄味がかっている分、真っ白に比べてやさしい感じに。

3 ピスタチオグリーン
特にアンティーク風を好む方に人気の色。単色で使っても年月を感じさせるシャビーな雰囲気に。

4 ハニーマスタード
大人用にも子ども用にも、年代を問わず使えるところが人気。どんな色とも相性がいいので、組み合わせの〝決めの1色〟。

5 インディアンターコイズ
青系をベースに差し色をアクセントにする「カリフォルニア・スタイル」の人気上昇とともにこちらの人気も上昇中。

番外 アンティークメディウム
アンティーク感を出すためのメディウムですが、独特の茶色が好まれ、単色の塗料としても使えます。

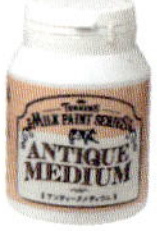

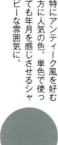

アンティーク

アレンジ色見本

★ベース色：ヘンプベージュ＋アンティークメディウム

★ベース色：インディアンターコイズ＋アンティークメディウム

★ベース色：ゴールデンレッド＋アンティークメディウム

★ベース色：ハニーマスタード＋アンティークメディウム

★ベース色：ピスタチオグリーン＋クリームバニラ＋アンティークメディウム

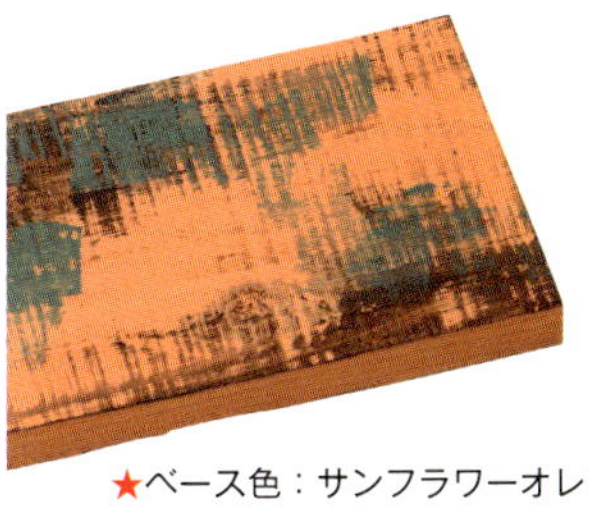

★ベース色：サンフラワーオレンジ＋グリーンアーミー＋アンティークメディウム

汚しペイント

下塗りしたペイントに「汚し」をつけることで、長年使い込んだような風合いに仕上げます。

ホワイトのアンティーク風は内側も同じように。

使用したのはこれ

ミルクペイント（スノーホワイト）

下塗り

上塗り

アンティークメディウム

Step-1

まずはミルクペイントで全体を木目に沿って下塗りし、完全に乾燥させる。

Step-2

アンティークメディウムを刷毛に含ませてから、不要な厚紙にこすりつけるようにして余分な塗料を落とす。

Step-3

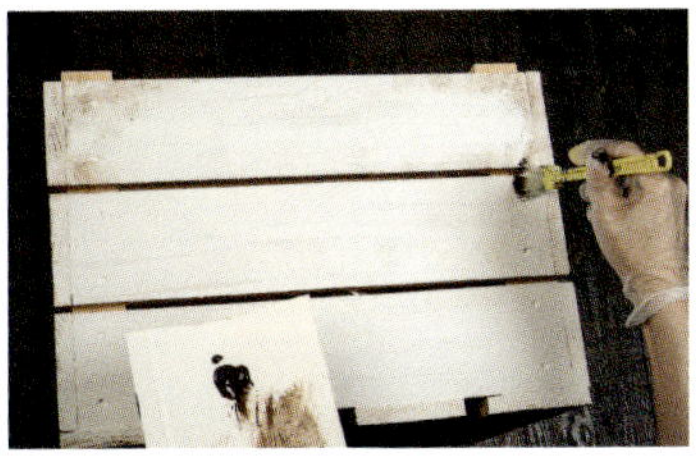

こするように「汚し」をつける。最初は少し色づく程度の薄めでOK。

Step-4

汚した部分をウエスで擦り、なじませる。

Step-5

汚れ具合を見ながら少しずつ汚れを足していく。

よりリアル感を出したいときは、縁や角など経年劣化で変化しやすい部分を重点的に。あらかじめ傷をつけておくと年代物の雰囲気が増します。

シャビーシック

ホコリ風ペイント

下塗りしたペイントにホワイトの「汚し」をつけることで、ホコリをかぶったような古びた風合いに仕上げます。

外側をぐるりとペイント、内側はワックス仕上げ。

Step-1

ミルクペイントのディキシーブルーで全体を下塗りし、完全に乾燥させる。

Step-2

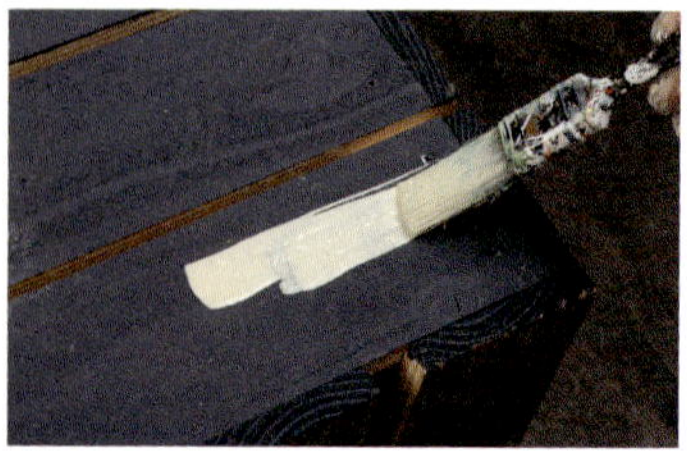

ダストメディウムを加工したい部分にざっくりと刷毛で塗る。

Step-3

乾く前に素早くウエスかタオルで軽くこすりつけるようにして伸ばす。

Step-4

ミルクペイントのヘンプベージュをウエスかタオルになじませ、トントンと叩くように足していく。

使用したのはこれ

ダストメディウム

＋

ミルクペイント
（ヘンプベージュ）

上塗り

下塗り

ミルクペイント
（ディキシーブルー）

コントラストが出るダークカラーを下地に選ぶのがポイント！　また、ダストメディウムを塗ってから霧吹きを使うと雨ざらしのような風合いに。

霧吹きで水を吹きかけたあと、余分な水分と塗料はウエスで拭き取っておく

エイジング

ひび割れペイント

塗料の膜がクラッキング（ひび割れ）を起こし、
独特の風合いに仕上げます。

サイドは下色のみで、
アクセントをつけて。

使用したのはこれ

下塗り

ミルクペイント（ビンテージワイン）+ミルクペイント（ピスタチオグリーン）×クラッキングメディウム

上塗り

ミルクペイント（ヘンプベージュ）

Step-1

ミルクペイントのビンテージワインで全体を下塗りする。

Step-2

角を中心に、ところどころにアクセントカラーとしてミルクペイントのピスタチオグリーンを重ね塗りし、完全に乾かす。

Step-3

クラッキングメディウムを均一に塗り、指で押したとき少し粘着感が残る程度まで乾かす。

Step-4

仕上げ塗りのミルクペイントのヘンプベージュを塗る。一気にベタっと塗らず、かすれる前に刷毛を裏返して、色が途切れないように塗っていく。

仕上げに塗るミルクペイントの刷毛の方向にひび割れが起きます。このとき、ひび割れはじめた箇所を重ね塗りしてしまうとひび割れが起きなくなるので注意。

Step-5

刷毛を立て、毛先で隙間を埋める。

Step-6

ピスタチオグリーンを塗った箇所を中心に、ところどころガムテームを軽くあて、少しだけ塗料をはがす。

クラッキング色見本

★赤字は、
下塗りの色

★ディキシーブルー×クラッキングメディウム+ハニーマスタード

★ヘンプベージュ×クラッキングメディウム+アンティークコーラル

★スノーホワイト×クラッキングメディウム+トリトンブルー

★グリーンアーミー×クラッキングメディウム+クリームバニラ

★ピスタチオグリーン×クラッキングメディウム+ディキシーブルー

★ヴィンテージワイン×クラッキングメディウム+ピスタチオグリーン

ナチュラル・エイジング

ワックスペイント

木材の保護と着色が同時にでき、長年使い込んだような自然な風合いに仕上がります。

簡単ジャンクペイントに挑戦！

アンティークワックスだけでは物足りなく感じたら、ミルクペイントで遊び心をプラスしてみましょう。

使用したのはこれ

ミルクペイント（ピスタチオグリーン）＋ミルクペイント（インクブラック）＋ミルクペイント（ハニーマスタード）

Step-1

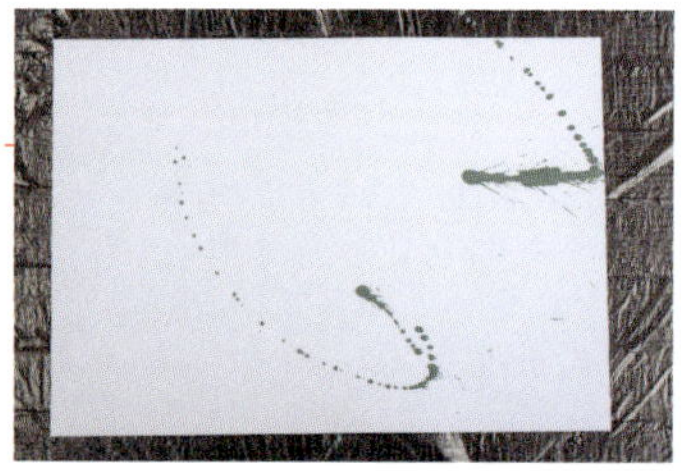

ミルクペイントをパレットなどにとり、少量の水で溶く。目安は刷毛を振ると飛び散る程度。まずは紙の上などで試してみるとよい。

Step-2

水で溶いたミルクペイントを刷毛に含ませ、木材に向かって上から刷毛を振り下ろす（飛び散りに注意）。

Step-3

先の色が乾いたら、次の色を同様に溶いて飛ばす（短時間で乾かしたいときはドライヤーを使う）。これを繰り返す。

Step-4

バランスを見ながら別の色のミルクペイントも飛ばす。2～3色の塗料を使用すると、よりジャンクな仕上がりに。

黒の金具で男前のイメージに。

使用したのはこれ

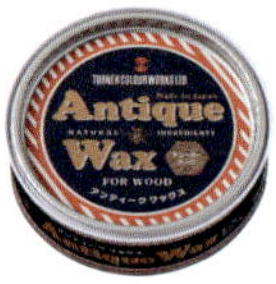

アンティークワックス（チューダーオーク）

Step-1

ウエスにアンティークワックスをとり、木目に沿ってすり込むように少しずつなじませる。

あらかじめ木材に傷をつけておくと、わずかに塗りムラができてより風合いがアップします。

Step-2

別のきれいなウエスで拭き上げ、均一に伸ばす。15～30分ほど乾燥させ、もう一度きれいなウエスで磨いて完成です。濃く塗りたい場合は、さらに同じ行程を繰り返す。

プラスター
（漆喰風）

使用したのはこれ

プラスターメディウム

Step-1

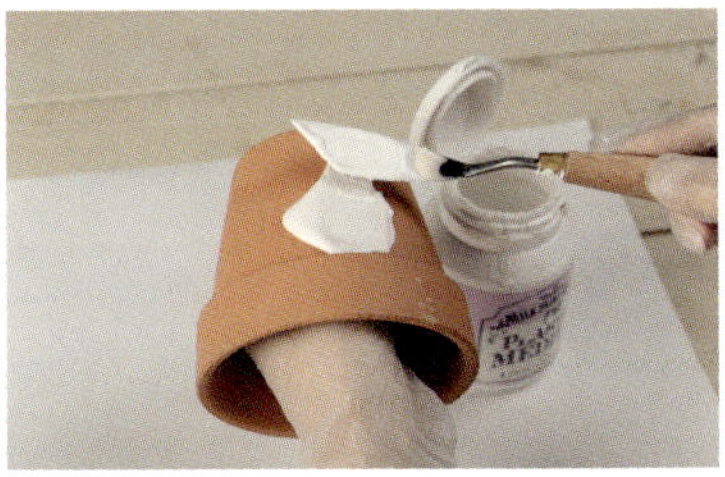

プラスターメディウムをよくかき混ぜ、ペインティングナイフにとり、たっぷりめにのせる。

Step-2

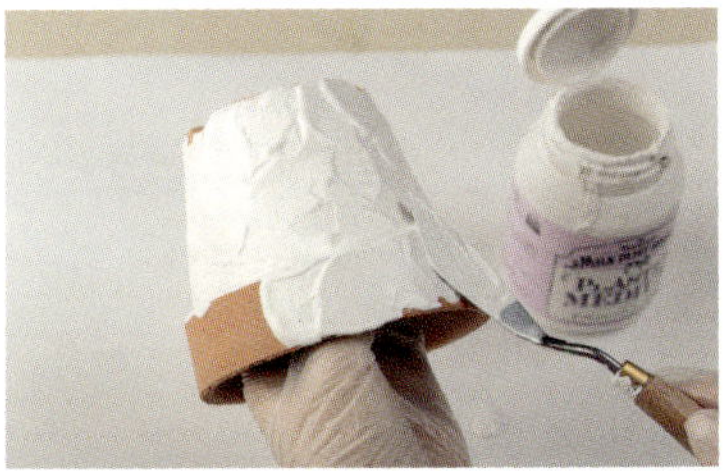

ペインティングナイフで滑らせるように全体に塗っていく。あえて塗り跡を残すのがポイント。

ひねりながら塗ったり、塗ったあとフォークで一定方向に引っかくとテクスチャーに変化が出ます。また、1～2日かけて完全に乾かしたあと、ミルクペイントを重ね塗りすることもできます。

ステンシル

ワックスのボディにブラックインクで男前。

使用したのはこれ

ミルクペイント
（インクブラック）
ステンシルシート
（KJ-13　バスサイン）

Step-1

ステンシルシートをマスキングテープで固定する。

Step-2

ミルクペイントを少量とり、メイクスポンジに含ませる。

Step-3

ステンシルシートの上から、ポンポンとパッティングしながら塗っていく。

Step-4

ペイントが終わったらステンシルシートをゆっくりはがす。

組み合わせアレンジ

赤×黒にパキッと白のステンシル。上のワックス×黒のステンシルとは印象が異なりますが、実は１枚の大判（530㎜×360㎜）シートの使用部分を変えているだけ。こんなステンシルシートを１枚持っているとさまざまに使えて便利です。

木材以外のペイント
（下塗り剤）

マルチプライマー

これがあれば、木材以外のものにもきれいにペイントできます。

例　ダスト風に缶を仕上げる

Step-1

マルチプライマーをよく混ぜ、刷毛で薄く塗る。全体に均一に塗ったら２時間以上かけ、完全に乾燥させる（重要）。

Step-2

ミルクペイントを重ね塗りし、完全に乾かす。

Step-3

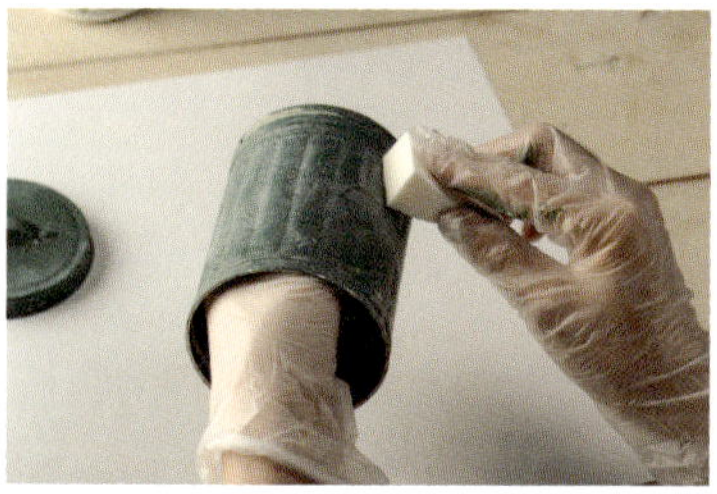

ダストメディウムをメイクスポンジにとり、ポンポンと叩くように塗っていく。

ブラックボード
（黒板）

※巻頭のアトリエ紹介ページの左下に、実際にチョーク文字を書き込んだ様子があります。

使用したのはこれ

チョークボードペイント

Step-1

チョークボードペイントを塗布したい部分をやすりでなめらかに整えておく。

Step-2

チョークボードペイントを塗布する部分以外にマスキングテープを貼り保護する。

Step-3

チョークボードペイント10に対して水２で薄めたものをローラーバケになじませ、木目に沿って一定方向に塗る。

Step-4

完全に乾かす。乾燥の目安は表面のツヤがなくなる程度。ドライヤーを使用してもOK。

Step-5

仕上げ塗りも、木材に沿って一定方向に重ねて塗り、完全に乾かす。

Step-6

完全に乾いたら、マスキングテープをはがし、そのまま１日置く。

おすすめ＊モザイクタイル・コレクション

タイル細工の基本を簡単におさらい

1 デザインを決め、接着剤でタイルを貼る

2 目地を埋める

3 余分な目地材を除く

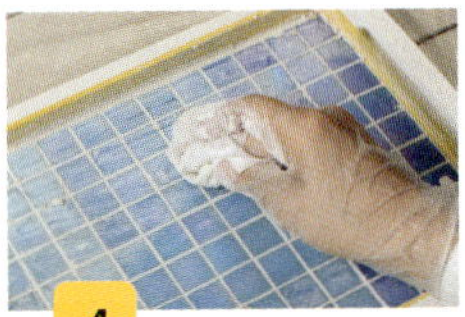

4 ウェットティッシュで目地を整える

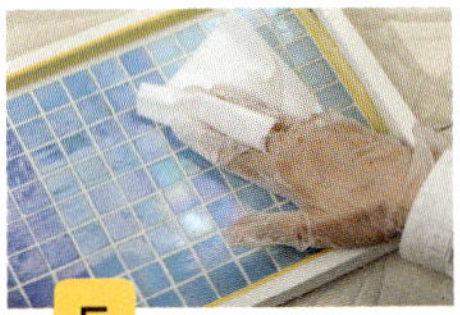

5 ティッシュで表面の目地材を拭き取る

シェル風のキラキラ質感のモザイクタイルは爽やか気分

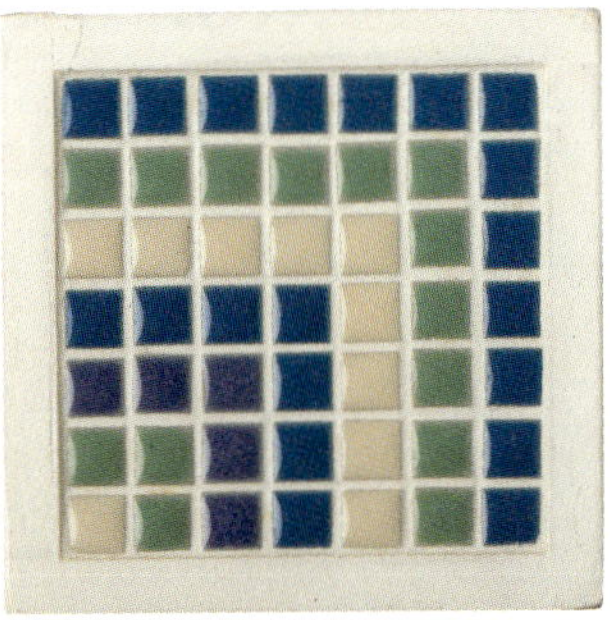

ビビッドカラーのモザイクタイルは見ているだけでも楽しい

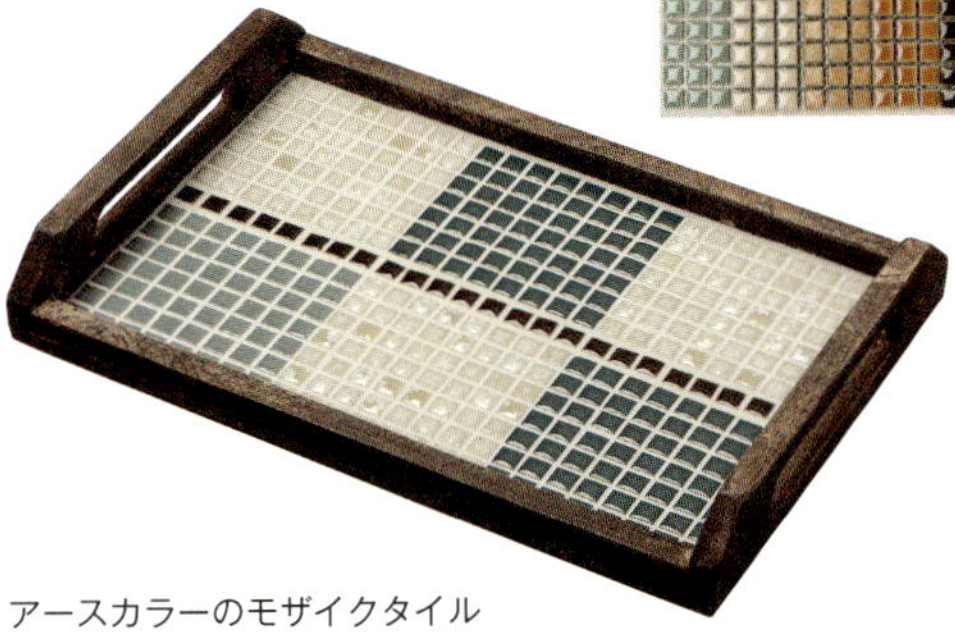

アースカラーのモザイクタイルの組み合わせはシックな雰囲気

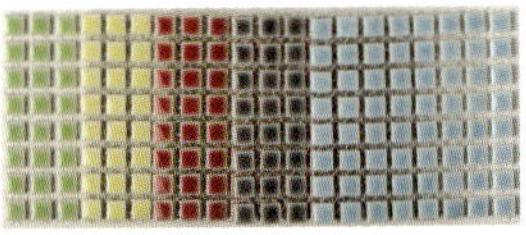

淡い色合いのモザイクタイルはフレンチシック

tukuribaでは、ほかにもさまざまなモザイクタイルがそろっています。

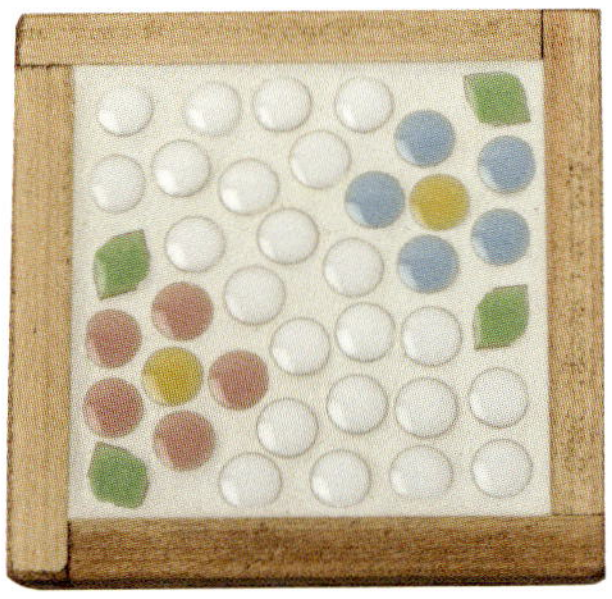

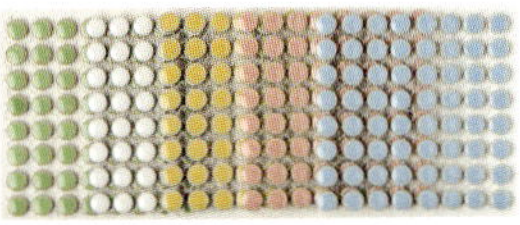

パステル調の丸型モザイクタイルはキュートでポップ

スーパーフレスコイージー（壁紙糊）
貼って剝がせる仕様にしたいときの専用糊。

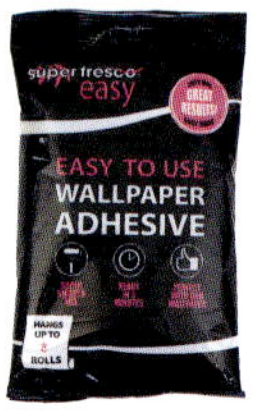

tukuriba おすすめ

壁紙セレクション10

貼って剝がせるタイプで、おしゃれな柄が増えているところが女性に好評です。剝がしたあとに糊跡も残らずきれいに現状復帰できるので、賃貸にお住まいの方も気軽にDIYできます。小物に使うときは木工用接着剤でしっかり貼りましょう。

6ページに登場

ヴィンテージスタイルの車が並ぶレトロな柄。シックな色合いは大人向けのお部屋にも。

（品番）JTF1056

6ページのトランクに使用

レトロスタイルのディーゼル車が並んだデザイン。まるで映画のワンシーンのような空間に。

（品番）JTF1068

本物と見間違えるほどリアルな引き出し柄。個性的なお部屋にしたいときに。

（品番）rasch524024

シャビーシックな木製扉柄。壁紙としてだけでなく、背景ボードをつくるのにもおすすめ。

（品番）rasch525014

貼るだけでリアルな「洋書が並ぶ本棚」が完成。外国の書斎のような雰囲気を楽しんで。

（品番）rasch525809

2～3ページに登場

古材を並べたような個性的な木目が印象的。シンプルな家具と相性のいい壁紙。

（品番）rasch446753

クリップボードに使用

スカンジナビアのデザイナーによるポップな花柄デザイン。北欧スタイルのお部屋に。

（品番）borastapeter 2743

4～5ページに登場

本物のブリックタイルのようなデザイン。ショップ風のスタイリッシュな空間に。

（品番）JBF2007

7ページに登場

きれいな色合いのシンプルなストライプ柄。海外の子ども部屋のような雰囲気に。

（品番）TWF1002

7ページのトランクに使用

エレガントでガーリーな大人かわいいデザイン。グラデーションの色合いがとてもきれい。

（品番）JTF1002

25

壁紙を使って簡単デコに挑戦

デコでクリップボード

▼**材料**
壁紙
クリップボード
接着剤
水

▼**道具**
えんぴつ
差し金
刷毛
カッターナイフ
カッティングボード
いらないタオル

1 クリップ部分の大きさを測り、壁紙の裏面に印をつけ、カット。

2 接着剤と水を7：3の割合で混ぜ、壁紙の裏面に刷毛でまんべんなく塗る。

Point
中心から外側に向かってムラなく塗る。

3 クリップボードに2を貼る。タオルなどを使って中心から放射状に空気が入らないようのばす。

4 完全に乾いたら、裏面にして余分な壁紙をカットする。

まだまだある！壁紙アレンジいろいろ

本書では、ウッドトランクの内張りにも壁紙を使用しています。ほかに、背景ボードにしたり、ファブリックパネル風にしても素敵。

女の子らしい花柄をトランクの内張りに。

木製の扉の柄で背景ボードに。まるでそこに小さな扉があるみたい！

著者紹介

ｔｕｋｕｒｉｂａ（つくりば）
（掃部関真紀《かもんぜきまき》、長野恵理《ながのえり》、山口利江《やまぐちとしえ》）

株式会社プロトリーフが直営するＤＩＹショップ。ファッショントレンド基地、東京都世田谷区・二子玉川の玉川髙島屋Ｓ・Ｃガーデンアイランドに立地。ＤＩＹ材料・用品・工具の販売、木工用レンタルスペースの運営、ワークショップ開催と「はじめての女性でもできるＤＩＹ」をコンセプトにしている。女性スタッフならではのハイセンスな品ぞろえ、細やかな指導が好評。
http://www.tukuriba.jp/

取材協力（手工具校正）／角利産業株式会社
　０２５６－３４－６１１１（代）
ペイント提供／ターナー色彩株式会社
　０６－６３０８－１２１２（代）
壁紙提供（p94写真提供）／株式会社ジュブリー
　０５０－５８３７－７４８３
ステンシル提供／株式会社 ビビッド ヴアン
　０６－４３０４－０１４８

ブックデザイン／斎藤伸介
撮影／山口隆司、椎野 充（以上、講談社写真部）、橘田龍馬（p34、p67）
スタイリング／長野恵理、山口真由美、村上美樹（以上、ｔｕｋｕｒｉｂａ）
スタイリング協力／プロトリーフ　ガーデンアイランド玉川店
イラストレーション／平田涼子、森本舞衣子（以上、プロトリーフ）
編集協力／大滝慶子、平入福恵
special thanks／大東俊和（ＳＵＰＥＲ ＳＴＵＤＩＯ）

※本書に掲載のレシピ、木取り図等はすべてｔｕｋｕｒｉｂａオリジナルのため、無断で商用に利用すると法律に触れますのでご注意ください。

女子《じょし》ＤＩＹ《ディーアイワイ》の教科書《きょうかしょ》
二子玉川《ニコタマ》ｔｕｋｕｒｉｂａ《つくりば》スタイル

２０１６年11月29日　第１刷発行

著　者　ｔｕｋｕｒｉｂａ《つくりば》

発行者　鈴木　哲
発行所　株式会社　講談社
　〒１１２－８００１
　東京都文京区音羽２－12－21
販　売　０３－５３９５－３６０６
業　務　０３－５３９５－３６１５

編　集　株式会社　講談社エディトリアル
　代表　田村　仁
　〒１１２－００１３
　東京都文京区音羽１－17－18　護国寺ＳＩＡビル
編集部　０３－５３１９－２１７１

印刷所　半七写真印刷工業株式会社
製本所　大口製本印刷株式会社

ISBN978-4-06-220348-7